U0465327

北京文化书系
古都文化丛书

古都——首善之地

中共北京市委宣传部
北京市社会科学院　组织编写

王岗　著

北京出版集团
北京出版社

图书在版编目（CIP）数据

古都——首善之地 / 中共北京市委宣传部，北京市社会科学院组织编写 ; 王岗著. —北京：北京出版社，2024.4
（北京文化书系. 古都文化丛书）
ISBN 978-7-200-18153-1

Ⅰ. ①古… Ⅱ. ①中… ②北… ③王… Ⅲ. ①文化史—北京 Ⅳ. ①K291

中国国家版本馆CIP数据核字（2023）第150297号

北京文化书系　古都文化丛书

古都
——首善之地
GUDU

中共北京市委宣传部　　组织编写
北京市社会科学院

王岗　著

*

北京出版集团　　出版
北京出版社

（北京北三环中路6号）
邮政编码：100120

网　　址：www.bph.com.cn
北京出版集团总发行
新华书店经销
北京建宏印刷有限公司印刷

*

787毫米×1092毫米　16开本　17.75印张　247千字
2024年4月第1版　2024年4月第1次印刷

ISBN 978-7-200-18153-1
定价：76.00元
如有印装质量问题，由本社负责调换
质量监督电话：010-58572393；发行部电话：010-58572371

"北京文化书系"编委会

主　　任　莫高义　杜飞进

副 主 任　赵卫东

顾　　问　（按姓氏笔画排序）
　　　　　于　丹　刘铁梁　李忠杰　张妙弟　张颐武
　　　　　陈平原　陈先达　赵　书　宫辉力　阎崇年
　　　　　熊澄宇

委　　员　（按姓氏笔画排序）
　　　　　王杰群　王学勤　许　强　李　良　李春良
　　　　　杨　烁　余俊生　宋　宇　张　际　张　维
　　　　　张　淼　张劲林　张爱军　陈　冬　陈　宁
　　　　　陈名杰　赵靖云　钟百利　唐立军　康　伟
　　　　　韩　昱　程　勇　舒小峰　谢　辉　翟立新
　　　　　翟德罡　穆　鹏

"古都文化丛书"编委会

主　　编：阎崇年

执行主编：王学勤　唐立军　谢　辉

编　　委：朱柏成　鲁　亚　田淑芳　赵　弘
　　　　　杨　奎　谭日辉　袁振龙　王　岗
　　　　　孙冬虎　吴文涛　刘仲华　王建伟
　　　　　郑永华　章永俊　李　诚　王洪波

学术秘书：高福美

"北京文化书系"
序言

　　文化是一个国家、一个民族的灵魂。中华民族生生不息绵延发展、饱受挫折又不断浴火重生，都离不开中华文化的有力支撑。北京有着三千多年建城史、八百多年建都史，历史悠久、底蕴深厚，是中华文明源远流长的伟大见证。数千年风雨的洗礼，北京城市依旧辉煌；数千年历史的沉淀，北京文化历久弥新。研究北京文化、挖掘北京文化、传承北京文化、弘扬北京文化，让全市人民对博大精深的中华文化有高度的文化自信，从中华文化宝库中萃取精华、汲取能量，保持对文化理想、文化价值的高度信心，保持对文化生命力、创造力的高度信心，是历史交给我们的光荣职责，是新时代赋予我们的崇高使命。

　　党的十八大以来，以习近平同志为核心的党中央十分关心北京文化建设。习近平总书记作出重要指示，明确把全国文化中心建设作为首都城市战略定位之一，强调要抓实抓好文化中心建设，精心保护好历史文化金名片，提升文化软实力和国际影响力，凸显北京历史文化的整体价值，强化"首都风范、古都风韵、时代风貌"的城市特色。习近平总书记的重要论述和重要指示精神，深刻阐明了文化在首都的重要地位和作用，为建设全国文化中心、弘扬中华文化指明了方向。

　　2017年9月，党中央、国务院正式批复了《北京城市总体规划（2016年—2035年）》。新版北京城市总体规划明确了全国文化中心建设的时间表、路线图。这就是：到2035年成为彰显文化自信与多元包容魅力的世界文化名城；到2050年成为弘扬中华文明和引领时代潮流的世界文脉标志。这既需要修缮保护好故宫、长城、颐和园等享誉中外的名胜古迹，也需要传承利用好四合院、胡同、京腔京韵等具有老北京地域特色的文化遗产，还需要深入挖掘文物、遗迹、设施、景点、语言等背后蕴含的文化价值。

组织编撰"北京文化书系"，是贯彻落实中央关于全国文化中心建设决策部署的重要体现，是对北京文化进行深层次整理和内涵式挖掘的必然要求，恰逢其时、意义重大。在形式上，"北京文化书系"表现为"一个书系、四套丛书"，分别从古都、红色、京味和创新四个不同的角度全方位诠释北京文化这个内核。丛书共计47部。其中，"古都文化丛书"由20部书组成，着重系统梳理北京悠久灿烂的古都文脉，阐释古都文化的深刻内涵，整理皇城坛庙、历史街区等众多物质文化遗产，传承丰富的非物质文化遗产，彰显北京历史文化名城的独特韵味。"红色文化丛书"由12部书组成，主要以标志性的地理、人物、建筑、事件等为载体，提炼红色文化内涵，梳理北京波澜壮阔的革命历史，讲述京华大地的革命故事，阐释本地红色文化的历史内涵和政治意义，发扬无产阶级革命精神。"京味文化丛书"由10部书组成，内容涉及语言、戏剧、礼俗、工艺、节庆、服饰、饮食等百姓生活各个方面，以百姓生活为载体，从百姓日常生活习俗和衣食住行中提炼老北京文化的独特内涵，整理老北京文化的历史记忆，着重系统梳理具有地域特色的风土习俗文化。"创新文化丛书"由5部书组成，内容涉及科技、文化、教育、城市规划建设等领域，着重记述新中国成立以来特别是改革开放以来北京日新月异的社会变化，描写北京新时期科技创新和文化创新成就，展现北京人民勇于创新、开拓进取的时代风貌。

为加强对"北京文化书系"编撰工作的统筹协调，成立了以"北京文化书系"编委会为领导、四个子丛书编委会具体负责的运行架构。"北京文化书系"编委会由中共北京市委常委、宣传部部长莫高义同志和市人大常委会党组副书记、副主任杜飞进同志担任主任，市委宣传部分管日常工作的副部长赵卫东同志担任副主任，由相关文化领域权威专家担任顾问，相关单位主要领导担任编委会委员。原中共中央党史研究室副主任李忠杰、北京市社会科学院研究员阎崇年、北京师范大学教授刘铁梁、北京市社会科学院原副院长赵弘分别担任"红色文化""古都文化""京味文化""创新文化"丛书编委会主编。

在组织编撰出版过程中，我们始终坚持最高要求、最严标准，突出精品意识，把"非精品不出版"的理念贯穿在作者邀请、书稿创作、编辑出版各个方面各个环节，确保编撰成涵盖全面、内容权威的书系，体现首善标准、首都水准和首都贡献。

我们希望，"北京文化书系"能够为读者展示北京文化的根和魂，温润读者心灵，展现城市魅力，也希望能吸引更多北京文化的研究者、参与者、支持者，为共同推动全国文化中心建设贡献力量。

"北京文化书系"编委会

2021年12月

"古都文化丛书"
序言

北京不仅是中国著名的历史文化古都，而且是世界闻名的历史文化古都。当今北京是中华人民共和国首都，是中国的政治中心、文化中心、国际交往中心、科技创新中心。北京历史文化具有原生性、悠久性、连续性、多元性、融合性、中心性、国际性和日新性等特点。党的十八大以来，习近平总书记十分关心首都的文化建设，指出北京丰富的历史文化遗产是一张金名片，传承保护好这份宝贵的历史文化遗产是首都的职责。

作为中华文明的重要文化中心，北京的历史文化地位和重要文化价值，是由中华民族数千年文化史演变而逐步形成的必然结果。约70万年前，已知最早先民"北京人"升腾起一缕远古北京文明之光。北京在旧石器时代早期、中期、晚期，新石器时代早期、中期、晚期，经考古发掘，都有其代表性的文化遗存。自有文字记载以来，距今3000多年以前，商末周初的蓟、燕，特别是西周初的燕侯，其城池遗址、铭文青铜器、巨型墓葬等，经考古发掘，资料丰富。在两汉，通州路（潞）城遗址，文字记载，考古遗迹，相互印证。从三国到隋唐，北京是北方的军事重镇与文化重心。在辽、金时期，北京成为北中国的政治中心、文化中心。元朝大都、明朝北京、清朝京师，北京是全中国的政治中心、文化中心。民国初期，首都在北京，后都城虽然迁到南京，但北京作为全国文化中心，既是历史事实，也是人们共识。北京历史之悠久、文化之丰厚、布局之有序、建筑之壮丽、文物之辉煌、影响之远播，已经得到证明，并获得国际认同。

从历史与现实的跨度看，北京文化发展面临着非常难得的机遇。上古"三皇五帝"、汉"文景之治"、唐"贞观之治"、明"永宣之治"、清"康乾之治"等，中国从来没有实现人人吃饱饭的愿望，现在全面建成小康社会，历史性告别绝对贫困，这是亘古未有的大事。中华民族迎来了从站起来、富起来到强起来的伟大飞跃，迎来了实现伟大复兴的光明前景。

"建首善自京师始"，面向未来的首都文化发展，北京应做出无愧于时代、无愧于全国文化中心地位的贡献。一方面整体推进文化发展，另一方面要出文化精品，出传世之作，出标识时代的成果。近年来，北京市委宣传部、市社科院组织首都历史文化领域的专家学者，以前人研究为基础，反映当代学术研究水平，特别是新中国成立70多年来的成果，撰著"北京文化书系·古都文化丛书"，深入贯彻落实习近平总书记关于文化建设的重要论述，坚决扛起建设全国文化中心的职责使命，扎实做好首都文化建设这篇大文章。

这套丛书的学术与文化价值在于：

其一，在金、元、明、清、民国（民初）时，北京古都历史文化，留下大量个人著述，清朱彝尊《日下旧闻》为其成果之尤。但是，目录学表明，从辽金经元明清到民国，盱古观今，没有留下一部关于古都文化的系列丛书。历代北京人，都希望有一套"古都文化丛书"，既反映当代研究成果，也是以文化惠及读者，更充实中华文化宝库。

其二，"古都文化丛书"由各个领域深具文化造诣的专家学者主笔。著者分别是：（1）《古都——首善之地》（王岗研究员），（2）《中轴线——古都脊梁》（王岗研究员），（3）《文脉——传承有序》（王建伟研究员），（4）《坛庙——敬天爱人》（龙霄飞研究馆员），（5）《建筑——和谐之美》（周乾研究馆员），（6）《会馆——桑梓之情》（袁家方教授），（7）《园林——自然天成》（贾珺教授、黄晓副教授），（8）《胡同——守望相助》（王越高级工程师），（9）《四合院——修身齐家》（李卫伟副研究员），（10）《古村落——乡愁所寄》（吴文涛副研究员），（11）《地名——时代印记》（孙冬虎研究员），（12）《宗教——和谐共生》（郑永华研究员），（13）《民族——多元一体》（王卫华教授），（14）《教育——兼济天下》（梁燕副研究员），（15）《商业——崇德守信》（倪玉平教授），（16）《手工业——工匠精神》（章永俊研究员），（17）《对外交流——中国气派》（何岩巍助理研究员），（18）《长城——文化纽带》（董耀会教授），（19）《大运河——都城命脉》（蔡蕃研究员），（20）《西山永定河——血脉根基》（吴文涛副研究员）等。署名著者分属于市社科院、清华大学、中央民族大学、首都经济贸易大学、北京教育科学研究院、北京古代建筑研究所、故宫博物院、首都博物馆、中国长城学会、北京地理学会等高校和学术单位。

其三，学术研究是个过程，总不完美，却在前进。"古都文化丛书"是北京文化史上第一套研究性的、学术性的、较大型的文化丛书。这本身是一项学术创新，也是一项文化成果。由于时间较紧，资料繁杂，难免疏误，期待再版时订正。

本丛书由市社科院原院长王学勤研究员担任执行主编，负责全面工作；市社科院历史研究所所长刘仲华研究员全面提调、统协联络；北京出版集团给予大力支持；至于我，忝列本丛书主编，才疏学浅，年迈体弱，内心不安，实感惭愧。本书是在市委宣传部、市社科院的组织协调下，大家集思广益、合力共著的文化之果。书中疏失不当之处，我都在在有责。敬请大家批评，也请更多谅解。

是为"古都文化丛书"序言。

阎崇年

目 录

前 言   1

第一章 名城千古耀中华   1
　　　　——北京的城市变迁
    第一节　古代封国   5
    第二节　边防重镇   9
    第三节　割据都城   12
    第四节　一统都会   17
    第五节　当代新貌   22

第二章 宫殿宏伟帝王家   25
　　　　——北京的宫殿建筑
    第一节　金代以前的宫殿   28
    第二节　金中都的宫殿   32
    第三节　元大都的宫殿   36
    第四节　明北京的宫殿   40
    第五节　清北京的宫殿   45
    第六节　清代以后的故宫   51

第三章　街巷纵横穿院落　　53
　　　　——北京的城垣与坊市街道

第一节　金代以前的城垣与坊市　　57
第二节　金中都的城垣与坊市　　60
第三节　元大都的城垣、坊市与胡同　　63
第四节　明北京的城垣、坊市与胡同　　68
第五节　清北京的城垣、坊市与胡同　　74
第六节　民国时期的城垣、街区与商市　　79
第七节　当代北京的区划与街道　　83

第四章　坛庙庄严陵寝肃　　85
　　　　——北京的坛庙与陵寝

第一节　金代以前的墓葬　　88
第二节　金中都的坛庙与陵寝　　90
第三节　元大都的坛庙与陵寝　　94
第四节　明北京的坛庙与陵寝　　98
第五节　清北京的坛庙与陵寝　　105

第五章　园林秀美灵气聚　　109
　　　　——北京的园林风光

第一节　元代以前的园林风光　　113
第二节　元大都的园林风光　　115
第三节　明北京的园林风光　　117
第四节　清北京的园林风光　　121
第五节　当代北京的园林风光　　127

第六章　寺观棋布诸神会　　　　　　　　　129
　　　　——北京的寺庙道观与其他宗教建筑
　　第一节　北京的著名寺庙　　　　　　　　133
　　第二节　北京的著名道观　　　　　　　　143
　　第三节　北京的其他宗教建筑　　　　　　149

第七章　诗词典雅书画芳　　　　　　　　　153
　　　　——北京的文学艺术
　　第一节　辽代以前幽州的文学艺术　　　　158
　　第二节　辽金燕京的文学艺术　　　　　　164
　　第三节　元大都的文学艺术　　　　　　　176
　　第四节　明北京的文学艺术　　　　　　　191
　　第五节　清北京的文学艺术　　　　　　　206
　　第六节　清代以后北京（北平）的文学艺术　228

第八章　长城雄踞运河畅　　　　　　　　　231
　　　　——北京的关隘与交通
　　第一节　北京的长城诸关隘　　　　　　　235
　　第二节　北京的大运河　　　　　　　　　241

第九章　欢庆节令民俗彰　　　　　　　　　245
　　　　——北京的风俗民情
　　第一节　北京的岁时节令活动　　　　　　249
　　第二节　北京的婚丧风俗　　　　　　　　258

后　记　　　　　　　　　　　　　　　　　265

前　言

在中华民族几千年的文明发展历程中，北京占据着十分显著的地位，而北京文化则是中华文化的一个重要组成部分。北京文化曾经是中华文化的源头之一，而北京城则从一个诸侯国的都城变为中央王朝的北方军事重镇，进一步发展为割据政权的都城，直至成为全国统一王朝的首都，达到辉煌文明的顶峰。北京文化之所以达到辉煌顶峰，不仅是北京人民做出的贡献，而且也是无数从全国各地汇聚到这里来的人们合力创造的，因此它才成为整个中华民族优秀传统文化的结晶。

在历史上，这座城市曾经多次成为都城，早在先秦时期的燕国，就设置有燕京。但是，从先秦时期到汉唐时期，全国的政治和文化中心一直是在长安（西周时称镐京）、洛阳两处。直到辽宋金元时期，北京的政治和文化影响才开始变得越来越重要。到了此后的明清时期，北京已然是全国的中心所在。这种影响一直延续到今天，北京作为新中国的首都，仍然发挥着政治、文化中心的重要作用。

从城市发展的角度来看，北京经历了6次较大的变更。第一次是在先秦时期。西周初年的分封，使北京地区产生了两个重要的城市，即燕城与蓟城，其后燕国灭蓟，遂将都城迁移到蓟城，燕城随之荒废。第二次是在金代。海陵王扩建燕京城，营建中都宫殿，使北京的城市建设出现了显著的发展。第三次是在元代。元世祖营建大都新城，使北京成为当时中国乃至全世界最繁华的大都会。第四次是在明代，先是明代初年将北京城北部压缩，然后是重新恢复北京宫殿，到明代中叶再扩展南城，基本确定了今天北京的城市格局。第五次是在清末和民国年间，北京的城市发展进入近代化阶段，许多新的城市设施得到建设。第六次是在新中国成立之后，特别是改革开放以来，北京城发生了巨大的变化。城市的城墙和城门消失了，代之而起的是凌空飞架的立交桥和高耸入云的摩天大厦，北京最终变成新旧风貌融合的国际化大都会。

　　这些城市的变更与文化的发展密切相关，每次城市变更都促进了城市及地域文化的进一步发展。

第一章

名城千古耀中华
—— 北京的城市变迁

城市的出现是人类进入文明社会的一个重要标志，北京地区城市的出现，亦是如此。今日北京城的城市源头产生的时间已经有3000多年了。在这3000多年中，中华民族的伟大文明如长江、黄河浩浩荡荡，长驱万里，汇入整个人类文明的大海之中，而北京的城市发展变迁，伴随着北京历史文化的发展，亦如江河奔腾进程中的一股洪流，历尽曲折，愈演愈烈，从中华文明的支流发展为主流。这座城市也从最初的封国发展为中国北方首屈一指的军事重镇，再发展为政治和文化中心，直到今天发展为著名的国际大都会。

在中国古代，人们是把人与自然融为一体的，于是有了"三才"之说，即天、地、人。天指宇宙苍穹，地指山川平野，人是生活在天地之间的，所有的活动都是和天地密切相关的。《吕氏春秋》曾云：天有九野，地有九州，土有九山，山有九塞，泽有九薮，风有八等，水有六川。

天之九野与地之九州存在着一种对应的关系。所谓的"九州"据称为虞舜所分，北京地区位于最北方的幽州。这是人们有了地域观念的最初表示，也是北京有了明确行政区划概念的开始。此后，北京的行政名称在不断变化。周代至春秋战国时期，这里被称为燕国（又曾一度有蓟国）。秦代设广阳郡，汉唐时期复设燕国及广阳国、幽州等（隋代一度称涿郡）。

从辽代开始，北京设置为都城，辽代称南京析津府，金代称中都大兴府，元代称大都路大兴府，明清时期称北京顺天府。民国年间仍称北京，直至国都南迁，北京遂改称北平市，新中国成立之后则称之为北京市。这种行政名称的变化，反映出历代政治体制的变迁概况。

北京位于华北平原的北端，交通发达，物产丰富，早在先秦时期就有了"天府之国"的美称。战国时期著名的纵横家苏秦曾云："燕东有朝鲜、辽东，北有林胡、楼烦，西有云中、九原,南有滹沱、易水……,南有碣石、雁门之饶,北有枣栗之利,民虽不佃作而足于枣栗矣,此所谓天府者也。"(见《史记·苏秦列传》)寥寥数语,就把北京周边的大致形势和物产概括出来了。

到了宋代,风水学说逐渐兴盛,许多人都在论述自然环境时加入了"风水"的因素,就连著名宋儒朱熹在谈论北京的地理环境时也未能免俗,他说:"冀都山脉从云中发来,前则黄河环绕,泰山耸左为龙,华山耸右为虎,嵩为前案,淮南诸山为第二重案,江南五岭诸山为第三重案。故古今建都之地莫过于冀。所谓无风以散之,有水以界之也。"(见《朱子语类》)朱熹所说的"冀都"就是今天的北京。

北京城的北面,为燕山山脉,像一条巨大的屏障,阻挡了北方大草原冬季凛冽寒风的侵袭。而北京城曾经有一条湍急的河流——永定河(古称卢沟河或是浑河)自西北向东南日夜奔流,为城市提供了充沛的水源。此外,莲花池、太液池、积水潭、昆明湖(古代又称西湖)、南海子、延芳淀等湖泊,星罗棋布,使北京地区的自然环境分外宜人。

到了金元时期,北京成为全国的政治和文化中心,前来游览的人越来越多,人们对这里的自然风光和人文古迹有了更加丰富的认识,于是也就有了"燕京八景"的名目。据《大元一统志》记载,燕京八景(又称燕山八景)为太液秋波、琼岛春阴、居庸叠翠、玉泉垂虹、金台夕照、卢沟晓月、西山霁雪、蓟门飞雨。对于这8处景致,历来有不同的版本,如金台夕照,在金元之际又有"道陵夕照"的说法,道陵是金章宗的陵墓,在京西大房山麓。后人还曾将玉泉垂虹改为"玉泉趵突",将蓟门飞雨改为"蓟门烟树"。

这8处景致最初大多是有特定地点的,如蓟门、居庸关、黄金台、琼华岛、太液池、玉泉水、卢沟桥等，只有西山是泛指。但是，随着城市基址的变迁，这些特定的地点也发生了变化。例如，最初的黄金台是在金中都城中的隗台坊内（今西城区），历经元代的城市变迁，到了明代，人们已经很难见到昔日金中都城的景象，故而把黄金台错认为是在朝阳门外（今朝阳区）的一座土阜。又如，最初的蓟门是指幽州城（古代又称蓟城）的城门（今西城区），到了明清时期，也被错指为是在元大都土城遗址（在海淀区）上的城门。

　　历史的发展，城市的变迁，不仅改变着人们的观念，而且也改变着城市的整体环境。在北京没有成为都城之前，这里的植被非常茂盛，这里的水源也非常充沛。但是，在北京成为都城之后，随着大规模宫殿的频繁建造，城市周围的林木遭到大量砍伐，自然环境受到严重破坏。随着城市人口的急剧增加，居民用水需求量也在急剧增加，过度的用水，使得曾经被称为"小黄河"的永定河竟然断流了。我们不得不采取"南水北调"的措施，以解燃眉之急。重视环境保护已经成为绝大多数居民的共识，"绿色北京"也已经成为今后相当长一段时期的追求目标。

　　历史还在延续，北京还在发展。有些自然风光我们很难再见到了，有些人文景致也荡然无存了，古老的城墙和城门，著名的会馆，以及胡同与四合院，只能留在我们的记忆中。还有些新的景观产生了，如国家大剧院、国家体育场、首都博物馆等等，都代表了当代城市建筑的最高艺术水准。此外，也有一些新旧结合的产物，紫禁城变成了故宫博物院，社稷坛变成了中山公园，太庙变成了劳动人民文化宫等等，在旧建筑中增添了新的文化功能，显然适应了时代发展的社会需求，而复原和展示其固有的文化功能则成为今后应该逐渐完成的一项重要工作。

第一节　古代封国

　　在远古时期，中华民族的祖先还不会建造房屋时，华北平原就留下了他们的生活足迹。在20世纪20年代末，考古工作者在北京周口店龙骨山的山洞中发现了北京猿人的遗骸，距今约有数十万年。这个发现，具有十分重要的学术价值，并且引起了国际学术界的瞩目。经过几十万年的进化，人类从山洞移居到了平原地区。近年来考古工作者又先后在北京地区发现了多处先民们的生活遗存，如位于门头沟区的东胡林遗址、位于房山区的镇江营遗址、位于平谷区的上宅遗址、位于昌平区的雪山村遗址等。这些遗址表明，生活在北京地区的先民们，还处于规模较小的村镇聚落阶段，没有建造大规模都邑的能力。

　　在中国古代进入阶级社会之前，最初的文明溯源通常始于黄帝。关于黄帝的传说是多种多样的，其中的一种传说，就是把黄帝部落的起源放在了北京。这种说法的依据大致有以下几点：首先，黄帝与炎帝之战的地点，据史书所称是在"阪泉"，而其地点在今北京延庆区境内。《史记·五帝本纪》曾曰："（黄帝）与炎帝战于阪泉之野。三战，然后得其志。"其次，在今北京平谷区境内，有古轩辕台遗迹，唐代著名诗人李白曾作有《北风行》诗云："燕山雪花大如席，片片吹落轩辕台。"由此可见，早在唐代，北京地区的轩辕台就已经名扬天下了。最后，据史籍记载，到了西周初年，周武王伐灭商纣王，封黄帝之后裔于蓟城（今北京城），由此可见，黄帝后裔一直是生活在北京地区的。蓟国乃是北京地区最早有历史记载的封国之一。

　　到了商周时期，随着部落间的兼并战争日益加剧，人们的防卫意识普遍加强，城池的修筑规模越来越大，部落也开始向国家进化。在这个时期，从建筑和社会的联系角度来看，"城"的概念与"国"的概念、"部落"的概念是混杂在一起的，这一点在许多先秦时期的历史文献中都有反映。如在《周易》的"比"卦中就有"先王以建万国，亲诸侯"的记载，而在"谦"卦中则有"利用行师征邑国"的记载。文中所谓的"万国",就是指众多归附的部落,而"邑国",则是把城(即邑)与国联为一个词。

在这个时期,把"城"与"国"的概念合而为一的,还有《周礼》中的《冬官考工记》,其文曰:"匠人营国,方九里,旁三门。国中九经九纬,经涂九轨。左祖右社,面朝后市。"文中两次提到"国",所谓的"营国"就是建立国家,同时也是营造城池。而所谓的"国中"更是指城市中。当时的蓟国,其核心地区即是蓟城。

与蓟国同时受封在北京地区的还有燕国,在受封的时候就建造有燕城。经过考古工作者们的发掘工作可知,燕国最初营建的燕城在今北京房山区境内。当琉璃河商周古城及墓葬没有被发掘之前,许多学者对于燕城与蓟城之间的关系都搞不清楚,当琉璃河商周遗址被发掘之后,诸多问题因此得到解决。正如《周礼》所云,当时的城池规模是"方九里,旁三门,国中九经九纬,经涂九轨"。有的学者认为,这只是一种古人的理想模式,而实际上没有得到实现。但是,琉璃河商周遗址的考古发掘为我们提供了一个历史文献与古代遗存实物相互印证的范例。

在《周礼》中,对于城池的规模有一段较为详细的记载:"九分其国,以为九分,九卿治之。王宫门阿之制五雉,宫隅之制七雉,城隅之制九雉。经涂九轨,环涂七轨,野涂五轨。门阿之制,以为都城之制。宫隅之制,以为诸侯之城制。环涂以为诸侯经涂,野涂以为都经涂。"我们在这段记载中,可以获得以下信息:第一,天子的都城,几乎所有的东西都是以"九"为单位的,如城市的面积"方九里"、城墙的高度"城隅之制九雉"、道路的宽度"经涂九轨"等等。"九"是单数中最大的数,故只有天子才能够用。这种观念一直延续到明清时期。第二,诸侯国的所有东西都要递减一个等级,也就是要用"七"这个数。所谓的"宫隅之制,以为诸侯之城制"。天子的宫隅高"九雉",故而诸侯的城池也只能高"七雉",比天子的城池高"九雉"相差一个等级。天子都城的主要通道(即经涂)宽"九轨",次要通道(即环涂)宽"七轨"。而诸侯都城的主要通道只能与天子都城的次要通道一样宽，即"环涂以为诸侯经涂"。而天子都城的小道（即野涂）则是与诸侯都城的次要通道一样宽，即"野涂以为都经涂"。由此类推，天子都城的面积"方九里"，那么，诸侯都城的面积当然是"方七里"。这种数字上的九、七、五，不仅是数量问题，也是政治等级问题。因此，"九"这个数在当时是普通人不得乱用的。

在考古工作者们发掘琉璃河商周遗址的时候，对古城的面积也进行了测量。由于距今已有3000多年的历史，燕国古城遭到了很大程度的破坏，根据测量后的结果，古城遗存的部分，东西长约3500米，南北宽约1500米。如果根据古代都城大多数是方形的模式来推测，当时的燕国都城应该是南北宽度与东西长度大致相等，也就是长和宽都在3500米左右，如果按照现在的500米为一里来折算，燕国古城恰好是"方七里"的规模。先秦时期"里"的长度与现代"里"的长度虽然略有不同（稍短），差距也不会太大。由此亦可证实，《周礼·冬官考工记》的记载，是有一定依据的。由此亦可推测，当时与燕城并立的蓟城，也应该是"方七里"的规模。

燕国与蓟国并存的时间并不长，在此后的兼并战争中，燕国强盛，蓟国衰落，燕国在消灭蓟国之后，也就占有了蓟城。由于蓟城的地理位置要比燕国始建的城池更加理想，故而燕国将其都城迁移到了蓟城。燕城在失去了都城地位之后，日渐荒废，而蓟城由于燕国的不断发展强大，却日益繁荣起来，成为当时著名的都会——燕京。

秦始皇攻灭六国，统一天下后，废除分封制，推行郡县制，取消了燕京的都城地位。不久，汉高祖刘邦推翻秦朝，建立汉朝，再行分封制，先是设置了异姓燕王，及异姓王被剪除后，又分封皇子为燕王，驻守燕城，以防御匈奴的侵扰。到汉代中期，还设置有广阳王，遂形成了既有郡县又有封国的混乱管理局面。由于郡县制的推行，中央政府加强了对边远地方的控制，在很大程度上遏制了受封宗王们的分裂活动。

值得注意的是，汉朝中央政府分封到各地的宗王虽然对巩固其"家天下"的统治起到了一定的积极作用，同时也带来了一些不安定的因素。如汉武帝之子刘旦被封为燕王,及汉武帝死,没有让刘旦继承皇位,而得以继承皇位的汉昭帝又年幼,这就使得燕王刘旦企图篡夺皇位。但是,汉昭帝在大将军霍光的扶持下,平定了这次叛乱。元凤元年(前80年)九月,燕王叛乱失败,被迫自杀。此后的封建帝王虽然也有实行分封制的,但都十分注意限制宗王们的势力。

第二节 边防重镇

早在周武王分封召公为燕国诸侯之时，燕国就开始处于保卫周王朝疆域的边防重镇的位置上，而燕京地区也正因为处于农耕民族与游牧民族活动的交会地带而具有了十分重要的军事作用。秦始皇统一天下后，为了抵御北方匈奴部落的南侵，修筑了一条宏伟的万里长城，燕京北面的居庸关就成为其最重要的关塞之一。这座军事要塞一直到明代，仍然是中原王朝抵挡北方游牧部落侵扰的重要防御工事。其间，又以唐代的幽州藩镇在军事上的作用最大。

唐朝建立前，隋朝曾经一统天下，并且出兵辽东，镇压叛乱。为了保证京师长安的物资供应和东征，隋朝统治者调动全国的人力物力开凿了一条大运河，其北端直达涿郡（今北京）。这条大运河的开凿，使得东征军队的后勤补给有了充足的保障，也就无形之中增强了北京地区的军事实力。

唐朝建立后，东北地区的契丹族部落日益崛起，经常对中原地区发动侵扰，唐朝中央政府以幽州城（今北京城）为军事指挥中心，设置握有重兵的节度使，以遏制契丹及奚族等少数民族部落的侵扰。最初的节度使多为文官，对军队的控制比较严密。而且他们在担任一段时间的节度使之后，就会被调回中央政府担任宰相，时人称之为"出将入相"。到了奸臣李林甫在朝中任宰相，为了避免各藩镇节度使入朝夺其宰相大权，于是任用少数民族将领担任藩镇的节度使。这些少数民族将领虽然打仗很勇猛，文化修养却都很差，不可能到中央政府来担任宰相。

这时幽州的少数民族将领安禄山得到唐玄宗和杨贵妃的宠信，于是很快就担任了幽州节度使的职务，掌管了驻守在这里的一大批精锐部队。在此前后，安禄山又得到了平卢节度使和河东节度使的职务，掌管的军队越来越多。由武将掌管军权固然提高了部队的战斗力，却削弱了中央政府对军队的控制能力。一旦在中央政府和藩镇武将之间发生矛盾，其后果不堪设想。

天宝末年，当掌握有三大藩镇军权的安禄山与杨贵妃的哥哥杨国忠发生矛盾之后，安禄山遂以讨伐奸臣杨国忠为旗号，出兵发动叛乱，史称"安史之乱"。安禄山率领幽州军队在很短的时间内就攻占了东都洛阳，并且挥师转攻西京长安，迫使唐玄宗出逃蜀中，并在马嵬坡将杨贵妃处死。"安史之乱"的爆发，使得盛极一时的大唐王朝由此开始走向衰弱。

安禄山被其子安庆绪杀死之后，叛乱集团的另一位首领史思明又将安庆绪杀死，并且以幽州作为都城，国号"大燕"。但是，大唐王朝的气数未尽，"安史之乱"历经8年，终于被平定。而"藩镇割据"的局面也已经形成，中央王朝基本上丧失了对地方军阀的控制。

唐末五代初期，占据幽州的是刘仁恭父子。这个时期，是幽州政治最黑暗的时期。刘仁恭原是幽州节度使李可举手下的一员裨将，李可举因兵变自杀之后，他利用河东李克用的军力占有幽州，然后又背叛李克用。对外，不断发动兼并战争，残酷杀戮百姓；对内，大肆搜刮民财，建造华丽的宫殿，选美女入后宫等等。

刘仁恭的暴行导致自食恶果，不久，其子刘守光趁他在大安山别馆中享乐之时，发动政变，夺得大权。而刘守光的暴行更甚于其父刘仁恭。他不仅囚父杀兄，毫无人性，而且野心极大，又自称大燕皇帝，年号应天。这是继史思明叛乱集团之后建立的第二个僭越政权。刘仁恭、刘守光父子的倒行逆施很快就失去民心，被河东李存勖所攻灭，幽州遂再次归入后唐政权的势力范围之内。

后人曾指出：唐朝设置节度使自幽州始，军士立主帅自平卢始，节度据故镇自卢龙始。卢龙、平卢皆为幽州之地，由此可见，唐代幽州的军事作用是非常重要的。

到了五代时期，幽州的军事作用仍然十分重要。后唐庄宗李存勖任命原刘守光部将赵德钧为幽州节度使，镇守这里。赵德钧在任时期，颇能抵御契丹少数民族军队的侵扰，数次予其沉重打击，特别是他还在幽州开凿了一条运河，长165里，阔65步，深一丈二尺。这条运河的开凿，对幽州此后经济的发展，影响十分深远。除此之外，他还围绕着幽州构筑了一个较为完备的城防体系，以幽州为中心，东面修筑潞县的县城而设置守军，西南又建良乡县城，再在幽州东北修筑三河县城。良乡县、潞县和三河县的城池修筑，有效地遏制了契丹骑兵对幽州及其周边地区的突然袭击。由此可见，赵德钧掌权时期，幽州的经济有所恢复，军事防御能力也有所增强。

及后唐政权发生内讧，石敬瑭乞援于契丹统治者耶律德光，因为石敬瑭提出的求援条件实在是太诱人了，其中的一个条件就是契丹助石敬瑭夺得皇权之后，石敬瑭将燕云十六州割让给契丹。幽州节度使赵德钧也投靠契丹，希望借助契丹军队的支持来争夺皇权，却遭到耶律德光的拒绝。当后唐末帝受到石敬瑭和契丹军队联手进攻而向赵德钧求援时，他却采取了观望的态度。末帝被灭后，赵德钧也成了耶律德光的战利品。从此之后，北京地区的历史进入一个新时期。

第三节　割据都城

在扶立石敬瑭之后得到燕云十六州的耶律德光，踌躇满志，于是在这一年把年号改为会同元年（938年），把契丹国号改称"大辽"，特别是把都城也加以调整，临潢府被称为上京，幽州被称为南京，而辽阳原南京被称为东京。由此可见，幽州城在契丹少数民族统治者的眼里占有极为重要的地位。此后，契丹统治者又进一步完善了都城体系，在保留上京、南京、东京的同时，又设置了中京（今辽宁宁城境内）和西京（今山西大同），从而形成了五京并立的局面。

在辽朝的五京之中，上京是契丹统治者主要活动的场所，故而有着特别重要的政治意义，是不可替代的统治中心，这个中心后来转移到了辽中京。除此之外的诸京之中，辽南京占有十分特殊的地位。首先，它是辽朝的军事重镇，在辽朝与宋朝的长期军事对抗之中，辽南京（又称燕京）始终是双方展开争夺的最重要场所。宋朝统治者曾经发动过三次大规模的北伐战争，企图收复被石敬瑭割让给契丹的燕云十六州，最后都是在进攻燕京城时遭到失败。燕京城的重要军事作用是双方都意识到的，只是宋朝在很长时期里皆无法收复燕京。

其次，辽南京又是辽朝的经济中心。在辽朝所占有的辽阔疆域中，长城以北地区的民众主要从事的是畜牧业生产，而长城以南地区的民众则主要从事农业耕作。在中国古代社会，农业耕作的成效要远远高于畜牧业生产，因此，以农业耕作为主的燕京地区自然成为辽朝的经济中心。

除此之外，燕京还有两项重要的经济功能：其一，为手工业生产。在当时的燕京城里，定居着许多能工巧匠，他们所从事的手工业生产，在华北地区有着举足轻重的影响。其二，为商业贸易。燕京城是辽朝五京之中商业最繁荣的城市，不仅辽朝境内的许多商业贸易都是在这里进行的，而且辽朝与宋朝之间的贸易往来也主要是在这里进行的。

最后，它还是辽朝的文化中心。在辽朝的五京之中，南京和西京位于长城之内，居民主要是汉族民众，长期以来一直受到农耕文化的熏陶，有着深厚的文化积淀。而在辽上京等都城中居住的少数民族民众数量很多，故而受到游牧文化的影响较大。在当时的条件下，农耕文化与游牧文化相比，有着更多的优越性，因此，辽上京虽然是辽朝的统治中心，却一直未能取代燕京的地位而成为文化中心。燕京城在文化上的巨大优势，通过教育科举、宗教文化等许多方面都可以显现出来。

宋辽之间为争夺燕京曾发生过大规模的军事冲突。宋朝军队的第一次大规模北伐可以说是成功希望最大的一次，但是，却以未能攻占燕京城，大败告终，史称"高梁河之战"。太平兴国四年（979年），宋太宗亲率大军攻占太原之后，又率军攻向幽州城（即燕京），以为唾手可得。但是，却在这里遇到顽强抵抗，而导致惨败。

关于宋朝军队的败绩，历史文献的记载有不同说法。

其一为宋太宗自遁说。"太宗皇帝自并门，乘胜直趋幽燕。虏空山后遁，王师据幽州，虏甘心沙漠矣。有赦例郎君于越者，小羌也，请得五千骑以尝王师，不成，退处未晚，虏从之。乃骑持一帜，由间道邀我归路，周环往来，昼夜不绝。帝疑救兵大至，宵归定州，王师多没虏者。"（见宋人王巩《闻见近录》）

其二为宋朝军队发生叛乱说。是时，钱俶"从太宗平太原，即擒刘继元以归，又旁取幽燕，幽燕震恐。既迎大驾至幽州城下，四面攻城，而我师以平晋不赏，又使之平幽，遂军变。太宗与所亲厚夜遁"（见宋人王铚《默记》卷上）。这种说法解释了宋太宗逃遁的另一个理由，即宋朝军队因为攻占太原而没有得到奖赏，反而继续苦战幽州城下，故而发动叛乱。

其三为气候异常说。"太宗亲征北狄，直抵幽州，围其城。俄一夕大风，军中虚惊，南北兵皆溃散。而诸将多不知车驾所在，唯节度使高公琼随驾。上于仓卒中，大怒。"（见《能改斋漫录》卷十二《记事》）以上三种说法虽然不同，其表述的结果却是一致的，即宋太宗亲率大军，乘胜进取燕京，却在这里吃了大亏，败得很惨，宋太宗股上中箭，连夜乘驴车而逃。由此亦可证明，燕京城在军事上所处的重要战略地位。谁掌握了燕京的控制权，谁就掌握了整个战争的主动权。

宋朝军队的第二次大规模北伐再次印证了燕京城的军事作用是至关重要的。雍熙三年（986年），宋太宗命大将曹彬、米信与潘美、杨业分东西两路北伐，力图收复燕云十六州。这次北伐战争的规模也很大，最初的进展也很顺利，但仍然是在进攻燕京的时候出了问题。

据历史文献的记载，东路军统帅曹彬与米信所率领的大军仅仅攻占了燕京南面的涿州，就因为后勤供给不足而不得不退兵，然后再进攻涿州，一退一进，士气涣散，错失战机，最后还没有攻到燕京城下，就遭到惨败。受到东路军大败的影响，西路宋军也不得不仓皇撤退，名将杨业就是在撤退途中被俘而死的。

辽朝末期，宋朝第三次大举北伐燕京而惨遭失败。这时女真族在东北崛起，建立金朝，已经给辽朝统治者构成了极大的威胁。宋朝统治者与金朝统治者的利益联系在一起，于是双方结成联盟，来共同攻灭辽朝，史称"海上之盟"。金朝统治者与宋朝统治者约定，双方以长城为界，长城以北的辽上京等地由金朝攻打，长城以南的辽南京（即燕京）等地由宋朝攻打。

于是，宋朝调动大军，向燕京进发。这时辽朝在北面金朝的进攻之下节节败退，溃不成军，基本上丧失了抵抗能力。而驻守在燕京的辽朝军队已经很少了，其下属的奚族大将郭药师见到辽朝败局已定，于是率领部下投降了宋朝。宋朝君臣调动大军出征，又有降将郭药师的部队作为先导，很快就兵临燕京城下。

在这种形势下，宋朝统治者认为攻取燕京城只不过是时间早晚的事情，但燕京攻防战的结果却大出意料。面对燕京的少数辽朝守军的顽强抵抗，宋朝军队和郭药师的奚族军队居然大败而逃。宋朝的这次大败，不仅使宋金之间在攻灭辽朝之后的分割战利品过程中失去平衡，而且使金朝统治者认清了宋朝在军事上的软弱无能，不堪一击，从而很快就发动了攻灭宋朝的战争。

就在宋朝军队从南面进攻燕京遭到惨败的情况下，金朝军队却顺利攻占辽上京、辽中京等重要城镇，并且很快就南下攻占了燕京。驻守燕京的辽朝军队虽然对宋朝军队进行了顽强抵抗，却没有对金朝军队进行任何顽抗，迅速逃离了燕京。宋朝统治者没能按照"海上之盟"如约攻占燕京，却不知羞耻地向金朝讨要战利品，金朝统治者当然不会把夺到手的战利品白白送给对手，于是向宋朝统治者索要了600万钱财，并且把城中百姓全都驱往辽东，才把一座空城还给了宋朝。

但是，用钱财买回来的城池是守不住的，宋朝统治者想用投降的郭药师的"常胜军"保卫重新命名的"燕山府"，但其美梦很快就破灭了。面对军事力量格外强大的金朝统治者，郭药师当然选择了再次投降的做法，并且又成了金朝大军攻打宋朝疆域的先导。

而金朝统治者的胃口显然要比契丹统治者大得多，他们并没有满足于攻占燕京城，而是继续向南扩张，一直到攻占宋朝都城汴京（今河南开封）为止。在此后的一段时期里，金宋双方处于军事对抗的平衡时期，金朝军队虽然处于主动进攻的一方，却很难突破长江天堑。而这时的燕京，也就变成了金朝进攻南宋的一座军事大本营。

金朝崛起之初，女真族统治者把统治中心安置在上京（今哈尔滨阿城境内）。但是，随着金朝军队向南扩张的步伐不断加快，其控制的疆域也越来越大，几乎占据了整个中原地区。在这种情况下，金上京的地理位置就变得偏在东北一隅，无法适应统治的需要。

也正是在这个时候，金上京爆发了一场宫廷政变，完颜亮弑杀金熙宗，夺得了皇权，史称海陵王。海陵王即位后的一项重大政治举措，就是把都城从金上京迁移到燕京城，改称中都。于是，一个与南宋临安城对峙的统治中心以崭新的面貌耸立在了华北平原之上。

这座金中都城是在辽南京城的基础上扩建的。原来辽南京城的宫殿偏居全城西南隅，海陵王通过拓展东、南、西3面的城墙，而使得宫殿大致居于全城中心的位置。而整个金中都城的格局，基本上都是仿照北宋东京城的模式来建造的，却更加豪华奢侈。甚至许多重要建筑的材料也是从北宋东京城里拆迁过来的。这座都城是当时整个北方地区最繁华的都市。

金朝与辽朝一样，也是实行"五京"之制。除了金中都之外，另设有东、西、南、北四京，作为控制四方的重镇。海陵王在即位后不久，曾准备把首都从中都城迁到金南京（即宋都汴京），并且大兴土木，重新修建了南京的宫殿、苑囿，但随着他大举南伐的失败和被弑，迁都的计划成为泡影。

而在中都城即位的金世宗，乃是一位趋于守成的君王，他放弃了继续进攻南宋的一贯国策，而与对手划江而治，从而使得双方维持了很长一段时期的和平状态，也使金朝的经济和文化发展到了一个鼎盛时期。金世宗死后，继位的金章宗仍然沿用了守成的国策，这一国策在使金朝的文治臻于极盛的同时却使其武功日趋衰弱。

与此同时，漠北草原上的蒙古部落迅速崛起，蒙古少数民族杰出领袖铁木真通过兼并战争，逐步统一了原来四分五裂的各个部落，从而建立了军事上十分强大的大蒙古国。而金章宗死后继位的卫绍王又是一位懦弱的统治者，这种强弱势力的消长变化，很快就改变了整个中国的政治格局。

金朝虽然相对南宋具有军事上的优势，但相对北方的大蒙古国却只能处在被动挨打、防不胜防的境地。于是，在蒙古军队几次大规模南下侵扰之后，金朝统治者放弃了对中都城的防守，逃到了南面的汴京。北京历史由此进入了一个新时期。

第四节　一统都会

元朝的发展，可以分为两个阶段。第一个阶段，其起始是元太祖铁木真（成吉思汗）建立大蒙古国。第二个阶段，其起始则是元世祖忽必烈建立元朝，如果再往前推一些，乃是忽必烈称帝。而北京作为都城，特别是营造规模宏大的皇城宫殿，皆是第二个阶段的事情。

因为蒙古统治者和女真统治者一样，都是少数民族领袖，故而他们的都城迁移过程，也有许多相似之处。首先，元世祖与金海陵王一样，对中原地区的农耕文化十分崇尚，对儒家的政治学说奉行不悖，以至于遭到了众多蒙古贵族的坚决反对。其次，都城的迁移都是从原来的发祥地（北方少数民族活动区域）向中原地区南移，而且都移到了北京。

在元朝发展的第一个阶段，铁木真在攻占金中都之后，还没有把这里作为活动中心，故而也就没有在这里设置都城。直到元太宗窝阔台即位后，才开始在大草原上建立大蒙古国的第一个统治中心和林城。而这时的中原地区，在大蒙古国中所占据的位置也还不是最重要的。因此这时的中都城也只不过是燕京行省的治所，由蒙古统治者派遣的断事官们在这里主持军政事务。

随着历史进程的发展，中原地区在大蒙古国中所占的地位变得越来越重要，而负责主持中原地区政务的忽必烈在从政的磨炼过程中很快就体会到了儒家政治学说在治理国家时所能够发挥的巨大作用，于是开始重用汉族谋臣刘秉忠等人，首先为自己在漠南草原上营建了一座藩府——开平府，并且在与其胞弟阿里不哥争夺皇权时将其定为都城（后称上都）。此后，又在燕京城东北的平原上大兴土木，建造了一座新的都城，这就是大都城。

大都城与上都城的并立，史称两都。这是元朝都城制度的一大特色，类似于汉唐时期的西京长安与东都洛阳，却又有所不同。在元朝发展的第二个阶段，两都制度确立之初，上都城是政治中心，而大都城处于辅助的地位。随着时间的推移，大都城逐渐取代上都城而成为元朝的统治中心。

元世祖忽必烈在营建大都城的同时，又调兵遣将，不断向南宋发动进攻，以图一统天下。经过连年征战，元朝军队以襄樊为突破口，跨过了长江天堑，随即沿江东进，迅速攻占南宋都城临安（今浙江杭州），随后又逐步消灭了南宋的残余抵抗势力，实现了全国的统一，也就使得大都城成了全国唯一的统治中心。

元大都城统治中心的确立，在中国文明发展的历程中具有里程碑式的重要意义。首先，它改变了自先秦至汉唐时期形成的以东西二京为主体的政治格局，而把全国的政治重心转移到了北京，从而解决了政治重心与军事重心分离的问题。这个问题解决之后，使得全国的大规模军事动乱不再发生。

其次，它是第一个由少数民族建立的统一王朝所设置的都城。在元朝之前的中国历史上，曾经有许多少数民族政权建立过都城，但是，这些少数民族政权却始终都没有能够统一天下，最多也不过占有半壁江山，而元朝的建立使大都成为全国的政治中心。

在大都城成为全国政治中心的近百年时间中，这里发生了许多事情，特别值得一提的则是"两都之战"。由于元朝统治者没有处理好皇位的继承问题，故而自铁木真死后，皇室贵族之间的残酷斗争就一直没有停止过。元世祖忽必烈曾经想要彻底解决这个问题，却未能如愿。及忽必烈死后，皇室贵族之间的斗争再度频发，最终导致了"两都之战"。

泰定五年（1328年）夏天，元泰定帝病死在上都城，丞相倒刺沙扶立泰定帝之子阿速吉八继承皇位，而留守大都城的大臣燕铁木儿等人却将元仁宗之子图帖睦尔迎到大都，扶立为帝。于是，分为两派的蒙古贵族在大都与上都之间展开激战，最后占据大都城的一派获胜，图帖睦尔夺得皇权，史称元文宗。"两都之战"不仅对大都地区的社会经济造成严重破坏，而且极大削弱了元朝统治者自身的统治能力。

元文宗死后，元朝开始进入没落阶段，皇室贵族之间的矛盾冲突并没有消失，反而使得地方军阀势力逐渐参与到宫廷斗争中来，再加上宦官专权，干扰朝政，又遭遇到几次大规模的自然灾害，终于导致全国农民起义频频爆发，此起彼伏，元朝的腐败统治终于被推翻。

明洪武元年（1368年），朱元璋领导的明军一举攻占大都城，拆毁了元朝的宫殿，废除了大部分官僚衙署，取消了大都城作为全国统治中心的地位，改称其为北平府。元明之际改朝换代的政治动荡，使北京的城市发展经历了一场浩劫，又回复到北方军事重镇的地位。

朱元璋建立的明朝定都南京，为了加强对全国的控制，朱元璋采取分封诸子到各地为藩王的办法，而被分封到北平府来的则是燕王朱棣。及朱元璋死后，继位的建文帝为了削弱诸位皇叔的权力，开始罗织罪名，把诸藩王一个个罢免，使得诸位皇叔被削去藩王的名号，失掉优厚的待遇，惶惶不可终日。

燕王朱棣不久也受到"削藩"的威胁，在手下谋臣姚广孝等人的辅助下，不得不起兵反抗。他打着"清君侧"的旗号，杀死了建文帝派到北平府的亲信，率军攻向南京，史称"靖难之役"。这场皇叔侄帝之间的战争最终以朱棣攻占南京、建文帝失踪而告结束，燕王朱棣随即称帝，史称明成祖（又称明太宗）。

这场内战不仅改变了整个明朝的发展进程，也改变了北京的历史进程。明成祖在夺得皇权之后的一项重大决策，就是把北平府改为北京，重新确立其全国统治中心的地位。显然，明太祖定鼎南京是受到当时政治局势发展的巨大影响而采取的决策，是有其合理性的。但是，当全国统一之后，南京作为政治中心，与北平府作为军事重心而相互分离，最终导致了"靖难之役"。

明成祖定鼎北京是一项重大政治决策，就是为了将政治中心与军事重心重新合在一起，从而消除了因为二者分离所带来的政治上的不安定因素。对于这一点，明成祖看得很清楚，故而在遭到绝大多数臣僚激烈反对的情况下，仍然坚持这一决策。

为了贯彻定鼎北京的决策，明成祖采取了一系列重大措施，首先，是在北京大兴土木，营建宫殿，其规模超过了南京的宫殿。其次，是在北京营建皇家陵寝，为死后"定居"北京做好准备。最后，几度统率大军亲征漠北，以消除元朝残余势力的军事威胁。

这一系列措施的落实，为北京再次成为全国的统治中心奠定了坚实的基础。明成祖死后，明仁宗和明宣宗皆曾经想把首都迁回南京，却都没有落实。直到明英宗即位后，才最终决定不再迁回南京，从而确立了北京的首都地位。而南京作为陪都也发挥了重要作用。

在明代，对北京城市发展产生巨大影响的，除了明成祖之外，当属明世宗。嘉靖年间，北方游牧部落对明朝的压力越来越大，为了确保北京城的安全，加强其防御功能，明世宗决定在北京城外围再扩建一层城墙。扩建工程是从南面开始的，所耗费的人力物力十分巨大，工程只进行了一部分，就不得不停止，遂使一座长方形的城市变成了"凸"字形。新建的城市部分又被称为外城。

明世宗对北京城市产生影响的另一项举措则是对皇家坛庙的重新设置。在明成祖营建北京城时，仿照南京规制，只设置了郊坛，作为帝王祭祀天地、日月、山川等神灵的场所。到明世宗时，则以郊坛为天坛，又增设了地坛、日坛、月坛等坛庙，这个规制一直沿用到清朝。

明代末年，中原各地的农民起义纷纷爆发，东北地区的满族统治者开始崛起并频繁向关内发动进攻，在这双重打击之下，明朝的统治迅速崩溃。在这种政治局势极度混乱的情况下，北京成为各方面争夺的首要目标。李自成率领的农民起义军捷足先登，攻占了北京城，崇祯皇帝在景山自尽。随后清军攻进山海关，并且击败了李自成的农民起义军，随即攻占了北京城。

清朝统治者在攻占北京城之后，很快就决定把这里作为全国的统治中心，并且逐步修复了诸多宫殿、衙署等建筑。这时对北京城市发展影响最大的举措就是旗、民分城居住的政策。为了确保自身安全，清朝统治者把原来居住在北京城里的民众全都赶到外城（又称南城），然后把八旗军队与其家属迁入城里，按照八旗分布，使得整个北京内城变成了一座大兵营。

这个举措是以往辽金元时期少数民族统治者所没有采用过的。虽然给原来住在城里的民众造成了巨大的损害，却无形之中促进了北京外城的发展，扩大了城市居民的活动范围。大量各地会馆和老字号商业店铺就是在这时发展起来的。今天北京核心区域的定型就是在明清时期。

在清代的北京城里最有特色的建筑就是王府的建造。清朝统治者采用此前历代统治者大多实行的"分封制"，但与前代不同的是，此前的统治者往往把分封的藩王派到各地去定居，以加强对全国的控制。而清朝统治者分封的藩王们却不到外地去，而是定居在北京城里。于是，在北京的胡同与四合院之间，就增添了许多王府，也就是"超级四合院"。

当然，早在明代的北京城里，就有一些王府，但都是异姓王侯的府邸，虽然也很豪华，却与清代的王府无法相比。如定国公徐氏的府邸、英国公张氏的府邸、成国公朱氏的府邸、外戚武清侯李伟的府邸等，比起普通百姓来，虽然也很奢华，但是与清代皇族后裔的王府相比，又逊色许多。

与王府一样，清代北京城里，特别是外城的会馆林立，成为另一道亮丽的都市景观。北京的会馆也是始创于明代，当时只不过是一些同乡旅社。到了清代，会馆的数量越来越多，规模越来越大，在这里除了仍有旅社的作用之外，又成为商业活动的重要场所。在这里开展的活动越来越频繁，除了日常活动之外，还有一些则是关系到国家安危的政治活动，如"公车上书"等。在中国古代的政治集团中，同乡关系乃是一种十分重要的维系方式，故具有鲜明同乡特色的会馆也就成为小范围群体进行政治活动的理想场所。

第五节　当代新貌

从清代后期开始，西方列强对中国的侵略日甚一日，从军事到经济，从政治到文化，几乎涉及中国社会的各个方面。北京作为全国的统治中心，自然会留下受到侵略的浓重痕迹。在城市发展的总体格局上虽然没有出现巨大的变化，但是已经有越来越多的西洋建筑耸立在胡同与四合院之间，有些是教堂，有些是学校，还有些是医院或是领事馆等等。这些西洋建筑不仅改变了北京城市的风貌，而且带来了西方文化的巨大影响。北京作为中国最重要的都城，开始逐渐接受近代化和国际化的发展趋势。

清朝灭亡后，北京的城市近代化和国际化的步伐并没有停止，只是受到北洋军阀政府、国民政府和日伪政权的黑暗统治影响，并且一度失去了统治中心的地位，故发展速度较为缓慢。同时，一些公共设施的建设，如公路的铺设，为了便利交通，除了原有的城门之外，又在皇城和外城的城墙上开了一些豁口，破坏了城市原来的完整封闭式的风貌。

新中国成立后，北京再次成为全国的政治和文化中心，使得城市的发展出现了两次较大的飞跃。第一次是在20世纪50年代，天安门广场、人民英雄纪念碑和东、西长安街的出现，给全世界树立了一个辉煌的新中国形象。随后兴建的人民大会堂、民族文化宫、中国美术馆、工人体育场等"十大建筑"，有些带有国外建筑的典型色彩，有些则体现出中华民族的建筑特色，皆是那个时代的建筑结晶。这些建筑的出现，不仅仅标志着北京城市形象的变化，而且向全世界宣告了中华民族的屈辱历史已经结束了，我们有能力创造一个更加美好的未来。

北京城市发展的第二次飞跃是自20世纪70年代末改革开放为起点的。中国人民懂得了发展社会主义经济、改善人民生活才是正确的道路，全国人民开始了走向现代化的经济建设之路，其中城市建设成为北京迅速发展的一项重要内容。大片居民住宅小区的出现，取代了传统的四合院，成为广大北京市民的主要居所，这个变化在很大程度上改变了北京传统的人际关系，削弱了胡同文化的传承，更深层次地改变着人们之间的伦理关系。

北京交通的发展是随着城市规模的不断扩大而带来的另一项重要内容。由于受到城市结构的特定环境限制，北京的交通采用了环路扩展的方法，从城市核心区域的二环路，发展到三环路、四环路、五环路和六环路。此后的环路兴建逐渐远离了城市核心区域，对北京的珍贵历史文物的破坏越来越少，对城市经济发展的促进作用则越来越大。

当人类进入21世纪以来，特别是当北京成功申办2008年奥运会以来，北京的城市建设速度更为迅捷，有几项超大型建筑的出现，如国家大剧院、国家体育场（俗称"鸟巢"）、国家游泳馆（俗称"水立方"）的建造，给北京增添了举世瞩目的新城市坐标，使得城市建筑的规模与水准甚至超过了许多当代的国际大都会。北京城市的发展成就足以让每一个中国人为之而自豪。当北京成功举办了2008年夏季奥运会后，不仅使世界各国人民看到了北京的巨大发展成就，而且使许多人改变了对中国的认识，这种广泛的社会影响，显然超出了体育运动会的范畴。

第二章

宫殿宏伟帝王家
——北京的宫殿建筑

在中国古代的都城中，最主要的建筑就是宫殿，最辉煌的建筑也是宫殿。在封建等级森严的古代社会中，皇宫是最高级别的居住地。如果说都城是全国的政治中心，皇宫则是政治中心的最核心部分，许多重大的历史事件都是在这里发生的，如帝王即位、皇后及皇太子的册封、御门听政等。再如，有重要军事行动时，出征前要在午门举行阅兵仪式，回师后要在此举行献俘仪式等，皆是如此。

皇宫又是最大的公共活动场所。例如，每年的重要节日，如元旦（今天的春节）、元宵、端午、重阳、冬至等，帝王们都要在此举行朝拜活动，并多次举办盛大宴会，以宴请宗亲、外藩及百官，场面十分热闹。又如，科举考试是政府选拔人才的最重要途径，而科举考试中的最后一次也是在皇宫举行，由帝王亲自主持，故而被称为"殿试"。

北京作为古代都城的一个重要标志，就是建造有规模宏伟的宫殿，因为宫殿是封建统治者生活的最主要场所，也是都城区别于其他普通城市的唯一标志。为了营造宫殿，历代统治者不惜耗费巨额财富，人民付出巨大的牺牲。从商纣王的酒池肉林到秦始皇的三百里阿房宫，从汉唐帝王修建的长安宫阙到元明清各代帝王建造的北京宫殿，这一切宏伟的建筑耗费的人力财力是无法精确统计的。而所有的付出，有时只是为了满足统治者的个人私欲。

我们如果从另一个角度来看，一座精美的建筑就是一座文化的丰碑。历代劳动人民在为统治者建造宫殿的时候，充分发挥了自己的聪明才智，投入了大量的心血，他们建造的不仅仅是一处又一处的宫殿，更是中华民族优秀传统文化的结晶，是当时人们对宇宙的认识、对美的追求。在这种情况下，人们付出的大量血汗则得到了文化价值的回报。当后人在观赏前代留下的宫殿建筑及遗迹时，往往会发出由衷的赞叹，赞叹我们的祖先所具有的丰富想象力和创造力。

北京地区的宫殿建筑在起步阶段是落后于中原地区的，

因为在夏商周时期，政治、经济的中心是在黄河中上游地区，如亳都、安阳、丰镐、洛邑等。自秦汉以来直到唐代，政治和文化中心是在东、西二京，这两个地区的宫殿建筑尤为宏伟壮丽。北京地区因为地处边陲，只能居于普通城市的位置。当然，在春秋战国时期，燕国的崛起与强大，使之成为"七雄"之一，建造了颇具规模的宫殿。但是，这些宫殿建筑仍然无法与后来的天子两京的宫殿相比。

直到北方少数民族势力相继崛起之后，北京的地位变得越来越重要，开始成为辽朝的陪都、金朝的首都，宫殿建筑也随之变得富丽堂皇，已经可以与中原王朝（如宋朝）的宫殿相媲美。而到元朝统一天下之后，这里的宫殿建筑已经跃居全国之首。

此后，历经明清两代，北京的宫殿屡建屡毁，又屡毁屡建，一直延续到今天。在明代初年，明太祖朱元璋曾经毁掉大都城的宫殿，又营造了南京的宫殿，但是不久之后，燕王朱棣起兵"靖难"，又迁都北京，其所营造的宫殿等建筑，虽然皆是仿照南京，但其规模及宏丽风貌，则远远超过了南京城。

此后一直到清朝末年，北京始终是全国的政治和文化中心，故这里的宫殿建筑自然也就是全国最宏伟的。不论是明代南京的宫殿，还是清代盛京的宫殿，以及热河的避暑山庄，其规模虽然也颇为壮观，但都无法与北京的宫殿相比。

清朝灭亡以后，皇帝制度被取消，代之而兴的是从西方社会模仿来的政治制度，共和取代帝制，皇宫的政治统治地位也被画上了句号。改革开放以来，中国与世界的交往越来越频繁，故宫也被认定为世界文化遗产，它的巨大文化价值得到了全人类的赞赏，它的社会功能也从帝王们主要的生活场所演变为一座超大型博物馆，展示着中华民族昔日的辉煌。

第一节　金代以前的宫殿

据历史文献记载，北京最早的宫殿是在先秦时期的燕国。燕国与蓟国同在华北平原的北端。燕国在不断强大之后攻灭蓟国，并以蓟城为都城。在此之前的召公奭始封之都城是否有宫殿，叫什么名称则不得而知。到了战国年间，燕国在燕京城修建的宫殿，则见于《史记》与《战国策》。据《史记·乐毅传》的记载，乐毅率燕国军队攻伐齐国，"齐王遁而走莒，仅以身免。珠玉、财宝、车甲、珍器尽收入于燕。齐器设于宁台，大吕陈于元英，故鼎反乎磿室，蓟丘之植植于汶篁"。据同书注文曰："《括地志》云：'燕元英、磿室二宫，皆燕宫，在幽州蓟县西四里宁台之下'。"据此可知，乐毅伐齐之时的燕国都城，建有宁台及元英、磿室二宫，并在宫殿中贮藏各种珍宝。值得注意的是，燕国诸侯王修建的这处宫殿不是在蓟城的城里，而是在城郊，因此，可能属于离宫别馆之类的建筑。而其正式的宫殿则应该是修建在蓟城城里的中心位置。此后，燕国曾一度迁都于河北易县（史称燕下都），并且在那里也建造了宫殿。

在秦始皇攻灭燕国之后，设置郡县，这里的宫殿建筑也就自然被废毁了。及汉代一统天下，先后在这里设置有异姓及同宗的燕王，也建造了王宫，只是文献记载寥寥，不知其详。到了晋朝末年，北方大乱，有所谓的"五胡乱华"，少数民族先后在北方地区建立过十几个政权。其中，有慕容氏在蓟城建立过都城。据《魏书·慕容儁传》记载，慕容儁即位后，"闻石氏乱，乃砺甲严兵，将为进取之计。凿山除道，入自卢龙，克蓟城而都之。……建国十五年，儁僭称皇帝，置百官，号年元玺，国称大燕，郊祀天地"。慕容儁在把蓟城作为都城之后，必建有宫殿，或是沿用汉代燕国（又曾称广阳国）藩王的旧宫殿，以供其居住，正史却无记载。

据北魏著名学者郦道元撰写《水经注》，曾有一段注文称："城有万载宫、光明殿，东掖门下，旧慕容儁立铜马像处。"文中所云万载宫、光明殿就是慕容儁称帝之后居住和上朝的宫殿。据此可知，这些宫殿是在蓟城城里，有可能是汉代燕王的王宫，甚至可能是先秦时期燕王的王宫。

唐代中期爆发"安史之乱"，安禄山在攻下东都洛阳后，即在那里称帝，国号大燕，仍然不忘幽州是他的发祥地。在安禄山因为内讧被杀之后，史思明又占据幽州，继续叛乱，仍然建国号为大燕，却是以幽州（时称范阳）城为都城。据《安禄山事迹》一书所记载，史思明在称帝后，"置日华等门，署衙门楼为听政楼，节度厅为紫微殿"，也就是把节度使衙门改为皇宫。这时的皇宫，也就是前燕慕容儁在蓟城设置皇宫时的旧建筑。时当战乱，史思明在对抗大唐王朝的围剿之下没有时间也没有能力来兴建新的宫殿。

到了唐代末年，刘守光在囚父害兄，取得幽州藩镇的统治权后，也曾即位称帝，自号大燕皇帝，他的都城也是在幽州，当时使用的也应该是史思明称帝时曾经用过的皇宫。

到了五代时期，石敬瑭将幽州割让给契丹。辽太宗升幽州为南京，城市格局没有发生大的变动，皇城仍然是在全城的西南部。据《契丹国志》所引《王沂公行程录》记载为："子城就罗郭西南为之，正南曰启夏门，内有元和殿、洪政殿，东门曰宣和。"皇宫正南门的名称有变化，据《辽史》的有关记载，最初称拱辰门，辽太宗于会同三年（940年）三月，"至燕，备法驾，入自拱辰门，御元和殿，行入阁礼"。（见《辽史》卷四《太宗纪》）后来称宣教门，据《辽史·地理志》记载，"内门曰宣教，改元和"。又据《辽史》记载，统和二十四年（1006年）八月，"改南京宫宣教门为元和，外三门为南端，左掖门为万春，右掖门为千秋"。据此可知，辽南京宫殿的正南门最初称拱辰门，之后称启夏门，又改称宣教门，最后称元和门。

辽南京的皇宫正殿为元和殿，许多重要的活动都是在这里举行的。如上文所述，辽太宗曾于此举行过隆重的入阁礼。此外，辽南京作为进攻北宋的军事重镇，在出师讨伐及回师庆贺时，也往往在元和殿举行隆重的仪式。如会同八年（945年）四月，辽太宗在率军讨伐后晋回师燕京时,"宴将士于元和殿"。(见《辽史》卷四《太宗纪》)统和四年(986年)五月,在击败大举来犯的宋军之后,辽圣宗亦"御元和殿,大宴从军将校"。(见《辽史》卷十一《圣宗纪》)是时,"燕京留守具仪卫导驾入京,上御元和殿,百僚朝贺"。(见《辽史》卷五十八《仪卫志》)

辽朝统治者在进入中原地区之后,也采用了科举取士的办法来选拔人才,燕京城作为辽朝的文化中心,乃是科举考试的主要地点。有关辽朝科举的文献记载是很少的,但是我们却发现在重熙五年(1036年)十月,辽兴宗到燕京,"御元和殿,以《日射三十六熊赋》《幸燕诗》试进士于廷"。(见《辽史》卷十八《兴宗纪》)据此可知,在辽朝的科举制度中仍然保留了殿试的程序,而且有的时候是由辽朝帝王亲自出题加以考试的,考试内容也是以诗、赋为主要形式的。而燕京城殿试的场所就是在元和殿。由于每次殿试只有一场,因此,这一年所有参加了科举考试并进入殿试的考生们都要到燕京的元和殿来接受辽兴宗的最后一次考试。

辽南京皇城之内,又有昭庆殿,也是一处较为重要的宫殿。会同三年(940年)四月辽太宗在元和殿举行入阁礼之后不久,又"御昭庆殿,宴南京群臣"。太平元年(1021年)十一月,辽圣宗在这里举行重要活动,"上御昭庆殿,文武百僚奉册上尊号曰'睿文英武遵道至德崇仁广孝功成治定昭圣神赞天辅皇帝',大赦,改元太平,中外官进级有差"。(见《辽史》卷十六《圣宗纪》)帝王接受群臣的尊号是一件非常隆重的事情,是在昭庆殿举行的,可见这座宫殿的重要地位。到了重熙十一年(1042年)四月,"耶律仁先遣人报,宋岁增银、绢十万两、匹,文书称'贡',送至白沟。帝喜,宴群臣于昭庆殿"。(见《辽史》卷十九《兴宗纪》)

在辽南京的皇城之内,还有一些宫殿,见于零散记载。如嘉宁殿,辽道宗在清宁五年(1059年)十月,"幸南京,祭兴宗于嘉宁殿"。(见《辽史》卷二十一《道宗纪》)据此可知,嘉宁殿是安置辽兴宗御容之所。在此之前,契丹统治者已经在辽南京的皇城之内设置有辽景宗及辽圣宗的两座御容殿。

又如会同三年（940年）十二月，辽太宗曾下令，"诏燕京皇城西南堞建凉殿"。（见《辽史·太宗纪》）这座凉殿，建于皇城的西南堞，因为皇城的西南角也就是辽南京城的西南角，故这座凉殿也就是建造在南京城的西南角，既可以用来乘凉，也可以用来观察城内外的各种活动，起到一举两得的作用。

综上所述，在金海陵王迁都之前，北京很早就有了宫殿建筑，先秦时期的燕国都城蓟城（或称燕京）就有了初具规模的宫殿，此后的西汉燕国、南北朝时期的前燕、唐代叛乱的史思明及藩镇割据的刘守光，直到辽南京，前后断断续续地皆建有宫殿。其中，又以燕国及辽朝的宫殿使用时间最长。但是，这些建造宫殿的方国或是割据政权，或者因为其政治势力较小，或者因为其存世时间较短，都没有在全国产生重大影响。

值得注意的是，这时燕京城里的宫殿不是居于全城的中央位置，而是一直占据着城里的西南隅。这与其诸侯国都城、僭越政权都城、割据政权陪都的地位是相称的。只有到了金代，中都成为整个北方地区的统治中心，已经具备了与南宋都城临安（今浙江杭州）相抗衡的实力才开始有了更加完整的模式，并产生了越来越大的影响。

第二节　金中都的宫殿

金朝的建立及走向辉煌是伴随着辽朝和北宋王朝的灭亡而实现的。在这个过程中，金朝统治者先后占有了辽朝的五京和宋朝的汴京，与此同时，金朝统治者还建有自己的政治中心金上京。从金太祖到金熙宗统治时期，虽然金朝的疆域在不断扩大，迅速向南面延伸，而女真统治者却都没有迁都的打算。直到金海陵王弑杀金熙宗、夺得皇位之后才开始准备将统治中心迁移到中原地区。海陵王发动宫廷政变是一个偶然的事件，而金朝的都城南迁却代表了历史发展的必然趋势。至于究竟把都城设置在什么地方最为合适，则又是一个有着多种选择的复杂答案。

金海陵王个人修养的"汉化"使他没有固守在金上京，而是选择了迁都于燕京。这个决定在当时受到许多女真贵族的反对，但是海陵王却坚持付诸行动。天德三年（1151年）三月，海陵王下令扩建燕京城，修筑宫殿。同年四月，政府官员把修建都城的图纸上报，得到海陵王的批准。

对于这次新营建的中都城，变化是非常大的，整个城市的格局变了，皇宫、苑囿的面貌也焕然一新。对此，《金史》中的记载也比较细致。首先，是关于金中都宫殿建造中使用的建筑材料取自何处的问题。史称："是时，营建燕京宫室，有司取真定府潭园材木，仲轲乘间言其中材木不可用，海陵意仲轲受请托，免仲轲官。"又称："浩等取真定府潭园材木，营建宫室及凉位十六。"可见，在营建中都宫殿之时并没有拆毁汴京的宫殿以使用其材木的记载，而是使用了真定府（今河北正定）潭园的材木。

其次，是关于金中都宫殿的大致状况。史称："皇宫正门为应天门，正殿为大安殿。东宫设置在大安殿东北，大安殿正北则为寿康宫，为皇太后居所。大安殿后又有仁政门及仁政殿，是百官上朝之处。"此外，"宫城之前廊，东西各二百余间，分为三节，节为一门。

将至宫城，东西转各有廊百许间，驰道两旁植柳，廊脊覆碧瓦，宫阙殿门则纯用碧瓦"。（见《金史·地理志》）

通过相关文献描述可知：第一，在新建的皇城里，宫殿的主体建筑为大安殿，是金朝帝王举行重大典礼的皇宫正殿。又是举行各种册封仪式的地方，如长白山系金朝兴王之地，故而女真统治者册封长白山神的仪式也十分隆重。金世宗时已经有册封，到金章宗时再次行册封之礼，称其山神为开天弘圣帝。

值得注意的是，金朝统治者曾把大安殿作为帝王停放棺柩的地方，这种做法是比较罕见的。如金海陵王在迁都到燕京之后，曾在这里营建皇陵，并把祖先的棺柩运到这里安葬。这种做法被此后的金朝帝王承袭。金世宗死后，棺柩被置于大安殿。金章宗死后，棺柩也被安放在大安殿。卫绍王被立为皇帝，乃承诏举哀，即皇帝位于柩前。次日，群臣朝见于大安殿。

第二，帝王处理日常政务的办公场所不是在大安殿，而是在仁政殿。这种举行隆重仪式和处理政务分别使用不同宫殿的做法也是较为少见的。在金朝的日常政务中，修撰已故帝王实录是十分重要的，因此，当国史院修毕实录之后，要在仁政殿举行仪式，进上纂修好的实录。

仁政殿不仅是帝王处理政务的场所，有时也举行一些隆重的仪式。例如，金朝统治者有祭日的习俗，到金世宗时始制定完备的仪式，大定十八年（1178年）金世宗拜日于仁政殿。而到了金宣宗时，不仅沿袭了拜日之俗，而且增加了拜日仪式的次数。

第三，皇太后居住的寿康宫，皇太子居住的东宫，皆为皇城中的重要建筑。寿康宫应该是金中都宫殿中建造较早的，或是与仁政殿一样，也是辽朝时建造的，位于皇宫正殿大安殿之后。贞元三年（1155年）十月，当海陵王把上都宫殿全都修缮之后，迎接皇太后来到中都城，即居住在寿康宫。皇太子的东宫，位于寿康宫之东，其构造比较节俭。由此可见，直到金世宗的全盛时期，统治者仍然十分注重节俭。

这个时期，宫殿建筑只有宫殿和殿门之上全用琉璃瓦，其他廊房则是房脊上才用琉璃瓦。但是宫殿规模仍然相当可观，仅宫城之前的廊房就多达600余间。皇宫正门应天门面阔11间，而且左右还建有门楼，极为壮丽。

在皇城中，除了大安殿和仁政殿之外，又建有其他的宫殿，如泰和殿，也是皇城中的重要宫殿之一。贞元三年（1155年）十一月，海陵王因为迁葬祖先陵墓于大房山礼毕，曾在泰和殿宴请百官。明昌四年（1193年）五月，因为天旱，金章宗又曾下责己诏，命奏事于泰和殿。这里便成为临时的办公场所。

与泰和殿地位相似的，还有贞元殿、广仁殿、庆和殿、神龙殿、紫宸殿等。贞元殿是金朝帝王接见官员们和各国使臣的地方。而广仁殿则是处理政务的另一处场所。庆和殿在皇宫中主要是宴会之场所，金世宗及金章宗皆曾在这里举办大规模的宴会。当然，除了宴饮之外，金朝统治者有时也在庆和殿举行重要活动。如金世宗时，皇太子病逝，遂立皇太孙为皇位继承人，皇太孙谢恩就是在这里。神龙殿在皇宫中应该是一处以娱乐为主的宫殿。如海陵王曾在这里为皇太子生日举办庆祝活动。又如大定二十八年（1188年）三月，金世宗生日，也曾在神龙殿举行过隆重的庆祝活动。再如金章宗久无子，泰和二年（1202年）八月，元妃生皇子忒邻，金章宗也曾在此举办庆祝活动。

在大定初年，金中都的皇城之内曾发生过一次人为制造的火灾，损失较大。大定二年（1162年）闰二月，宫女称心等人因为怨恨而火烧太和殿及神龙殿。这时金世宗刚即位不久，需全力应付与南宋的战事，而无暇修复这些被烧毁的宫殿。直到大定四年（1164年），金世宗才命大臣苏保衡等人将这些宫殿加以修缮。

第四，金中都所有的宫殿和殿门都有了堂皇的名称，见于文献记载的如大安殿、仁政殿、厚德殿、垂拱殿、安仁殿、光德殿、福安殿、慈训殿（后称承华殿）、崇庆殿、崇政殿、熙春殿、瑶光殿、临芳殿、睿思殿、鱼藻殿、大庆殿、芳明殿、清辉殿、庆春殿、凝和殿、寿安宫（由福寿殿所改）、隆庆宫、宁德宫、寿康宫、瑶光楼、瑞云楼、应天门、日华门、月华门、翔龙门、粹英门、会通门、承明门、昭庆门、集禧门、宣明门、宣华门、东华门、宝昌门、紫宸门等等。这些建筑，有的我们只知道名称，却无从知晓具体的建筑规模及功能。

卫绍王即位之后，北方地区的蒙古族部落迅速崛起，并且在成吉思汗的指挥下，向金朝发动3次大规模进攻，逼迫金朝帝王南逃汴京，随后攻占了金中都城。在蒙、金之间展开大规模军事对抗的激战中，中都城的宫殿建筑遭到了相当严重的破坏。蒙古军队攻占中都城之后，在大肆劫掠百姓财物、搜刮金朝统治者遗留的珍宝之后，放火将皇宫付之一炬。

经过这场巨大的灾难后，金朝辉煌的宫殿已经是面目全非了。在此后的大蒙古国统治时期，随着城市经济的逐渐恢复，大片的皇宫废墟或是被百姓占据修建宅第，或是被僧人、道士占据修建庙宇，不再有空闲之地。当元朝统治者在定鼎燕京之时，不得不另外选择城址，营建新的宫殿。

第三节 元大都的宫殿

　　元代大都城开始营建宫殿是忽必烈沿着历史发展轨迹而采取的必要举措。一方面，长期居住在漠北草原上的众多蒙古贵族们还没有认识到儒家政治学说在巩固国家统治中的作用是极其重要的，要脱离或是减少这些蒙古贵族的政治干扰，较为彻底地推行"汉法"，就要把全国的政治中心从大草原迁移到中原地区。另一方面，要想营建一座规模宏大的都城，必须要有充足的经济实力作为基础，还要具有便利的交通条件，以保证对都城的持久供给。正是在这两个重要的方面，大蒙古国原来的都城和林，以及忽必烈自己营建的上都开平府，都无法与位于中原地区的燕京城相比。至于史书所记载的有关风水之说，只能算作是一种文化上的参考因素。

　　新营建的皇宫位于大都城中心偏南的位置上，这是为了把钟鼓楼放在全城中心的缘故。另外，根据儒家学说的原则，"面朝后市"，也是把正朝放在全城偏南的位置上。儒家学说又有一个重要的理念，即"中庸"的理念，表现在都城建筑上的实践，也就是由左右对称而出现的中轴线。自周秦汉唐以来，中国建立了众多的都城，但是就连汉唐时期的长安、洛阳等著名都城也往往没有突出中轴线的建筑理念。而元大都城的皇城却完全体现了这个重要的儒家理念。从都城正南门丽正门到皇城正南门灵星门，再到宫城正南门崇天门，从皇宫正殿大明殿到皇宫后殿延春阁，再到皇宫后面的钟鼓楼，形成了一条完整的中轴线。

　　在《元史》中，关于大都城皇宫的记载，没有《金史》中的完整和集中，但是，散见在《元史》中的资料和其他存世文献的记载，使我们对大都的皇宫有了较为详细的了解。据元人陶宗仪《南村辍耕录》的记载可知，大都城的"宫城周回九里三十步，东西四百八十步，南北六百十五步，高三十五尺。砖甃。至元八年八月十七日申时动土，明年三月十五日即工"。

又据明初人萧洵《故宫遗录》的记载："南丽正门内千步廊，可七百步，建灵星门。门建萧墙，周回可二十里，俗呼'红门阑马墙'。门内数十步许有河，河上建白石桥三座，名'周桥'，皆琢龙凤祥云，明莹如玉。"萧洵曾亲身至元大都城，目睹前朝宫殿，故其叙述十分细致。

对于元大都皇城的周长，陶宗仪和萧洵都没有准确的数字，萧洵只说"周回可二十里"。清初人孙承泽在《天府广记》一书中则有这样一段记载："洪武元年八月，大将军徐达、指挥张焕计度元皇城周围一千二百二十六丈。"这个数字应该是比较准确的，但是，与皇城周回20里的差距太大了，而与宫城周回9里30步的数字更为接近。因此徐达等人丈量的皇城其实指的是宫城。通过对以上文献的梳理可知，在大都城里，有皇城（即所谓的"红门阑马墙"）和宫城两层城墙，皇城周长约20里，宫城周长为9里30步。

元大都皇宫的主体建筑为大明殿，据《南村辍耕录》记载，大明殿分为前殿、寝殿、香阁等部分，中间由柱廊相连。"前殿十一间，东西二百尺，深一百二十尺，高九十尺。"折合宽60余米，深约37米，高约28米。"柱廊七间，深二百四十尺，广四十四尺，高五十尺。寝室五间，东西夹六间，后连香阁三间，东西一百四十尺，深五十尺，高七十尺。青石花础，白玉石圆磶，文石甃地，上藉重裀，丹楹金饰，龙绕其上。四面朱琐窗，藻井间金绘，饰燕石，重陛朱阑，涂金铜飞鹍冒。中设七宝云龙御榻，白盖金缕褥，并设后位，诸王百寮怯薛官侍宴坐床，重列左右。"而在大明殿的后面又建有一组宫殿，称为延春阁，从而形成了前殿后寝的格局。

元大都皇宫及其正殿的规模显然超过了金中都的皇宫。元朝统治者常常在这里举行大宴会，"万国贡珍罗玉陛，九宾传赞捧珠帘。大明殿前筵初秩，勋贵先陈祖训严"。（见元人柯九思《宫词一十五首》之一，其诗自注曰："凡大宴，世臣掌金匮之书者，必陈祖宗大扎撒以为训。"）有些大宴会是庆祝各种节日（如春节、帝王诞辰日等），有些则是在重大军事行动取得胜利之后的庆功宴，因此与会人数极多，少则几百人，多则上千人，必须要有宽敞的空间才能够容下这么多的人。

　　大明殿中还有一个特点，就是帝王的宝座不是独尊的，而是与皇后的座位并列的。其他宗王贵族等也设置了座位，以便于宴饮。现存于北海团城上的大玉海，据传就是当年在大明殿中盛酒用的器皿。这种帝王和皇后并座的皇宫布局，十分鲜明地体现出在元朝统治者们的观念中仍然保留了部落贵族平等制的痕迹。

　　大都的皇城所以"周回可二十里"之宽广乃是把太液池包在中间的缘故，大明殿坐落在太液池的东岸，而皇太子与皇太后的宫殿皆建造在太液池西岸。皇太子的宫殿初称东宫，是元世祖忽必烈为皇太子真金修建的。但是真金早死，忽必烈没有再立其他的儿子为皇太子。元世祖死后，皇太孙铁穆耳即位，是为元成宗，东宫仍由其母后居住，改称隆福宫。

　　隆福宫的建筑分为两部分，前一部分的主体建筑为光天殿，后一部分的主体建筑为隆福殿。"光天殿七间，东西九十八尺，深五十五尺，高七十尺。柱廊七间，深九十八尺，高五十尺。寝殿五间，两夹四间，东西一百三十尺，高五十八尺五寸。重檐，藻井，琐窗，文石甃地，藉花毳裀，悬朱帘，重陛，朱阑，涂金鹇冒楯。"（见《南村辍耕录》）隆福殿在光天殿之后，"四壁冒以绢素，上下画飞龙舞凤，极为明旷。左右后三向，皆为寝宫"。（见《故宫遗录》）在隆福宫这组建筑中，又有寿昌殿、嘉禧殿、睿安殿、文德殿及骖龙楼、翥凤楼等设施。

　　及元成宗死后，元武宗兄弟发动宫廷政变，夺得皇权，武宗又为皇太后在隆福宫北面建造了一组宫殿，即兴圣宫。这组建筑的主体为兴圣殿，在兴圣殿的后面建有延华阁，而在兴圣殿两旁，则建有嘉德殿、宝慈殿及凝晖楼、延颢楼等设施。不难看出，大明殿与延春阁的一组宫殿构成了前朝后寝的模式。此后建造的隆福宫与兴圣宫也都仿照了这种模式，隆福宫的光天殿与隆福殿、兴圣宫的兴圣殿与延华阁这两组宫殿皆是如此。而每组建筑中的主体部分（即大明殿、光天殿、兴圣殿)又设置有寝殿,用柱廊加以连接。

元大都的这三组重要宫殿群落分布在太液池两岸,显示了游牧民族开放和流动的性格特点,也就是许多史书中所提到的游牧民族逐水草而居的生活习惯。值得注意的是元朝统治者虽然把全国的政治中心从北方大草原南移到了中原地区,但是其草原情怀并没有改变。元世祖为了避免后代子孙忘记草原文化,特意将大草原上的莎草移植到大都的皇宫中来(有人称之为"誓俭草"),所谓"黑河万里连沙漠,世祖深思创业难。数尺阑干护春草,丹墀留与子孙看"。(见柯九思《宫词一十五首》之二,自注曰:"世祖建大内,命移沙漠莎草于丹墀,示子孙毋忘草地也。")在元代的皇宫中,农耕文化与游牧文化的融合现象随处可见。

十分可惜的是,这座极为壮观的皇城宫殿,在明太祖推翻元朝腐败统治之后,却被人为拆毁了。这是一场文化浩劫,也是北京城市发展历程中的一次倒退。只是这次倒退的时间比较短暂,明成祖在发动"靖难之役"后,很快又把北京升为陪都,再变为首都。但是,无论怎样说,这场文化浩劫所带来的巨大损失是客观存在的,也是在当时的情况下不可避免的。

第四节　明北京的宫殿

继金代和元代之后，第三个重大的历史事件又使得北京成了全国的政治和文化中心。这就是建文帝采取削藩政策而逼迫燕王朱棣（即明成祖）发动兵变，以清君侧为名夺得皇权。这场削藩斗争，对于建文帝而言，只是巩固其统治的一种手段，而对于燕王朱棣而言，则是生死攸关的大事。其结果是朱棣攻占南京城，建文帝不知所终。明成祖即位之后，就把北平府改为北京，与南京并列。此后不久，又开始着手营建北京的宫殿建筑，其模式完全仿照南京城，而其规模之大则又超过了南京城。

明代留存下来的历史文献浩如烟海，使我们对明代北京宫殿建设的情况了解更加详细。第一次的营建工程是建造燕王府。洪武初年，明太祖朱元璋封皇子朱棣为燕王，由驻守北平府的官员们为其营造王府，相关官员把王府的位置定在了元朝旧皇城内太液池的西侧，即隆福宫（旧皇太子宫）的位置，得到明太祖的同意后，用拆毁的元朝宫殿的材料加以建造。"其制：山川二坛在皇城之右。皇城四门，东曰体仁，西曰遵义，南曰端礼，北曰广智。门楼廊庑二百七十二间。中曰承运殿，十一间。后为圆殿，次曰存心殿，各九间。承运殿之两庑为左右二殿。自八间殿之后，前、中、后三宫各九间，宫门两厢等室九十九间。王城之外周垣四门，其南曰灵星，余三门同王城门，周垣之内堂库等室一百三十八间，凡为宫殿室屋八百一十一间。"（见清初人孙承泽《天府广记》卷五《宫殿》）文中所云"皇城"即指王城。

第二次的营建工程是建造皇宫。永乐元年（1403年）正月，明成祖将北平府升为北京。永乐七年（1409年），又开始在北京建造皇宫，这时建造的皇宫是以燕王府为中心扩建的。这次扩建工程比洪武年间营建王府的规模要大一些，永乐十五年（1417年）四月工程完毕，"西宫成，其制：中为奉天殿，殿之侧为左右二殿；奉天殿之南为奉天门，左右为东西角门。奉天门之南为午门，之南为承天门。殿之北有后殿、凉殿、暖殿及仁寿、景福、仁和、万春、永寿、长春等宫，凡为屋千六百三十余楹"。（见《明太宗实录》卷一〇五）扩建后的北京宫殿屋宇数量，是原来旧燕王府的两倍。文中所云"西宫"系因燕王府建造在元故宫的西部。由其正殿名称从承运殿改为奉天殿，即可看出从王府到皇城的身份变化。

但是，从永乐十四年（1416年）开始，明成祖决定将首都从南京迁往北京。甚至更早一点，在永乐七年（1409年）决定在北京营建皇陵时开始，就已经有了这种想法。于是，在营建中的西宫，其规模及功能已经不能够适应作为首都的需要。在这种情况下，明成祖决定建造一座比南京更加宏伟的宫殿。以西宫为中心来完成这个工程显然是不可能的，因为西宫并未坐落在全城的中轴线上，只有把皇宫正殿向东移，才能够与中轴线相合。第三次大规模的营建工程由此启动。从永乐十五年（1417年）夏天开工到永乐十八年（1420年）底竣工，明代北京的宫殿主体建筑初具规模。

新建成的北京宫殿并没有仿照元大都宫殿的模式，分别在太液池两岸都建有宫殿，而是把宫殿的主体建筑都移到了太液池的东岸。皇帝的居所与皇后和皇太子的居所更加靠近。明代的皇城分为外朝与内廷两部分。外朝系由三大殿构成，分别称为奉天殿、华盖殿和谨身殿。在三大殿的后面是内廷，主体建筑是两宫，分别称为乾清宫与坤宁宫。

在三殿、两宫之后又分为3组宫殿群，坤宁宫往北，为中间一组建筑群，其东、西又各为一组建筑群。明代宫殿的中路是坐落在全城的中轴线上的，除了三殿、两宫之外，在坤宁宫后面的重要建筑为钦安殿，坐落在后御园之中。而在乾清、坤宁两宫之间则建有交泰殿。

在东面的这组建筑群中建造有奉慈殿、弘孝殿、崇先殿（后改为神霄殿）、景仁宫、延禧宫、怡神殿、承乾宫、永和宫、钟祥宫（后改称兴龙宫）、景阳宫等宫殿。其中，弘孝殿和崇先殿在明世宗时曾经供皇太后居住，承乾宫是供皇太子妃居住的，而钟祥宫则是供皇太子居住的。在西面的这组建筑群中建造了养心殿、祥宁宫、无梁殿、隆道阁、慈宁宫、毓德宫、启祥宫、隆德殿、英华殿、咸安宫、翊坤宫、永宁宫、储秀宫、咸福宫等宫殿。其中，无梁殿曾经是明世宗修炼道教丹药的地方。启祥宫是万历年间两宫被焚毁之后明神宗的居住场所。而隆德殿和英华殿则是明朝统治者供奉道教和佛教诸神的场所。

在三大殿的两侧也建有重要的宫殿群落。在三大殿东侧的主体建筑为文华殿。该殿为明朝统治者从事各种文化活动的主要场所。其一，是文臣在此为帝王讲解儒家学说中的治国安邦之道，称为经筵进讲之所。明神宗就曾在殿中题写有"学二帝三王治天下大经大法"的匾额。其二，是帝王修身反省之处，凡遇到各地发生严重灾害，明朝帝王即退居于此，反省自己的政绩得失。明英宗与明孝宗时，还把各地重要文、武官员的姓名写在文华殿的殿壁之上，以便随时考察其优劣。在三大殿西侧的主体建筑为武英殿，与文华殿相对。最初武英殿也是帝王斋居的场所，后来帝王主要是在文华殿斋居，武英殿就成为皇后接见朝中命妇们的场所。此外，明朝统治者还模仿宋朝帝王的做法，分别在文华殿与武英殿设置有待诏学士，文华殿选的是善书法者，而武英殿（一说是在武英殿后面的仁智殿）选的则是善绘画者。

明代北京的宫殿也是分为皇城与宫城两个部分。"皇城外围墙三千二百二十五丈九尺四寸。其门凡六：曰大明门，曰长安左门、曰长安右门，曰东安门，曰西安门，曰北安门，俗呼曰'厚载门'，仍元旧也。……紫禁内城墙南北各二百三十六丈二尺，东西各三百二丈九尺五寸。其门凡八：曰承天门，曰端门，曰午门，即俗所谓'五凤楼'也，东曰左掖门，西曰右掖门，再东曰东华门，再西曰西华门，向北曰玄午门，……午门之内曰皇极门，左曰弘政门，右曰宣治门，旁曰归极门，曰会极门。"（见《天府广记》卷五《宫殿》）

明成祖下令修建的这座新的宏伟宫殿建成还不到一年，就在永乐十九年（1421年）四月发生了严重的火灾，三大殿全被焚毁。明成祖搬回西宫，而平时处理朝廷政务，就只得在奉天门了。在三大殿被焚毁之后，许多反对从南京迁都北京的官员乘机纷纷上言，要求明成祖回南京定都。这种观点甚至得到了皇太子（即明仁宗）等人的支持。但是，明成祖定都北京的决心十分坚定，对主张迁回南京的官员加以重责，只是一直也没有修复三大殿。

此后即位的明仁宗和明宣宗都曾想迁都回南京，却没有真正落实。直到明英宗即位之后，才又决心树立北京的首都地位，并且从正统五年（1440年）三月开始，重新兴建三大殿，翌年九月竣工。在这次重新修建皇宫的工程中，明朝政府曾经把皇宫外面东侧的居民迁走了一大批，以扩大皇宫的面积。

北京的宫殿遭到第二次火灾是在正德九年（1514年）正月，这次火灾是由于明武宗喜爱灯火娱乐而引起的。"上自即位以来，每岁张灯为乐，所费以数万计。库贮黄白蜡不足，复令所司买补之。及是宁王宸濠别为奇巧以献，遂令所遣人入宫悬挂，传闻皆附着柱壁，辉煌如昼。上复于宫廷中依檐设毡幕而贮火药于中，偶勿戒，遂延烧宫殿。自二鼓至明，俱尽，火势炽盛，上犹往豹房省视，回顾火焰烛天，戏谓左右曰：'是好一棚大烟火也。'"（见《明武宗实录》卷一百〇八）帝王荒淫竟至于此。

北京宫殿的第三次火灾是在嘉靖三十六年（1557年）四月发生的，"奉天等殿门灾。是日申刻雷雨大作，至戌刻火光骤起，初由奉天殿延烧华盖、谨身二殿、文、武二楼，奉天、左顺、右顺、午门及午门外左、右廊尽毁，至次日辰刻始息"。（见《明世宗实录》卷四百四十六）这次火灾后，明世宗立刻下令加以修复。至嘉靖四十一年（1562年）修缮工作才告完毕。明世宗遂将三大殿改名，奉天殿改称皇极殿，华盖殿改称中极殿，谨身殿改称建极殿。其他的宫门名称，也加以更改。

北京宫殿的第四次火灾是在万历二十四年（1596年）三月，"火发坤宁宫，延及乾清宫，一时俱炽"。（见《明神宗实录》卷二百九十五）两宫的修复工程刚刚开始不久，三大殿又发生了火灾，而这次的火灾最为严重，"火起归极门，延至皇极等殿，文昭、武成两阁周围廊房一时俱烬。自永乐辛丑夏四月庚子三殿灾，……弘治戊午冬十月两宫灾，正德甲戌正月乾清宫灾，嘉靖辛丑夏四月辛酉九庙灾、辛酉万寿宫灾，……宫殿俱灾，则国朝以来所未有云"。(见《明神宗实录》卷三百一十)这次的修复工程一直到天启年间才告完成。

明代北京的宫殿多次发生严重火灾是和宫殿的整体格局密切相关的。与此前的元大都宫殿相比，明代北京的宫殿建筑群落过于集中，建筑形式过于封闭。而这种情况的出现，究其根源无疑是农耕文化的再现。元大都的宫殿散落在太液池两岸，东岸是帝王活动场所的主体宫殿群，即由大明殿和延春阁为主体组成的宫殿群；西岸则是皇太子和后妃们活动的主要场所，即以隆福宫和兴圣宫为主体组成的宫殿群。这种松散的宫殿群落是一种开放型游牧文化在宫殿建筑方面的再现。而明代北京的宫殿完全集中到了太液池东侧，宫殿群落之间，也没有足够的活动空间。帝王活动的场所与皇太子和后妃们活动的场所是紧紧连在一起的。因此，一旦发生火灾，延烧的面积就很大，造成的损害也是巨大的。

到了明朝末年，由李自成领导的农民起义军转战千里，在崇祯十七年(1644年)三月攻占了北京城，迫使明思宗在煤山(今景山)自杀，推翻了明朝的腐朽统治。但是，当李自成率领农民起义军前往山海关与清军对抗时，却受到了明朝守关大将吴三桂与清军的联手攻击，败退回北京。四月底，李自成见北京已经无法守卫，于是弃城而去，临走时将北京的宫殿纵火焚毁。这是明代北京宫殿遭受到的第五次严重损害。此后不久，清朝统治者定鼎北京，重建宫殿，北京也就再一次成为全国的政治和文化中心。

第五节　清北京的宫殿

　　清朝是中国封建社会的最后一个统治王朝，也是营造皇宫的最后一个王朝。清朝统治者面对一个被焚毁殆尽的宫殿，也只得采用便宜之计。首先，在顺治元年（1644年）把皇城正门大明门改称大清门，以表示清朝取代明朝成为正统王朝。其次，仿照明成祖永乐十九年（1421年）三大殿被焚毁后的做法，把尚存的皇极门（原称承天门）作为常朝的主要场所。清朝统治者在修复皇宫的时候，对于明朝的宫殿及门楼等设施基本维持了原貌，甚至有些宫殿、门楼的名称也没有改动。

　　清代的皇城开有四门，正南称天安门，正北称地安门，东侧为东安门，西侧为西安门。清代的宫城亦设有四门，正南为午门，正北为神武门，东侧为东华门，西侧为西华门。而在天安门与午门之间，又设置有端门。如果再加上天安门南面的长安左门与长安右门、午门两侧的左掖门与右掖门，清代皇城与宫城的城门数量与明代是一样的。

　　作为紫禁城正门的午门，建造得十分雄伟，据《大清会典》记载："午门三阙，上覆重楼九间，南北彤扉各三十有六。左右设钟鼓楼，明廊翼以两观，杰阁四耸。左右各一阙，西向者曰左掖，东向者曰右掖。"而午门前面的天安门与端门的建筑也十分雄伟，与午门的建筑大致相同。因为午门是紫禁城的正门，故而也是所有出入皇宫的人们经常出入的要道。所谓"午门三阙"，中间的御道，只能供帝王出入使用。左面的一条通道是供文武百官朝见帝王时出入之路，而右面的一条路则是供宗戚王公贵族们出入使用的。午门的重要位置，又使其成为举行重要典礼的场所，如帝王颁布诏书、军队凯旋献俘等等皆是在此。

　　皇宫中最主要的建筑就是太和殿（即明代的奉天殿），在太和殿前修建有太和门。据《大清会典》记载：在午门之内，"正中南向者为太和门，九间三门，重檐，崇基，石阑，前后陛各三出，左右陛各一出"。在太和门内的太和殿最为雄伟，"太和殿基高二丈，殿高十有一丈，广十有一间，纵五间。……前后金扉四十，金琐窗十有六。殿正中一间设御座。殿前为丹陛，环以白石阑，陛五出各三成，列鼎十有八，铜龟、铜鹤各二，日圭、嘉量各一"。几乎所有重大的国家级的庆典，如元旦（今天的春节）、冬至、帝王诞辰这三大节庆，以及命将出征、重要官员任职等事宜，都是在这里举行，很少例外。

在太和殿的后面是中和殿（即明代的华盖殿）与保和殿（即明代的谨身殿）。中和殿是圆顶、正方形的建筑，"纵广各三间，方檐圆坎。金扉琐窗各三十有四"。保和殿的形制与太和殿相同，只是规模略小，"九间，前陛各三出，与太和殿丹陛相属"。中和殿是每当太和殿有重大庆典之前帝王准备行礼的地方。而保和殿是每年除夕清朝统治者宴请外藩宗王的场所，表示出清朝统治者对外藩宗王的优宠。而每当殿试进士之时，也往往是在这里举行。由此可见清朝统治者对科举选拔治国人才也是极为重视的。

在三大殿的东侧沿用明代旧制，仍建有文华殿，也用于经筵进讲。康熙、雍正、乾隆三代帝王对经筵进讲都十分重视，进讲之时殿中设御座，百官分别侍立两旁，每当讲官讲完经文之义，帝王再阐述心得，然后行礼而退。在文华殿之东，清朝统治者又建有传心殿，以供奉皇师（为神农氏及轩辕氏）、帝师（为陶唐氏及有虞氏）、王师（为夏禹、商汤、周文王及周武王）、先圣（即周公）、先师（即孔子）等人的神位，每当举行经筵进讲之前，帝王都要派遣官员先行祇告之礼。

在文华殿之后，乾隆年间又建有文渊阁。明代北京的皇城之内就建有文渊阁，也是存放各种典籍的地方。而乾隆年间，为了存放新纂修的《四库全书》，乾隆帝遂将文渊阁移建到文华殿之后，乾隆帝还专门撰写了《御制文渊阁记》。在三大殿的西侧，与文华殿相对者仍是武英殿，其规模与文华殿一样。据《国朝宫史》记载："殿前后二重皆贮书籍。凡钦定命刊诸书俱于殿左右直房校刻装潢。"这里也是文臣们校雠《四库全书》的场所。

三大殿的后面是两宫一殿。与三大殿被称为外朝相对应，两宫一殿则被称为内廷。两宫一殿的名称没有更改，前面是乾清宫，中间是交泰殿，后面是坤宁宫。乾清宫是清朝统治者处理日常政务的主要场所，"宫广九楹，深五楹，正中设宝座，左右列图史璇衡彝器"。特别值得一提的是，殿中悬挂有顺治帝书写的"正大光明"匾额，据传匾额后面是存放皇帝继承人确认诏书的地方。由于乾清宫的政治地位十分重要，故而清朝主要衙门（如军机处、内务府等）皆设置在乾清门外，以便帝王随时召见各类人员。此外，清朝统治者于每年的元旦在这里召集诸宗王宴会，次日又在这里招待百官宴会。

　　交泰殿的形制与中和殿一样，也是圆顶方形的建筑。殿中悬挂有康熙帝御书的"无为"匾额，又设有御座。特别是帝王御用的二十五方宝玺，也存放在殿中，以便于帝王在乾清宫使用。坤宁宫正殿九间，东西有暖殿。在明代为皇后的居住场所，到了清代，又多了一项祭祀功能。据《故宫考》记载："清制，凡祭必于寝，故中四间后改为祭天跳神之处。东边有长桌一，以宰牲。后有大锅三，以煮祭肉。西边有布偶人之画像，盖其所祭之神。壁上挂一袋，俗名子孙袋，内储幼年男女更换之小锁（清俗，幼年男女身均佩锁，男至成婚，女至出嫁而止。每年岁末将旧锁更换，储此袋中），此外，铜铃、拍板、布幔等物，均祭时女巫歌舞所用，尚存满洲旧俗。……东暖阁并作大婚时洞房。"

　　在乾清宫与坤宁宫的两侧分别建有东六宫与西六宫，是后妃们居住和生活的主要场所。东六宫的名称为景仁宫、承乾宫、钟粹宫、延禧宫、永和宫及景阳宫。这些宫殿在明末被毁，景仁、承乾、钟粹三宫为顺治十二年（1655年）重建的，而延禧、永和、景阳三宫则是康熙二十五年（1686年）重建的。在这6座宫殿中都留下了由大臣书写的帝王赞语，并且配有相关的图画。据《国朝宫史续编》记载，在景仁宫中有大臣张照所书御制《燕姞梦兰赞》，以及《燕姞梦兰图》。在承乾宫中，有大臣梁诗正所书御制《徐妃直谏赞》，以及《徐妃直谏图》。在钟粹宫中，有大臣梁诗正所书御制《许后奉案赞》，以及《许后奉案图》。在延禧宫中，有大臣梁诗正所书御制《曹后重农赞》，以及《曹后重农图》。在永和宫中，有大臣梁诗正所书御制《樊姬谏猎赞》，以及《樊姬谏猎图》。在景阳宫中，有大臣张照所书御制《马后练衣赞》，以及《马后练衣图》。

西六宫的名称为永寿宫、翊坤宫、储秀宫、启祥宫、长春宫及咸福宫。其中，永寿、翊坤、储秀三宫为顺治十二年（1655年）重建的，而启祥、长春、咸福三宫则是康熙二十五年（1686年）重建的。在这些宫殿中也有帝王赞语及图画。在永寿宫中，有大臣梁诗正所书御制《班姬辞辇赞》，以及《班姬辞辇图》。在翊坤宫中，有大臣张照所书御制《昭容评诗赞》，以及《昭容评诗图》。在储秀宫中，有大臣张照所书御制《西陵教蚕赞》，以及《西陵教蚕图》。在启祥宫中，有大臣张照所书御制《姜后脱簪赞》，以及《姜后脱簪图》。在长春宫中，有大臣梁诗正所书御制《太姬诲子赞》，以及《太姬诲子图》。在咸福宫中，有大臣汪由敦所书御制《婕妤当熊赞》，以及《婕妤当熊图》。在这些宫殿中，御制赞语及图画皆是以历史上的后妃事迹作为借鉴，寓意深长。

在东西十二宫之外，还有一些值得一提的宫殿，主要有位于东六宫东面的天穹宝殿及斋宫。天穹宝殿是帝王祭祀昊天上帝的场所。而斋宫则是清朝帝王在举行各种重大典礼（如祭天、祭地、祈谷、元旦朝贺等）之前斋戒的场所，建于雍正九年（1731年），前殿五间，殿中设有帝王御座，又悬挂有乾隆帝御书"敬天"匾额。斋宫的东面有毓庆宫，是嘉庆帝为皇太子时的住所，嘉庆帝曾述之曰："毓庆宫，系康熙年间建造，为皇太子所居之宫。至雍正年间，皇考及和亲王亦曾居此。乾隆年间，予兄弟及侄辈自六岁入学，多有居于此宫，至成婚时，始赐居邸第，此数十年之定则也。"（见《国朝宫史续编》卷六十《宫殿》）及嘉庆帝被立为皇太子之后，也就不再让其他皇子居住。

西六宫西面有重华宫，是乾隆帝为皇太子时的住所，与毓庆宫的情况类似。乾隆帝即位之后，这里遂成为乾隆帝在每年元旦（今春节）期间宴请皇太后、诸宗王和百官大臣的地方。为此，乾隆帝还多次赋诗记述盛宴的景象，如在乾隆十二年（1747年）的元旦期间，乾隆帝即作有《新正令日重华宫恭侍皇太后宴诗》《新春与大学士并内廷翰林等重华宫联句小宴》等诗，"令日韶光令，重华喜气重。绮筵王母寿，彩胜早春容……"。（见《国朝宫史》卷十三《宫殿》）乾隆帝对这处居所十分喜爱，曾曰："予向居重华宫，洁治西厢为书室，而名之曰'抑斋'。践阼之后，于凡御园行馆，据山水之佳，适性情之雅，可以凭棐几、展芸编者，无不以是为名，示不忘旧也。"（见《国朝宫史续编》引乾隆帝御制《抑斋记》）

在西六宫的南面有养心殿，是乾隆帝日常居住的场所，殿中悬挂有雍正帝御书"中正仁和"匾额。"养心殿为皇上宵旰寝兴之所，凡办理庶政、召对引见，视乾清宫。"（见《日下旧闻考》卷十七《国朝宫室》）由此可见，养心殿的重要作用类似于乾清宫。养心殿内的西侧室被乾隆帝称为"三希堂"，专门收藏有王羲之《快雪时晴帖》、王献之《中秋帖》及王珣《伯远帖》，乾隆帝又御制有《三希堂记》，论述人生际遇，所谓"夫人生千载之下，而考古论世于千载之上，嘉言善行之触于目而会于心者，未尝不慨然增慕，思与其人揖让进退于其间"。除了把3人的法帖称为稀世珍宝之外，又引申出"希贤、希圣、希天"的更高的"三希"境界。

在清代的皇宫之中，还有一处值得述及的是宁寿宫，它可以被称为紫禁城中的"小紫禁城"。宁寿宫位于紫禁城的东侧，是乾隆帝为自己退隐后安排的住所，据《国朝宫史续编》记载："宁寿宫在紫禁左垣，苍震门东。其制九重，分中、东、西三路，南北缭墙一百二十七丈有奇，东西延亘三十六丈有奇。"始建于乾隆三十七年（1772年），完工于乾隆四十一年（1776年）。其中路的主体建筑为皇极殿，"前为重檐，仿乾清宫制"。在皇极殿之后，建有宁寿宫，其模式仿照的乃是坤宁宫。在宁寿宫之后又建有养性殿，则是仿照的养心殿的模式。

在这组宫殿群落成之时，适逢平定金川之庆，乾隆帝遂在这里举行庆功宴。此后，有些庆典活动，也在这里举办宴会。特别是在嘉庆元年（1796年）正月，乾隆帝将皇位让给嘉庆帝之后，在皇极殿举行盛大宴会，"晋万万寿觞，率天下万国耆叟八千余人呼嵩抃蹈。一时丹墀上下，紫垣内外，欢声若雷。盖自黄帝制为合宫，创十二楼以迎年，邃古迄今，无如此蟠天际地之鸿庆"（见《国朝宫史续编》）。8000多位老人的大聚会确实是盛况空前。

　　清代留下来的紫禁城共有宫殿建筑9000余间，占地面积达70余万平方米，是目前世界上最大的宫殿群落，在基本上保持明代皇宫原貌的同时又进一步加以充实和完善，许多原有的宫殿在顺治和康熙两朝加以修复，到了乾隆年间，又新建了一些宫殿建筑。可以说，清代的皇宫建筑，把中国古代的建筑艺术推向了最高峰，也是全人类木石结构建筑的辉煌典范。在这座巨大的建筑群落中，凝聚着中华民族优秀传统文化的精髓，处处都有着述说不完的故事。

第六节　清代以后的故宫

1911年辛亥革命之后，清朝的腐朽统治被推翻，清朝帝王独占紫禁城的时代一去不复返了。宣统帝退居于乾清宫以北，三大殿收归国有，在宣统帝的居住区里，仍然实行清朝旧典制。1924年11月，冯玉祥率军入京，才把宣统帝赶出紫禁城，此后，皇宫的这一部分遂变成故宫博物院（其前身为古物陈列所），公开售票以供游人参观。新中国成立以后，党和政府对故宫的保护和维修极为重视，在1956年专门成立了古建工程队，负责对庞大的宫殿群落加以修缮。1961年，故宫被国务院认定为第一批全国重点文物保护单位。1987年，故宫又被联合国教科文组织批准为世界物质文化遗产。

故宫博物院自成立以来，收藏了大量的珍贵文物，并且岁时举办各种展览。在抗日战争时期，曾经有一大批珍贵文物被运送到南方，有些文物至今没有回到故宫。在新中国成立前夕，又有一大批珍贵文物被运送到了台湾，现珍藏于台北"故宫博物院"。即便如此，现在的故宫仍然珍藏有上百万件的珍贵文物，并且常年举办各种相关的文物展览，吸引了中外大批游客，成为弘扬中华民族优秀传统文化的一个重要窗口。

在当代全球化发展的大趋势之下，中国变得越来越开放，中外文化交流越来越频繁，中外文化融合也越来越深入。在这种情况下，故宫的宫殿及诸多文物所展示出来的辉煌文明，对于增进各国人民进一步了解中华文明，具有非常重要的意义。古老的皇宫在新的时期焕发出了勃勃生机，为保持古都北京的历史风貌做出了巨大贡献。

第三章

街巷纵横穿院落
—— 北京的城垣与坊市街道

在北京皇城的四周，布满了众多四合院，而划分这些四合院、给人们提供交通便利的则有大街小巷。我们如果把北京城比喻为一个人，那么，大街小巷就是人的骨骼和脉络，而四合院则是人的血肉。北京的街巷大多数横平竖直，像田野中的阡陌，而四合院则是阡陌中的沃土。一座座的四合院构成了城市最基本的单元，每个家庭或家族都在这里有着自己的私密空间，也是按照尊卑、亲疏的伦理等级关系布置的。

正是生活在这些胡同与四合院中的北京居民，世代传承着丰富多彩的北京历史文化。而随着时代的变迁，北京历史文化也在不断发展变化，成了整个都市的灵魂。而在那些由不属于一个家族的若干家庭共同居住的四合院，则被称之为大杂院。显然，大杂院的文化与四合院的文化是两种完全不同的文化，这两种文化的差异则不是四合院的居住形式所能决定的。

在人类文明发展的进程中，城市的出现乃是文明进程的一大标识。不论是中国的城市还是外国的城市，不论是大城市还是中小城市，都要有城垣与街道。而与城垣和街道相连接的，则有城门。在大小街道的纵横网络之间又有着众多的民居，被城市的管理者分成不同的坊里。在中国古代最初的城市管理体系中，商业贸易场所、手工艺生产场所、服务娱乐业场所，也都被安置在不同的坊里之中。因此，在城垣、街道、民居这些城市的基本要素之外，又曾有过坊里这样一个重要因素在发挥着不可缺少的作用。

北京城在从边防重镇向京师发展的过程中，城市的规模在不断扩大，从辽代城垣的8门之制变为金代的13门之制，又从金代的13门变为元代的11门之制，门的数量减少了，城市的面积却增加了。到了明代初年，又从11门减为9门，这是与城市面积的缩小有直接关系的。到了明代中期，随着北京城市面积的扩展，城门又增加为16门，也就是内城9门、外城7门。此后清代的城市规模没有再发生较大的变化，城门的数量也就没有增减。

坊里的数量多少也是与城市面积的增减密切相关的。据历史文献记载，辽代的燕京城有26个坊，到了金代，城市面积有了扩展，历史文献中却没有城中坊数的明确记载。而到了元代，据《大元一统志》记载，燕京旧城共有62个坊，大都新城则有49个坊。从坊数来看，旧城比新城的要多出13个，但是旧城的城市面积却没有新城的面积大。这表明，新城每个坊的单体面积要比旧城的坊大许多。到了明代初年，随着北京（时称北平府）城市面积的缩小，城里的坊数也有所减少，此后虽然扩展了南城，坊数也没有恢复到原有的水平。

在金元之际，北京的城市结构出现了巨大的转变，也就是从汉唐时期的城市结构向元明清时期的城市结构转变。这种转变最显著的标识，就是高大坊墙的消失和胡同的大量出现。辽金时期的燕京城，基本上承袭了汉唐时期的城市结构，在街道两旁，民居都用高大的坊墙封闭起来，政府通过对坊门的开启与关闭，直接控制城里居民的生活节奏。

有的学者认为，当金海陵王扩建中都城时，已经废除了旧的坊墙封闭式建筑结构，但是笔者认为这种结构在金中都城是不可能被废除的。直到元朝营建新大都城，才把高大坊墙的封闭结构加以废除。

从元代到清代，高大的坊墙虽然消失了，但是作为城市管理体系的坊里单元却延续下来，一直延续为今天的街道办事处。正是在这个时期，主要干道、胡同与四合院共同构成了北京城市的血脉与肌体。而城垣与城门则成为城市的表肤与孔窍。

胡同数量的不断增加，表示城里民居的数量不断增加。而城门数量和主干道的相对固定不变，则表示城市建设正处于停滞的状态中。直到此后的民国时期，城市建设才有了进一步的发展，开始进入近代化的发展历程。而整体城垣的封闭性，也是在民国时期开始被打破的。

　　新中国成立以后，特别是改革开放以来，北京的城市建设有了突飞猛进的发展，与之形成鲜明对照的，则是胡同与四合院的大量消亡。有的胡同和四合院变成了公共设施，也有的变成了新式居民小区。北京城市日新月异的发展当然是好事，出现了国际化大都会的时尚风貌。但是，由此而产生的弊病则是古都风貌的迅速消亡。

　　许多有识之士开始呼吁，保护北京的胡同与四合院变得越来越迫切。专家们认为古都风貌的消亡不仅仅是失去了一些胡同和四合院，而是失去了中华民族优秀文化的一种重要载体。目前，北京市委、市政府把保护北京的胡同和四合院当作了日常工作中的一项重要内容。

第一节　金代以前的城垣与坊市

北京虽然有3000多年的建城史，但对这座城市有比较完整记载的文献却是元代官修的《辽史》。据《辽史·地理志》记载，辽南京城"城方三十六里，崇三丈，衡广一丈五尺。敌楼、战橹具。八门：东曰安东、迎春，南曰开阳、丹凤，西曰显西、清晋，北曰通天、拱辰。大内在西南隅"。这些记载应是依据一直保留到元代的辽朝文献。

值得注意的是作为辽朝的陪都，南京城的大内不是在城市的中心位置，而是在西南部。这种城市格局在中国古代是比较少见的，显然是与辽南京城的重要军事地位有着密切的联系。城墙高三丈，厚一丈五尺，城上敌楼、战橹等设施之完备，也是普通城市所没有的。

更多的资料则来自于宋朝出使辽朝的大臣们的记载。宋真宗大中祥符元年（1008年），宋朝大臣路振出使辽朝，撰写了《乘轺录》一书，他在书中记载："幽州城周二十五里，东南曰水窗门，南曰开阳门，西曰清晋门，北曰内城。三门不开，止从宣和门出入。城中凡二十六坊，坊有门楼，有罽宾、肃慎、卢龙等坊，并唐时旧名。府曰幽都府。"这个记载与《辽史·地理志》的记载有些地方是一样的，也有些是不一样的。

相同的地方是有3座城门的名称相同，一座是开阳门，另一座是宣和门，还有一座是清晋门。而不同的地方比较多，值得研究。其一，《辽史》说辽南京城"城方三十六里"，而《乘轺录》说"城周二十五里"；其二，《辽史》记载"大内"是在城中的西南隅，而《乘轺录》却说是在城中的北面，也应是以《辽史》所记载的更准确。

虽然路振的《乘轺录》中有许多不准确的记载，但是有一条十分珍贵的信息，就是记录了辽南京城里有26个坊里。据今日得见的零散历史文献记载，辽代以前的燕京坊里名称即有：卢龙坊、铜马坊、时和坊、棠阴坊、军都坊、归化坊、蓟北坊、遵化坊、罽宾坊、肃慎坊、显忠坊、辽西坊等二十余个坊名。这些坊的坊名，有些沿用的是唐代已有的，如归化坊的坊名，系因唐代在幽州（即后来的辽燕京）地区曾经设置过一批少数民族羁縻州郡，其中在契丹族的17个州郡中即有归化郡，归化坊的名称当与此有关。

又如仙露坊，系因唐代建有仙露寺而得名。该寺的相关记载，见于《大元一统志》，称该寺始建于唐高宗乾封元年（666年），后来在辽代又有重修。再如时和坊，在唐代建有归义寺，与著名的"安史之乱"有直接的联系。据《大元一统志》记载："迫以安氏乱常，金陵史氏归顺，特诏封归义郡王，兼总幽燕节制，始置此寺，诏以'归义'为额。"金陵史氏即指史思明，而坊名称为"时和"也颇具深意。

还有一些坊名得到了出土器物的印证。如清代著名学者朱彝尊在其所著《日下旧闻》一书中就曾提到，在北京地区出土的"卞氏墓志"中记录了卞氏的事迹，文曰："贞元十五年，岁次己卯七月癸卯朔，夫人寝疾，卒于幽州蓟县蓟北坊。"据此可知，唐代的幽州城里有蓟北坊。唐代幽州的另外一些坊名，见于房山石经山云居寺所刊刻石佛经的题记之中。

在辽代的一些历史文献中，我们也可以见到燕京的坊里名称。如著名历史学家陈述先生所辑录的《全辽文》中，一些文献就反映出燕京城的坊名。《全辽文》卷七收录的《王寿等造经题记》记载："燕京北军都坊住人故秦晋国王府前行摄涿州录事参军王寿等，合家施财，镌此经字。"同卷《王泽妻李氏墓志铭》记载："重熙十二年夏六月一日□□薨于燕京永平坊之私第。"据此可知，在辽燕京城里有军都坊、永平坊等坊里名称。

宋朝大臣王曾在出使辽朝时，也记录了一些辽南京的情景，"度卢沟河，六十里至幽州，号燕京。子城就罗郭西南为之，正南曰启夏门，内有元和殿、洪政殿，东门曰'宣和'。城中坊门皆有楼"（见《契丹国志》卷二十四《王沂公行程录》）通过这段记载可知：第一，文中所云"子城"，就是所谓的大内，确实是在燕京城的西南隅，与《辽史》所载相同。第二，城中的坊门皆建有门楼，与《乘轺录》所载相同。第三，文中所云正南门名为"启夏门"与上引两书皆不同，当是辽南京大内的正门。

北宋宣和七年（1125年）正月，宋朝大臣许亢宗出使金朝，路过燕山府，并对这里的情况作了如下描述："城周围二十七里，楼壁共四十尺，楼计九百一十座。地堑三重，城开八门。已迁徙者寻皆归业，户口安堵，人物繁庶。大康广陌，皆有条理。州宅用契丹旧内，壮丽夐绝。城北有三市，陆海百货，萃于其中。僧居佛宇，冠于北方。锦绣组绮，精绝天下。膏腴蔬蓏、果实稻粱之类，靡不毕出。"（见《三朝北盟会编》卷二十）北宋末年的燕山府基本上保持着辽代燕京的状况，没有发生大的变化，故而这个描述是可以作为辽燕京城的参考范本的。

在这里，许亢宗又给出了一组新的数据，燕京城"城周围二十七里"。城墙加上城楼的高度共计4丈（40尺），城外的城壕则有3道，可见防卫是十分严密的。至于城楼是否多达910座则令人怀疑。此外，对辽南京城里商业和手工业的繁荣，以及佛教和道教兴盛的描述，则是其他著述所没有提及的。

南宋末年的叶隆礼所著《契丹国志》一书对辽南京城也有比较详细的记载。在该书卷二十二《州县载记》中有一段对辽南京城的描述写道："户口三十万。大内壮丽，城北有市，陆海百货，聚于其中；僧居佛寺，冠于北方。锦绣组绮，精绝天下。"如果我们把这段描述与许亢宗的著述加以比较，可以看出，叶氏实际上是对许氏描述的复述，只是多了一个人口数，又将"三市"改为"市"而已。

第二节　金中都的城垣与坊市

金代前期，女真族统治者占有燕京，并且把它作为进攻宋朝的军事指挥中心，这时的燕京城仍然保存着辽代的样子。及海陵王弑杀金熙宗之后，决定把统治中心从东北地区的金上京（今黑龙江阿城境内）南移到燕京城，才开始对燕京城加以扩建。经过扩建的燕京城，被改称为金中都城，城市面貌出现了极大的变化。海陵王对金中都城的扩建，是以北宋都城东京（今河南开封）的模式为依据的，因此，代表了当时中国都城建设的最高水准。

首先，我们来了解中都城扩建的规模。据宋人宇文懋昭所著《大金国志》卷三十三《燕京制度》记载："都城四围凡七十五里，城门十二，每一面分三门，其正门四旁又设两门。正东曰宣曜、阳春、施仁，正西曰灏华、丽泽、彰义，正南曰丰宜、景风、端礼，正北曰通玄、会城、崇智。"据此可知，海陵王扩建后的金中都城，城市面积有了极大扩展，原来的辽燕京城周长为36里，经过扩建达到了75里。原来的城门为8座，每面2座，增加为12座，每面为3座。

据历史文献记载，海陵王在扩大中都城面积的时候，是把原来辽燕京的东、西、南3面各向外扩展了3里左右，而北面大致没有扩展。于是，全城由近似正方形变成了长方形。这是因为原来辽燕京的宫殿位于全城的西南隅，经过3面的扩建，金朝的宫殿就变成居于全城的中间，北面、西面和南面皆有3里左右的坊里居住区，东面比其他3面更宽一些。而经过扩展的金中都城，全城的周长应该为42里左右，而不是《大金国志》记载的75里。

此后的清代初年，著名学者孙承泽在《天府广记》中又为我们提供了一个数据："按元之南城，周围五千三百二十八丈，即金之故基也。今遗址尚在，所谓'土城关'是也。"孙承泽所说的"五千三百二十八丈"，折合为三十五里半，也就是说，到了清代初年，金中都城（即元燕京旧城）的残存遗址尚有35里多的周长，而这时被压在明北京南城下面的遗址尚有较大一部分，因此，金中都城约为42里的估算是比较合理的。

此外，就金中都的城门数量，也有两种说法：一种说法见于《大金国志》及宋人张棣的《金虏图经》、元人熊梦祥的《析津志》，皆认为金中都城有12座城门；另一种说法见于《金史·地理志》，除了上述12门外，又增加了1座光泰门，而且在相关历史文献中也零星见到有光泰门的记录。因此，有的专家认为金中都原来是12门，在金章宗时又增加了光泰门，而变成了13门。但是，北宋汴京城的城门就是13座，如果金中都的扩建是以汴京为蓝本，那么应该开始就是13门，而不是原来12门，又增加为13门。

经过扩建的金中都城里究竟有多少坊里，迄今尚未见到历史文献中有准确的记载。我们今天有2个数据，一个是辽燕京城的26个坊，另一个是元燕京城的62个坊。有些学者把元燕京城的62个坊认为就是金中都的坊里数量，这是错误的。在元燕京城里，已经没有了皇宫建筑，皆为居民住宅，故有62个坊。而在金中都城里，皇城占有很大一片空间，在这片空间中是不可能设置居民坊里的，故而金中都城里的坊里数量要多于辽燕京城的26个坊，少于元燕京城的62个坊，笔者认为应该是52个坊里左右。

据《大元一统志》所记载的元燕京城的62个坊里中有20个坊的坊名是相同的，而分别标示出东西、南北的方位。如南开远坊、北开远坊，南卢龙坊、北卢龙坊，东甘泉坊、西甘泉坊，东开阳坊、西开阳坊等等。笔者认为，将坊名相同的坊里合并而得出的52个坊就是金中都城原来的坊里数量。如开远坊和卢龙坊应该都是在中都皇城的南北两侧，而甘泉坊和开阳坊都是在皇城的东西两侧。在金中都的时候皆为一个坊，到了元代，金朝皇宫变成了居民区，于是就分成了东西或南北两个坊，坊名仍然用原来的名称。

在元代燕京城的62个坊中大多数都是金代留下来的，如安仁坊。据《大元一统志》记载，燕京旧城有大明寺，"乃金正隆二年安远大将军甄孝兴所建，旧名'甄乐'"。还有些坊名则是辽代就有的，如棠阴坊。据《大元一统志》记载，在辽清宁五年（1059年），"秦越大长公主舍棠阴坊第为寺"，即大昊天寺。因为在这些坊里中建造有著名寺庙，故而可以肯定不是金代皇城的旧址。

金代也有一些坊里是在扩建金中都城时新创立的，如开阳东坊。据《大元一统志》记载，金燕京城东南城郊原有一座寺庙，"天德三年作新大邑，燕城之南，广斥三里，寺遂入开阳东坊"。据此可知，金燕京城（即辽燕京城）在扩建过程中把原来的开阳坊分为东、西二坊，燕京城里的旧坊被称为开阳西坊，新扩建的地方被称为开阳东坊。

也有一些唐代的坊里，到了金元时期已经改变了坊名，如遵化坊，是唐代的老坊名。据《大元一统志》记载，唐大中十二年（858年），时任幽州节度使的张允伸曾在遵化坊兴建有善化寺，以供女尼居住，并请唐宣宗为该寺赐以寺名。而唐代幽州遵化坊的坊名，在《大元一统志》所列的62个坊名中已经见不到了。

在元代以前，封建统治者对于都城的管理是十分严格的，居民住宅区被高大的坊墙封闭起来，每天早晨坊门开放以后，居民才可以走出坊里从事各种活动，而在每天晚上坊门关闭之后，居民如果没有回到坊内，轻则无家可归，严重的还要受到责罚。住在坊内的居民不论官位高低，都要接受同样的管理。因此，坊里制度是元代之前中国都城的一项重要管理制度。

金代是北京城市发展的一个重要时期，也是情况比较复杂的时期。因为这个时期的历史文献比较少，故而给研究工作带来了很大的困难。如就金中都城东面的3个城门而言，侯仁之等专家皆认为施仁门在最北面，阳春门在最南面，而笔者则认为阳春门在北边，施仁门在南边。两种观点皆有一些历史文献作为依据，尚值得进一步的深入研究。

第三节　元大都的城垣、坊市与胡同

　　金朝末年，大蒙古国在漠北草原迅速崛起，并且很快进军中原地区，经过3次大规模的征伐，迫使金朝统治者逃往黄河南面的汴京。蒙古军队不久攻占金中都城，并将其复改称燕京城。金海陵王花费巨额财力兴建的豪华宫殿在战乱之中被焚毁。此后，随着燕京地区经济的恢复，人口逐渐增多，旧宫殿区也逐渐变成了众多居民的住宅区，于是，元朝统治者将全城划分为62个坊。这些坊的坊名被完整记载在《大元一统志》之中。

　　元世祖忽必烈夺得皇权后决定将都城南迁的时候，经过谋臣刘秉忠等人的谋划，没有在旧中都城里营建新的宫殿、苑囿，而是在旧金行宫太宁宫的周围营建了一座规模更加宏大的新都城。这座新建的都城被称为大都城。在大都城建成之后，元朝统治者将旧燕京城的官僚衙署和大部分居民都迁移到了新城，而把旧燕京城的城墙拆毁，壕沟填平，使得旧城的大部分很快就变成了荒野。

　　对新兴建的大都城，《元史·地理志》的描述为："城方六十里，十一门：正南曰丽正，南之右曰顺承，南之左曰文明，北之东曰安贞，北之西曰健德，正东曰崇仁，东之右曰齐化，东之左曰光熙，正西曰和义，西之右曰肃清，西之左曰平则。"显然，大都新城比金中都的面积有所增加。经过当代考古工作者们的测量，大都城的周长约为28600米，其中：东西两侧的城墙各长约7800米，南北两侧的城墙各长约6500余米，总体呈长方形。

　　在大都城正中偏南的位置，建造有皇城。《元史》中对皇城的周长没有记载。经过考古工作者们的测量，我们得知大都皇城的周长约为8800米，其中东西两侧的长度各约2400米，南北两侧的长度各约3400米。在皇城之内的太液池东岸又建有宫城，周长约为3400米，其中南北两侧各长740米，东西两侧各长1000米左右，从而形成了都城、皇城和宫城三重城墙相套的格局。

在大都城里、皇城外面，除了官僚衙署、寺庙道观等建筑，居民住宅区被划分为49个坊。这个数字是依据儒家传统学说中的"大衍之数"来设定的，坊名也是翰林院的文官们依据儒家经典著作中的词汇选定的，如平在坊，"取《尚书》'平在朔易'之义以名"。又如邻德坊，"取《论语》'德不孤，必有邻'之义以名"等等，皆见于《大元一统志》。

到了元朝中后期，大都城的坊名曾有过一次较大的调整，这个情况反映在元人熊梦祥所编写的《析津志》一书中，该书今已散佚。我们通过国家图书馆善本部的《析津志辑佚》可以了解到一些信息。笔者将《大元一统志》中记载的坊名与《析津志辑佚》中散见的坊名加以比较，可以看出其中的不同之处。有些学者认为不同的坊名是新增加的坊里，而笔者认为，这种坊名的不同，不是坊里数量的增加，而是坊名的改变。

在《大元一统志》中有记载，而在《析津志辑佚》中没有记载的坊名有：文德坊、金台坊、穆清坊、五福坊、泰亨坊、八政坊、乾宁坊、咸宁坊等数十个。而见于《析津志辑佚》，却未见于《大元一统志》的坊名有发祥坊、里仁坊、永锡坊、善利坊、乐道坊、好德坊、展亲坊、请茶坊等数十个。当然，《大元一统志》和《析津志》都是散佚的著作，故而有许多内容今天已经无法见到了，只能说是笔者的一种推测而已。

在大都新城里最显著的变化是没有再仿照汉唐时期的建筑模式修筑高大的坊墙。49个坊的划分是按照以往的制度设置的，但是，在没有了坊墙阻隔的情况下，城市的整体景观就发生了巨大变化。原来在城市主要街道的两旁，人们只能看到坊门与坊墙，而坊墙消失后街道和胡同在人们的视线中就变得格外醒目。人们开始将城市居住的坐标从坊里转变为胡同，甚至定位到每个宅院，这个转变的重要意义是不言而喻的。

元大都的街道与胡同在刚刚出现的时候，还没有专用的名称，只是根据其周围的建筑物和街道自身的特征而加以称谓。如在《析津志辑佚》中所记载的街道名称有千步廊街、丁字街、十字街、钟楼街、半边街、棋盘街、五门街、三叉街等等。这些街名确实反映出了街道的特点，开始与坊里脱离了联系。而比街道更窄的胡同，也往往是以周围的建筑物为命名的依据，如在西四附近的砖塔胡同，是北京城内最早有名称的胡同，系因胡同里面建有万松老人的佛塔而得名。

在新建的大都城里，大街小巷的宽度都是预先设计好的。据《析津志辑佚》的记载，"街制：自南以至于北，谓之经；自东至西，谓之纬。大街二十四步阔，小街十二步阔。三百八十四火巷，二十九衖通。"上述的千步廊街、丁字街、十字街等应该就是大街，而砖塔胡同等则应该归入"衖通"一类。这种街道和胡同的规制在北京城内的许多地方今天仍然可以见到，如东城区的东四三条至东四九条的街道与胡同即是如此。

在大都新城建成之后，旧燕京城里还居住着一些居民，他们仍然是使用坊里制度加以管理，但是居住区周围的坊墙已经被拆除了。到了元代中后期，大都新城的49个坊里基本没有变化，旧燕京城则从原来的62个坊减少到20余个坊，新旧两城合计70余个坊，这个时期应该是北京城市发展历史中坊数最多的时期之一。

大都城的城墙最初是用黄土夯筑的，据当代考古工作者的测量，城墙的高度约为16米，底部厚约24米，顶部宽约8米。这道土夯的城墙今天还保留有一段较长的遗迹，横贯朝阳区与海淀区境内，被人们称为"土城"。由于这座土筑的城墙不耐雨水的冲刷，故而每当天降暴雨之后，元朝政府都要调动大量人力物力重新修筑被冲垮的城墙。如《元史·世祖纪》中就记载有多次修筑大都城墙的事情。

为了保护土夯的城墙，使其减少雨水的冲刷，元朝政府还在大都城专门设置有苇场，派官员负责向民众征收芦苇，编成苇席，以便铺在城墙的顶部和墙身上，减少雨水冲刷的损坏。据元人熊梦祥在《析津志》中的记载："世祖筑城已周，乃于文明门外向东五里，立苇场，收苇以蓑城。每岁收百万，以苇排编，自下砌上，恐致摧塌，累朝因之。"文明门是大都南面3座城门中的东门，这种用苇席保护土夯城墙的方法一直沿用到元朝末年。

大都城新建的城门十分壮观，意大利著名旅行家马可·波罗曾在他的《马可·波罗游记》中描写了大都城门的情景："每个城门的上端，以及两门相隔的中间，都有一个漂亮的建筑物，即箭楼。所以每边共有五座这样的箭楼。楼内有收藏守城士兵的武器的大房间。"到元末顺帝时，由于农民起义的烽火愈燃愈烈，元朝政府为了加强对大都城的防卫，又用城砖把大都的城门加固。前些年，人们在拆除西直门的门楼时，发现了包在里面的元代和义门的城门是用砖砌的，十分坚固。

大都新城坊墙的拆除，对城市商业的发展，其影响尤为巨大。原来被封闭在高大坊墙里面的商市，有些仍然维持着坊市的管理模式，有些却摆脱了坊墙的束缚，得到了更多自由发展的空间。

大都城的商业市场主要分布在两个地方，一个地方是全城中心的鼓楼和钟楼附近，有大街四通八达；附近居民的住宅也比较多，人员流动量大；又靠近积水潭的码头，便于漕运来的商品在这里交易。另一个地方则是在各个城门附近交通较为便利的街道上，也是居民经常活动的地方。

在钟鼓楼附近的市场有在钟楼前面十字街西南角的米市、面市。在钟楼街一带的则有段子市、皮帽市、帽子市、鹅鸭市、珠子市、沙剌市、铁器市、穷汉市等。

值得一提的有两类商市：一类是出售珍宝的商市，称沙剌市。据《析津志辑佚》记载："沙剌市：一巷皆卖金银、珍珠、宝贝，在钟楼前。"由此可见，当时的珠宝买卖在大都城里是十分红火的。"沙剌"是外来语，就是珠宝的意思。另一类商市被称为穷汉市，在大都城内外共有5处，而以钟楼后面的一处规模最大。这是大都城买卖雇佣劳动力的场所，许多闲散的市民都在这里等待雇主的挑选。这里也就是我们今天所说的劳动力市场，这几处穷汉市的出现代表了新商业元素的产生。

在各个城门附近的市场有：丽正门外的菜市、穷汉市，文明门外的猪市、鱼市和穷汉市，齐化门附近的车市，顺承门外的柴炭市，和义门外的菜市，等等。值得注意的是城内的羊角市，位于皇城的西面，这里的市场十分集中，《析津志辑佚》称："羊市、马市、牛市、骆驼市、驴骡市，以上七处市，俱在羊角市一带。"该书又称："人市：在羊角市，至今楼子尚存，此是至元间。后有司禁约。姑存此以为鉴戒。"人市与穷汉市的区别，一个是买卖人口的场所，另一个是出卖劳动力的场所，前者带有明显的奴隶制色彩，而后者却包含了资本主义萌芽的因素。

  由于坊墙的拆除，许多经营服务业的场所出现在街面上，这是在被封闭的金中都城里所见不到的。如大都城里的官大街，据《析津志辑佚》描写："官大街上作朝南半披屋，或斜或正。于下卖四时生果、蔬菜、剃头、卜算、碓坊磨，俱在此下。"当时的许多专业服务已经有了自己的行业标识，立在门前，北京人俗称"幌子"。如医疗服务业，儿科医生"门首以木刻板作小儿"，产科医生"门首以大红纸糊篾筐大鞋一双为记"，兽医的标识最独特，"门首地位上以大木刻作壶瓶状，长可一丈，以代赭石红之，通作十二柱，上搭芦以御群马"。其他服务行业也都有了自己的标识。

第四节　明北京的城垣、坊市与胡同

明朝是北京历史发展的最重要时期之一，也是城市格局进一步发生巨大变化的时期。如从明朝初年对城市规模的压缩到皇城的重建，再到对南城的扩建等等。如果说元朝的大都城奠定了今天北京城市的基本格局，那么明朝的北京城就是对这种格局的进一步完善和固化。而到了此后的清朝，只是对明北京城模式的微调和进一步发展。经过600多年的历史沧桑，北京城发生了翻天覆地的变化，而明清时期的北京城，仍然是今天北京城最核心的部分。

明朝初年，太祖朱元璋把都城定在南京，元大都的统治中心地位消失。明朝统治者在拆毁元朝宫殿的同时，也把整个城市的规模加以压缩，把原来大都城的北面城墙向南压缩了5里左右的距离。这个举措乃是政治体制的观念在产生作用，前朝的皇宫必须拆毁，前朝的都城必须压缩，其城市规模是不允许超过新的统治中心南京城的。

据《明太祖实录》记载，明朝军队在攻占大都城后不久，"大将军徐达命指挥华云龙经理故元都，新筑城垣，南北取径直，东西长一千八百九十丈"。如果按照现在的长度加以换算，合为市制12里半，公制6300米左右（元大都原来是7800米）。经过这次压缩，城市整体格局从南北较宽、东西较窄的矩形，变为南北缩短，东西未动的矩形。这个举措并没有影响到整个城市的基本格局。

受到影响的只是城门数量减少了，从原来的11座城门减少到了9座，而且城门的名称也发生了改变。因为北面城墙的压缩，原来东西两侧最北面的城门，即东侧的光熙门和西侧的肃清门被拆除了。经过压缩的北面城墙仍然保留了两座城门，东边的安贞门改称安定门，北边的健德门改称德胜门。

其他7座城门，南面3座，丽正门改称正阳门，文明门改称崇文门，顺承门改称宣武门。东面2座，齐化门改称朝阳门，崇仁门改称东直门。西面2座，平则门改称阜成门，和义门改称西直门。这些城门名称的改变，是在明英宗正统年间将城墙和城门重新修筑之后的事情，在此之前都是沿用元朝的名称。一直到清朝，北京城的许多百姓都还习惯把朝阳门称为齐化门，宣武门称为顺承门。明朝在定都北京之后，又把南面的城墙向南拓展了3里左右，到达今崇文门至宣武门一线。

经过重修的9座城门极为壮丽，据后人记述："正阳门正楼一，月城中左右楼各一，崇文、宣武、朝阳、阜成、东直、西直、安定、德胜八门，各正楼一，月城楼一。各门外立碑楼，城四隅立角楼。"此外，"九门旧有木桥悉撤之，易以石，两桥之间各有水闸"。站在新修筑的城上四望，城里官府、民居鳞次栉比，城外平原、山川连绵不绝，京师胜景，尽收眼底。

当时的朝中大臣杨士奇曾经对重修的城墙和城门加以描述："正统四年，重作北京城之九门成。崇台杰宇，巍巍宏壮。环城之池，既浚既筑，堤坚水深，澄洁如镜，焕然一新。耆耋聚观，忻悦嗟叹，以为前所未有，盖京师之伟望，万年之盛致也。"这次新修筑的城墙，为了节省物料，只是在外侧使用了城砖，内侧仍然是夯土，到了下雨的时候往往受到损毁。于是，明朝政府在正统十年（1445年）又动工将北京城墙的内侧也砌成砖墙。从元朝的土城墙到明朝的砖城墙，这一变化巨大，给人带来的视觉效果也是完全不同的。

到了嘉靖年间，北方少数民族部落的侵扰日益严重，为了进一步加强北京城的防御能力，有些大臣提出在现有的北京城墙外面再加筑一道城墙。这个建议在经过一段时间的争论后，得到了明世宗的认同。于是，在嘉靖三十二年（1553年）开始从南面动工，并在当年完工。据《天府广记》称，这次南城的修筑，"计长二十八里，命正阳门外曰永定，崇文门外曰左安，宣武门外曰右安，大通桥门曰广渠，彰义街门曰广宁"。

此外，在新筑南城的东面和西面，又建有东便门和西便门，内外两城合计为16门。"内外两城，计垛口二万零七百七十二，垛下炮眼共一万二千六百有二。"极大加强了北京城的军事防御能力。经过扩建的南城,不仅把许多原来城外的居民包入城里,也使天坛、先农坛等重要设施得到了保护。此后,因为明朝政府的财力日趋匮乏,东、南、西三面外城的扩建工程也就没再启动,使得北京城的形状第一次变成了"凸"字形,而不是传统的正方形或者矩形。

由于明代初年对北京城进行了压缩,使得城内的坊里数量有所减少,而到了明代中期又扩建了南城,使得南北两城的坊里数量又略有增加,但是都没有超过元大都时的总数。据明代初年的文献记载,经过压缩后的北平城,其数量由原来的49个坊变成了33个坊,其中大兴县20个坊,宛平县13个坊。这是因为北平城的西半部分有积水潭等较大面积的水域占据了大量的城市空间,故而居民的住宅面积就要少一些,坊里的数量也就比东城少了一些。这时候的许多坊名,仍然使用的是元朝留下来的。

到了明朝中期,南城扩建之后,城市总体面积有所增加,但是坊里的数量却没有明显的增加,只是从原来的33个增加到36个,如果再加上3个关外坊(分别在东面、西面和北面),也才有39个坊,比元代的两城70余个坊,数量少了许多。由此可见,在明朝北京城内新划定的每个坊里,面积要比元朝的坊里大一些,而那些沿用元代的旧坊里,不仅名称没有变化,坊里的面积也没有太大的变化。

元代大都城里的主要街道到了明代基本保持了原来的样子,但是由于城门的名称变了,许多衙署的位置变了,也就使得街道的名称随之而发生变化。如东、西长安街系因联结长安门而得名,崇文门大街系与崇文门相连而得名,其他如宣武门大街、东直门大街等皆是如此。至于皇城前面的千步廊街、钟鼓楼的十字街等就没有发生变化。

发生变化最多的是北京人俗称的胡同,当时写作"衚衕",一看便知与街道有关。许多胡同已经有了比较固定的名称,如南薰坊的东江米巷、澄清坊的帅府胡同与煤炸胡同、保大坊的取灯胡同、大时雍坊的西江米巷与石碑胡同、黄华坊的遂安伯胡同、南居贤坊的汪家胡同、咸宜坊的粉子胡同与砖塔胡同等等皆一直沿用到了今天。

由于北京的官僚衙署特别多，故而与这些衙署相关的胡同名称也就特别多。如南薰坊的金箔胡同、锡蜡胡同等，皆是与制作工匠的衙署有关。澄清坊的巡捕厅、四夷馆，则是与治安、外交等衙署有关。明照坊的太医院胡同则是与医疗衙署有关。保大坊的羽林右卫、神武左卫及东厂胡同，则是与明代的厂卫制度有着密切的联系。此外，仁寿坊中的兵马司胡同、大时雍坊的兵部洼、小时雍坊的太仆寺街、安富坊的验粮厅、积庆坊的惜薪司北厂等胡同皆与各个衙署的设置有直接的关系。

在明代的北京城，有许多皇亲国戚和达官显贵的宅第，也成为胡同的标识，许多胡同亦因此得名。如澄清坊的十王府、诸王馆，南薰坊的王皇亲宅、钱皇亲宅，积庆坊的陈皇亲宅，明照坊的王皇亲房，小时雍坊的李阁老胡同，鸣玉坊的泰宁侯胡同、武安侯胡同，明时坊的成安伯胡同，黄华坊的石大人胡同，仁寿坊的马大人胡同，北居贤坊的王大人胡同等等。在当时显赫一时的人物，几百年后已经鲜为人知，却因为胡同的名称而流传下来。

在明代的北京城里，著名的宗教场所也很多，十分引人注目，故而许多胡同也以此而得名。如澄清坊的成寿寺胡同、玄极观胡同，保大坊的舍饭幡竿寺、天师庵草厂，安富坊的灵济宫、三义庙、普恩寺等胡同，积庆坊的崇国寺街、嘉兴寺、半藏寺、海印寺等胡同，以及黄华坊的二郎庙、三圣庙胡同，思城坊的老君堂、延祐观、三官庙胡同，南居贤坊的慧照寺、圣姑寺胡同，阜财坊的承恩寺、圆洪寺街胡同等等，皆是如此，有些寺庙今日已经荡然无存，但胡同的名称仍被人们沿用。

值得注意的是明朝的文臣在给新建的南城诸坊里和胡同命名方面，与元朝的文臣相比，显然有着很大的差距，缺少了首善之区应有的文化内涵。除了旧坊里绝大多数都是沿用元朝的名称之外，南城新建的坊里名称实在是太没文化了。据明人张爵《京师五城坊巷衚衕集》记载，南城新建的8个坊的坊名分别为正东坊、正西坊、正南坊、崇北坊、崇南坊、宣北坊、宣南坊及白纸坊。正东、正西、正南等只是表明了方向，而没有任何文化色彩。

新建的南城里面也有许多胡同，这些胡同的名称也缺少文化色彩，如正东坊的鲜鱼巷胡同与豆腐巷胡同、苜蓿园胡同，正西坊的羊肉胡同与笤帚胡同，正南坊的黑窑厂胡同与陕西巷胡同、河南营胡同，崇北坊的堂子胡同与煤市口胡同，崇南坊的力士营胡同与半边店胡同、糖营胡同，宣北坊的麻线胡同与打狗巷胡同，宣南坊的板井胡同与绳匠胡同、烂面胡同，白纸坊的土坯营胡同与菜户营胡同、草桥胡同等等皆是长年生活在里面的百姓们随口相传的俗名。

在明代的北京城里，最初的市场分布大致沿袭了元大都城的格局，而其商市的种类也没有发生太多的变化。如猪市、马市、羊市、驴市、菜市、果子市、米市、煤市、柴市等商市皆是与广大居民们的日常生活密切相关的。这些商市的规模都比较大，商品交易量也很可观。

除此之外，在明代的北京城里又有许多店铺，经营各种贸易及商业服务活动。而在商业活动中，人们形成了不同的组织，时称行会。在明代的北京地方政府登记的行会组织多达132个，如从事食品贸易的豆腐行、蒸作行等，从事服务业的淘洗行、裁缝行等，从事文化贸易的刊字行、图书行等，从事日常生活服务的媒人行、鼓吹行等，在这些行会中从事商业活动的多达数万人，由此可见，其从事活动的商铺数量也是十分可观的。

而在商市和店铺之外，又以庙会的贸易形式最为兴盛，先是有庙，有宗教活动，继之以商业活动，故而又称之为庙市。明人孙国敉在《燕都游览志》中记载："庙市者，以市于城西之都城隍庙而名也。西至庙，东至刑部街止，亘三里许，其市肆大略与灯市同。"而这种庙市的起源应该上溯到元代，如齐化门外东岳庙的东岳大帝生日，京城西南白云观的"燕九节"等等。

到了明代，北京城里的著名寺庙、道观不仅宗教活动依然兴盛，商业活动也变得越来越兴旺，庙会的数量不断增多，规模也在不断扩大。除了都城隍庙、东岳庙、白云观之外，又以东城隆福寺、西城护国寺的庙会最著名。

值得注意的是明代北京城市变迁对商业发展的影响是很大的。在嘉靖年间扩建南城之前，京城正阳门及宣武门外一带的商业活动就很频繁，及扩建南城之后，使得这里的商业活动更加兴盛，形成了一片规模较大的城市商业区。这个商业区的发展由于得到城垣的保护，故变得越来越兴盛，一直延续到清代和民国时期。与之相比，北城的商业发展就显得比较滞后。

第五节　清北京的城垣、坊市与胡同

清朝统治者占领北京城之后，很快就把这里定为都城。这时的城池并没有发生较大变化，基本沿用了明朝的规制。清朝统治者把北京分为两部分，一部分称为内城，由八旗分驻；另一部分称为外城，即明朝嘉靖年间扩建的南城，由百姓居住。在内城的分布中，镶黄旗驻扎在安定门内一带，正黄旗驻扎在德胜门内一带，正白旗驻扎在东直门内一带，镶白旗驻扎在朝阳门内一带，正红旗驻扎在西直门内一带，镶红旗驻扎在阜成门内一带，正蓝旗驻扎在崇文门内一带，镶蓝旗驻扎在宣武门内一带。

清朝统治者又仿照内城的规制，将外城也划分为东城、西城、南城、北城、中城5个部分，中城居中，东城和南城在东部，西城和北城在西部。但是，内城与外城不同之处是除了划分为5城之外，八旗组织的管理功能也在发挥作用。居住在外城的居民，大多数都是被从内城驱赶出去的百姓，因为内城被八旗子弟占据，只得到外城居住。

在坊里设置上，清朝没有沿用明朝的旧制，而是做了较大的变动。据《京师坊巷志稿》记载，南北两城共设置了10个坊，5城中每个部分为两个坊，即中西坊、中东坊，隶属于中城；朝阳坊、崇南坊，隶属于东城；东南坊、正东坊，隶属于南城；关外坊、宣南坊，隶属于西城；灵中坊、日南坊，隶属于北城。这种隶属关系往往给人造成错觉，如日南坊隶属于北城，却不在北京城的北部，而是在宣武门外。

到了清朝末年，官制改革，设民政部，下辖巡警总厅，负责管理京城政务，遂于光绪三十二年（1906年）将北京南、北两城划分为5个厅，内城3个厅，为左厅、中厅及右厅；外城2个厅为左厅及右厅。内城三厅下辖26个区，外城二厅下辖20个区。

两年以后，再次划分政区，将全城分为20个区。北城10个区，为中一区至中二区，内左一区至内左四区，内右一区至内右四区。南城10个区，为外左一区至外左五区，外右一区至外右五区。从此，行使了千百年的坊里行政建置被废止，而代之以区的行政区划。这个行政区划一直沿用到1928年，首都迁往南京。

清代与明代不同的，还有皇城的变化。正如时人所云："皇城周十八里有奇（一统志）。前明悉为禁地，民间不得出入。我朝建极宅中，四聪悉达，东安、西安、地安三门以内，紫禁城以外，牵车列阛，集止齐民，稽之古昔，前朝后市，规制允符。"明代的皇城主要设置有众多的太监衙署，故禁止百姓出入；而清代的皇城虽然准许百姓出入贸易，但是管理也是很严格的。

对于清代北京的街道和胡同，历史文献的记载已经比较详细了，如我们今日常见的《京师坊巷志稿》一书，就记载了许多清代北京两城的街道和胡同，以及这些街巷中的历史遗迹，对我们了解当时的城市概貌有极大助益。如西长安街条，该书不仅记载了当时街道两旁的衙署、寺庙，还引录了《春明梦余录》《茶余客话》《啸亭续录》《坊巷胡同集》《池北偶谈》《水曹清暇录》等书中与西长安街相关的内容，如将明代权臣高拱的豪华住宅、清初耿仲明住宅改为仪亲王府等故事加以辑录。

该书对一些胡同的名称加以考证，纠正京城居民的讹传。如晾果厂胡同，居民因为不了解晾果的典故，所以称之为晾谷厂胡同。果与谷音相近，而晾谷是更为常见的事物。该书引用明人《芜史》的记载，"天寿山守备太监一员，辖十二陵，岁进松花、黄连、茶、核桃、榛、栗等，各陵皆有晾果厂在京"。据此纠正了晾谷厂的讹传。至今晾果厂的地名仍然在使用。

该书对有些古迹还罗列典籍，将前人的考证收集起来，以供后人参考。如位于内城南城的张相公庙，供奉的是河神。对于张相公究竟是什么人，清代大学者纪昀经过考证，认为是唐代的幽州节度使张仲武，其论述见《滦阳续录》。而《京师坊巷志稿》又引用了另一位清代学者毛奇龄的观点，认为张相公应该是宋代官员张夏，曾被封为护堤侯。这两种说法皆有牵强之处。即便如此，该书所显示的文化信息也很珍贵。

　　清朝政府对北京街道和胡同的管理制度是十分完备的，设置了明确的管理机构和管理人员。据《清会典》记载，康熙二年（1663年），"内城街道，令满汉御史、街道厅、步军翼尉协尉管理；外城令街道厅、五城司坊官管理"。翌年又规定："内城街道分左右翼，差本部满汉司官二人管理。"不久，又加强了对城门的管理，据《清史稿》记载，康熙十三年（1674年），"始命步军统领提督九门事务，并定城门尉、城门校，内九门俱各二人，外七门俱各一人；千总，门各二人，以统辖十六门门军"。

　　清朝统治者之所以任用步军统领来管理内城街道是因为内城居住的权贵比较多，街道厅和五城司坊官的地位较低，"畏惧显要，止知勒索铺户"，故而特命步军统领来兼任是职。但是，在康熙年间任步军统领的托合齐却借此职权，胡作非为，遭到弹劾。清圣祖特命时任户部郎中的高遐昌主持街道管理事宜，《清史稿》记载"遐昌既任事，革除陋规，街道沟渠次第平治，兵民以安。两届报满，仍命接管"，取得较好的治理效果。

　　托合齐对此心怀怨恨，伺机报复，《清史稿》记载"（康熙）五十年，上自畅春园还，见内城街道被侵占甚窄，召托合齐诘责之。托合齐奏外城尤窄。命尚书赫硕色等察勘，托合齐故引视僻巷，民居占官街得三百余间，谓皆遐昌任内所造，逮下刑部狱"。高遐昌受此诬陷几乎丢掉性命。由此可见，在康熙年间，居民因盖造房屋而侵占街道的现象已经十分严重。

　　清代北京的街道和胡同，基本上都有了固定的名称，而这些名称中的绝大部分都延续到了今天。如东长安街、西长安街、护国寺街、三里河大街、崇文门外大街、南长街、北长街、太仆寺街、灯市口大街、隆福寺街、神路街等等。有些著名的胡同，如史家胡同、魏家胡同、椿树胡同、麻线胡同、毛家湾、王恭厂等也都沿用到今天。而有些街巷的名称则发生了变化，如东江米巷变成了东交民巷，禄米厂变成了禄米仓，这些变化只是很小的一部分。随着城市发展变化，也有些街巷逐渐消失了，只留下了一个名称。

在清代的北京，街道的路面往往高出两旁民宅地基很多，清代人就已经注意到了这一点："北京街市在未修马路以前，其通衢中央皆有甬道，宽不及二丈，高三四尺，阴雨泥滑，往往翻车，其势甚险。询之故老，云此本辇道，其初驾过必铺以黄土。原与地平，日久则居民炉灰亦均积焉，日久愈甚，至成高垅云。"（见夏仁虎《旧京琐记》）这种状况始于明代，而至清代尤甚。

街道两侧的排水沟渠已经十分普遍，岁时加以疏通就成为维护街道交通的一项重要工作。但是，贪官污吏却借这项工作敲诈百姓及商户。"京师街市秽恶，初因官款艰窘，且时为董其事者所干没，继因民居与店户欲醵资自修街道，而所司吏役辄谓妨损官街，百般讹索，故亦任其芜秽。又京城例于四月间于各处开沟，盖沟渠不通，非此不能宣泄地气也。是时秽臭熏人，易致疫疠，人马误陷其中，往往不得活。开沟之处闹市独多，差役因从而渔利，又开沟者每故意择大店门口居中开挖，店主以贸易不便必重赂之，乃稍移偏。"（见《清稗类钞·地理类》）在这种情况下，道路维修、沟渠开通都很难取得佳绩。

清代北京的商市在明代基础上又有进一步发展。一方面，是庙会的固定化和规模化，都达到新的高度，这一点我们通过历史文献的记载是可以了解到的。如清末《旧京琐记》中描述北京内外两城的庙会称："京师之市肆有常集者，东大市、西小市是也。有期集者，逢三之土地庙，四、五之白塔寺，七、八之护国寺，九、十之隆福寺，谓之四大庙市，皆以期集。又有所谓黑市者，在骡马市一带，夜四鼓而集，向明而散，其中诈伪百出。"

在四大庙市中又以护国寺及隆福寺两处为盛，俗称东西庙。据《燕京岁时记》称："自正月起，每逢七、八日开西庙，九、十日开东庙。开庙之日，百货云集，凡珠玉、绫罗、衣服、饮食、古玩、字画、花鸟、虫鱼以及寻常日用之物，星卜、杂技之流，无所不有。乃都城内之一大市会也。"

到了清朝末年，东西庙的庙会日期略有变动，"京师每逢月之三、八日，东庙、西庙轮流开市。百货杂陈，男女群集，珠宝玩物，灿然并列。凡寓京者，皆目睹之，无待赘述"。（见《谏书稀庵笔记》）而庙市中的盛况依然如昔，庙会遂成为京城百姓日常生活中的一项重要活动。

另一方面，是庙会中的商品有了很高的专业化水准。如书籍市场，以城南的琉璃厂最为著称。因为京城是官僚士大夫会聚之处，也是科举考试的主要场所，各地学子也都云集于此，故而书籍市场比较兴盛，清人云："京师书摊，今设琉璃厂火神庙，谓之庙市。考康熙朝诸公，皆称慈仁寺买书，且长年有书摊，不似今之庙市仅新春半月也。"（见《郎潜纪闻初笔·京师书摊》）在庙市书摊上常常会有一些珍贵的文物，如抗清英雄史可法的遗像，"史忠正阁部，京卫人也。后裔零落，遗像鬻于庙市。蒋苕生得之，敬藏"。（见《藤阴杂记》）

京城庙市书摊上的书籍种类丰富，数量也很多，据清人法式善云："十年前，余正月游厂，于庙市书摊买《宋明实录》一大捆。虽不全之书，究属秘本。未及检阅，为友人携去。至今悔之。又得宋元人各集，皆《永乐大典》中散篇采入《四库》书者。宋集三十二种，元集二十三种，统计八百二十三卷。"（见《陶庐杂录》）其中的许多文集，如宋人夏竦的《文庄集》、陈舜俞的《都官集》、王安中的《初寮集》、吕颐浩的《忠穆集》等，元人耶律铸的《双溪醉隐集》、滕安上的《东庵集》、陆文圭的《墙东类稿》、胡祗遹的《紫山大全集》、同恕的《榘庵集》等等，这些文集在当时都是比较难得的。

在清代的北京，会馆发展臻于极盛，也成为京师商界的一大特色。"商业中人醵资建屋，以为岁时集合及议事之处，谓之公所。大小各业均有之，亦有不称公所而称会馆者。"（《清稗类钞·宫苑类》）如在京城颇有名望的武林会馆，创建于明代，到清代初期重修，曾为"绸业公所"的所在地。但是，会馆的主要功能还是同乡联谊、聚会、娱乐的场所。各地商人进京从事商业活动，则往往以会馆为落脚之处。

第六节　民国时期的城垣、街区与商市

　　清朝灭亡以后，北洋政府仍然把北京作为首都，京城的行政区划没有太大变化，一直到1928年首都迁往南京之后，才重新把北平市的区划加以变更，由原来的20个区削减为11个区，计内城6个区，外城5个区。皇城为内六区，皇城东侧为内一区，皇城西侧为内二区，皇城东北为内三区，皇城西北为内四区，皇城北面为内五区。前门至崇文门以南为外一区，西侧与之相对的是外二区，外一区东侧为外三区，外二区西侧为外四区，外一区和外二区南侧为外五区。抗日战争胜利后，国民党政府对北平市的政区略加调整，外城仍为5个区，内城则增加为7个区。

　　明清时期的北京内城，原来有9座城门，南面3座，东、西、北各2座。到1926年，随着城市交通的发展需要，又在前门与宣武门之间的城墙上开凿了一座城门，称之为和平门。北京外城原有7座城门，清末北京城修筑铁路，"自光绪庚子京奉火车自永定门之东辟门而入，其后遂经东便门以达通州，京汉火车亦自东便门而入，于是外城增辟三门"。（见《燕都丛考》第一编第二章《城池》）

　　受到城市交通发展破坏最大的乃是皇城，因其位于内城的核心部分，如果保持封闭状态，全城的交通都会受到阻滞。据《燕都丛考》记载："皇城四面，历年逐渐拆毁。长安左、右门自民国元年即已拆去，仅余门阙，俗称'三座门'者是也。……东安门于民国十三年拆去，今惟西安门巍然尚存。西皇城根如灵清宫一带，民国六年拆去，……东皇城根则向南一段，拆于十三四年，向北一段，拆于十五六年。北面皇城拆于十五六年，皇城所余者仅矣。"以上记述虽然不太精确，却可以反映出城市近代化过程对原有城墙设施的破坏状况。

　　也是出于交通发展的需要，北洋政府对北京街道的修筑和完善投入了较多的人力和物力。特别是从1914年至1918年，对东、西长安

门大街等主要街道皆进行了扩宽、铺沥青路面的工程。如东、西长安门大街等原宽三丈二尺，经过拓展，宽度达到了五丈六尺。对于有些重要的胡同，由于商业贸易繁盛，也加以修缮，如1915年、1918年将大栅栏、廊房头条改为沥青马路等，皆是当时较大的工程。

这些修建马路及胡同的工程，安排得很紧凑，如1915年的6月，共修筑四段道路，第一段为廊房头条东口至西口，第二段为珠宝市街，第三段为纸巷子至煤市桥，第四段为西珠市口至虎坊桥。同年7月，共修筑三段道路，第一段为东单牌楼至崇文门，第二段为8面槽街，第三段为正阳桥至大栅栏口。同年8月，修筑虎坊桥至菜市口的马路，同年9月，又修筑菜市至土地庙及新街口至西直门的两段马路。

从1919年开始，北京市政工程进入新的拓展时期，共新拓马路18条（段）。如南沟沿南段至北段、北沟沿南段至北段、南河沿等处，原来都是由明濠改为暗濠，再修筑为沥青马路或是石渣马路。又如天安门前的中山路，"本路为内城东、西交通要路，未辟修以前，行人车辆均通行石板道，以致石板边缝渐渐磨损。（民国）十八年，路经填补，未及一载，后复现坑坎。为保存古迹，便利交通计，于石板道及电车轨道间另辟沥青路一段。十九年八月，全路告竣"。（见《北京市志稿·建置志》）

民国政府不仅投入大量人力、物力修缮街道，而且进一步加强了对街道和胡同的系统管理。市政公所第一次把北京的街道和胡同分为5个等级。如东华门大街、东安门大街、朝阳门大街等32条街道为甲类一等路，正阳门大街、果子市大街、西珠市口大街等49条街道为乙类一等路，护国寺街、北小街、隆福寺街等52条街道为二等路，上斜街、下斜街、苏州胡同、内务部街等57条街道及胡同为三等路，史家胡同、魏染胡同、兴隆街及大栅栏等140条街道及胡同为四等路，官帽胡同、梯子胡同、南小市等24条胡同为五等路。以上的350余条街道及胡同构成了北京交通的主体网络。

民国时期，北京交通的显著成绩当属电车及火车的开通使用。当时开通的电车共有6条线路，第一路自外五区天桥总站始发，经西珠市口、前门、西交民巷、中南海公园、大栅栏、西单商场、缸瓦市、护国寺、新街口，到西直门站为止。第二路亦自天桥总站始发，经东珠市口、天安门、南池子、王府井、东单、灯市口、东四牌楼、船板胡同，到北新桥为止。第三路始自东四牌楼，经天安门、中央公园（今中山公园），至西四牌楼为止。第四路自北新桥始发，经交道口、锣鼓巷、鼓楼、地安门、北海公园、东官房、厂桥等站，到太平仓为止。第五路自崇文门内始发，经东单、天安门、西单等站，至宣武门为止。第六路自永定门内始发，经体育场、南纬路、天桥、珠市口、崇文门、磁器口、三里河、煤市街口、陕西巷、虎坊桥、琉璃厂等站，至和平门为止。这6条电车线路几乎遍及北京城的所有繁华场所。

北京的铁路交通，除了清末修筑的京奉铁路和京汉铁路之外，民国年间又开始修筑有环城铁路，主要是在北京内外两城的周围设置车站。当时设计的火车站共有15处，即大红门站、永定门站、北京水关东站、西便门站、安定门站、京奉正阳门站二座（门东及门外各一站）、京汉正阳门站、京绥西直门站、东直门站、东便门站、通州岔道站、朝阳门站、广安门站及德胜门站。这些火车站除了起到加强环城交通的作用之外，还将京奉、京汉、京绥等铁道连接在了一起。

民国时期，北京城的商业发展进入了近代化的阶段。传统商业的经营活动仍然占据主导地位，如酒类的经营，当时由商家出售的酒共分为七大类，即①烧酒；②黄酒；③啤酒；④汾酒；⑤洋酒；⑥本地自制酒；⑦药酒。其中，烧酒与汾酒应该合为一类，黄酒与本地自制酒应合为一类，实际上是五大类。烧酒与黄酒是北京市民的主要消费饮料，而啤酒在当时并不普及，90%是由在京的外国人消费，北京人的消费仅占10%。洋酒（主要是葡萄酒）和药酒的消费量也是比较少的。

在烧酒业中经营的名牌字号主要有天裕、泰和、天顺、永益、永隆、永亨等，在黄酒业中经营的名牌字号主要有长发、长兴、长生、同宝泰等。生产和销售啤酒的主要为双合盛五星啤酒厂，生产和销售洋酒的主要为烟台张裕酒厂。每年销售的烧酒约有600余万斤，销售的黄酒主要是从南方用火车运来，每年约有700余车。而每年销售的啤酒，最多可达十余万箱（每箱大瓶48瓶、小瓶72瓶），其他汾酒、药酒及本地自制酒的销售额尚未计算在内。

在有的商市中，西方商品的影响力已经初步显现。如西药业，当时的药品已经分为内服、外敷、注射、熏洗等四大类，其营业额也颇为可观。除了药品之外，还有医疗器械也进入医疗市场。又如兼具服务功能的营业公司，如电灯公司、自来水公司皆是北京商业服务业中的新事物。当时的自来水公司在城里设置有售水处，用户购买水票取水。有的用户则专门安装有水表，每月按照水表计数缴费。

第七节　当代北京的区划与街道

新中国成立后，北京再次成为全国的首都，城市发展进入一个新时期。最初的城市核心部分，经过几次调整，被分为4个区，即东城区、西城区、崇文区和宣武区。随着改革开放的步伐不断加快，城市核心部分的面积越来越大，于是，由原来的4个城区扩展为8个城区，新增的4个城区为朝阳区、海淀区、丰台区和石景山区。此后，又将崇文区并入东城区、宣武区并入西城区，成为6个城区，而城区范围不变。远郊区经过调整，共有10个，即昌平区、顺义区、怀柔区、平谷区、通州区、大兴区、房山区、门头沟、延庆区和密云区。

北京街道的变化是巨大的，其一，城里的石板路和土路基本上消失了，被柏油路和洋灰路所代替，就连一些小胡同也是如此。其二，城里的许多城墙和城门都被拆除了，只留下了一些城门的名称，如朝阳门、阜成门、东直门、西直门等等。原本修筑城墙的地方，被修成了二环路。其三，随着城市交通的发展，环路的面积也在不断扩大，从三环路一直扩展到六环路，基本上把16个区都用环路贯通起来。其四，突出了中轴路的影响。在元代大都城开始形成的中轴路，到了北京亚运会前后就延伸到了北四环路，而到了2008年北京奥运会后又延伸到了四环路以外。今天新的城市规划，则把南中轴线一直延伸到大兴新机场。

北京街道变化的另一个突出特点是立交桥的建设。最初的北京立交桥只是沿着二环路建造的，如东直门立交桥、西直门立交桥、建国门立交桥、复兴门立交桥等等。随着三环路到六环路的修筑，北京的立交桥建造也越来越多，如三环路上的三元桥、四环路上的四元桥、五环路上的五元桥等等，建造规模越来越宏大，建筑技术也越来越复杂，成为北京城市景观的一道亮丽风景线。

北京的地铁和城铁的建造也成为城市现代化发展的重要标志。新中国成立后，北京的公共交通事业发展极为迅速，陆续开通了几百条公交线路，遍布从城区到郊区的各条公路。但是，仍然无法满足广大市民的出行需求。于是，在中央支持下，北京市开始发展地铁和城铁交通，先是修建了贯通长安街东西的1号线地铁，然后又修建了二环路沿线的2号线地铁。近年来，北京地铁和城铁的发展速度越来越快，许多线路不断竣工使用，为缓解城市路面的拥堵现象，发挥了重要作用。

　　新中国的北京，商市的发展也很迅速。改革开放前，东城区的王府井商业街区和西城区的西单商业街区在全国都有着极高的知名度，如百货大楼和西单商场成为全国人民来到北京后的主要观光购物场所。改革开放以后，北京又出现了一大批新的商业超级市场，如赛特商场、燕莎购物中心、百盛商场等等，这些新的购物场所与百货大楼、西单商场一样，很快就变成全国知名的观光购物场所。许多传统的商市，如前门大栅栏、琉璃厂、花市、护国寺、隆福寺等，仍然吸引着众多的购物者。

第四章

坛庙庄严陵寝肃

——北京的坛庙与陵寝

中国自古就是礼仪之邦，在诸多传世的礼仪之中，表达对神与人的崇敬是一个永恒的主题。这里所说的人，是指被神化了的人。为了表达对神和被神化的人的崇敬，人们要在岁时举行各种祭祀仪式，而举行这些仪式的固定场所就是坛庙。

祭神的坛庙主要有天坛、地坛、日坛、月坛、社稷坛、先农坛等，而祭人的坛庙主要有太庙、孔庙及历代帝王庙等。中国人对生死是十分重视的，又大力提倡孝道，因此，为死人建造一座座陵墓就成为人生中的一件大事。作为封建帝王，生前要有宫殿以供其居住，死后也要有陵墓以供其安息。故而帝王的陵寝与宫殿一样豪华，以进一步突出唯我独尊的政治主题。

在中国古代，被称为国家大事的只有两项内容：一项是战争，另一项是祭祀。战争没有固定场所，没有固定日期，也没有固定模式，完全是处于一种动态之中。而祭祀，特别是作为国家象征的祭祀活动，就要有固定的场所、固定的日期和固定的模式。因此，祭祀活动的重要性决定了祭祀场所的必要性，同时也就决定了祭祀场所的大致方位。

根据儒家学说的观点，祭天神的场所要安排在都城南面，而祭地祇的场所要安排在都城北面，祭祖先的场所要安排在皇城的东面，祭社稷的场所要安排在皇城的西面等等。当然，由于主持祭祀礼仪的政府官员对祭祀模式的理解不同，其所采用的方法也是不同的。有的是天地合祭，也有的是天地分祭。方法虽然不同，祭祀理念则是一致的。

中国古代的传统文化是以农业耕作为基础而产生的，故带有极为明显的农耕文化特色，这种特色的重要表现形式之一就是对各种自然神灵的崇拜。在我们的祖先看来，天地日月有神灵，风雨雷电有神灵，山川江河也有神灵，因为它们的变化都会直接影响到农业生产的收成好坏。祭祀的神灵虽然很多，其目的则只有一个，那就是希望得到诸神的保佑，风调雨顺，国泰民安。

人们根据自身对周围环境的认识，赋予了各种神灵以不同的能量，而其能量又是具有两面性的，既可以带来丰收，也可以带来灾害。就儒家学说而言，这种自然祸福的变化，除了祭祀的行为是否虔诚、祭祀的供品是否丰盛之外，统治者的日常行为是否仁德也是一个产生重要影响的因素。

古代的人们普遍认为，人死之后，其生命并没有结束，而是去了另一个世界，陵寝的建造及其大量奢侈品的陪葬，就是供死者在另一个世界享用的。在风水先生看来，选择一块吉祥的墓地，不仅对死者是必要的，而且对死者的后代也会带来好运，故而丧事是不能草率为之的。还有一种看法，认为死者是以一个新的生命重回地球，也就是所谓的轮回。

在古都北京，有着丰富的陵寝遗存，从商周时期的琉璃河墓葬，到汉代的大葆台燕王墓葬，从金代的大房山皇家墓葬群，到明代的天寿山皇家墓葬群，以及散在城郊各地的王侯、将相等墓葬，体现了中国古代悠久的丧葬文化。至于各种宗教的活动场所，如寺庙、道观、清真寺及基督教堂等，其规模之大、数量之多皆为全国之首，体现了中国所特有的多元宗教文化。而代表国家象征的祭祀坛庙的出现，则比前二者晚。只有当北京成为封建王朝的政治和文化中心之后才有了国家级祭祀场所。

第一节　金代以前的墓葬

在古都北京,最早的文化遗存当属墓葬。据明人蒋一葵《长安客话》记载:"世传黄帝陵在渔子山。今平谷县东北十五里,冈阜隆然,形如大冢,即渔子山也。其下旧有轩辕庙云。"黄帝为上古时期最有影响的人物之一,周武王既分封其后裔于蓟,平谷有其陵墓,亦言之有理,并非空穴来风。新中国成立后,作为历史科学重要组成部分的考古学有了极大的发展,考古工作者们在北京地区开展了许多重要的考古工作,发掘出了一大批远古时期北京先民们的生活遗迹,取得了大量的学术成果。在这些先民们的生活遗迹中就有一些原始墓葬的遗存,出土了许多珍贵的文物,补充了历史文献记载的空缺。

今日我们所能见到的具有重要学术价值的墓葬实物之一就是北京西南面的琉璃河商周墓葬遗址。从20世纪70年代初到90年代中期的20余年中,北京的考古工作者们对琉璃河商周遗址进行了较为全面的发掘、整理和研究工作。据已经发表的研究成果可知,在琉璃河商周古城遗址的东侧,发现有多达200余座墓葬的大型墓葬群,其中有的大型墓穴可以确定为西周早期的燕侯墓,有的墓葬虽然遭到盗掘,破坏严重,但仍然出土了大量极有价值的珍贵文物,如253号墓出土的堇鼎,是目前北京地区发现的形制最大的青铜礼器,又如第52号墓出土的复尊、复鼎,第53号墓出土的攸簋,第251号墓出土的伯矩鬲等,皆为周代青铜器中的精品。

北京的考古工作者在发掘琉璃河商周遗址之后不久,又对丰台区的大葆台汉墓进行了全面的发掘和研究。据已经发表的研究成果可知,这座大型王侯墓应是西汉中期广阳王刘建的陵墓。"该墓是国内首次出土的西汉诸侯王的'梓宫、便房、黄肠题凑'的葬制实物例证和唯一保存完好的西汉车马殉葬遗址。"(见《中国博物馆志》)这座墓穴系由墓道、甬道、外回廊、黄肠题凑、内回廊、便房(即前室)及梓宫(即放棺椁之室)等组成,十分完整。其中,尤其值得注意的是所谓的"黄肠题凑",它是用15880余根柏木、摆放30层而构成的一圈墙壁,将棺椁围在中间。这种葬制以前只在历史文献中有记载,而从未发现实物,这次大葆台的汉墓乃是最好的实物例证。在墓道内殉葬的车马遗迹也十分珍贵,3辆随葬车辆皆为双轮单辕,"上张华盖,黑漆朱绘,全部鎏金装具"(见《中国博物馆志》),制作工艺极为精美。墓中还出土有龙头枕、镏金铜铺首、鸡血玛瑙等珍贵文物。

第二节　金中都的坛庙与陵寝

到了金代，北京地区的坛庙及陵寝设施都有了长足的发展，这与金朝统治者把中都城定为首都的政治举措密切相关。在金代初期，女真统治者们的活动中心主要是在金上京（今哈尔滨阿城境内）一带，各种坛庙及陵寝也主要设置在那里。及海陵王篡位之后，定鼎中都，在大兴土木营建都城和皇宫的同时，祭祀坛庙以及帝王陵寝等配套设施也都逐渐完善起来。特别是对于帝王陵寝的迁移与营造，在当时具有十分重要的意义。

金代中都城内外坛庙与陵寝的设置，以及相关祭祀活动的展开，表现出了汉族与少数民族之间的融合进入了一个新的发展阶段。如果我们从文化角度来看，不论是此前的契丹族统治者，还是此后的蒙古族统治者，其汉化的程度显然都不如女真族统治者更为彻底。

在金海陵王迁都之前，主要的坛庙和陵寝制度是由金太宗及金熙宗确立的，而在海陵王迁都之后主要的坛庙和陵寝制度则是由海陵王确定的，其大致模式当是以宋朝都城汴京为蓝本的。在金中都的坛庙中，最重要的当属天、地、日、月之祭坛。根据儒家学说，圜丘（即天坛）皆设置在都城的南郊，金朝也不例外，将其设置在都城正南门丰宜门外。据《金史》记载："圆坛三成，成十二陛，各按辰位。壝墙三匝，四面各三门。斋宫东北，厨库在南。坛、壝皆以赤土圬之。"而方丘（即地坛）则设置在了都城正北门通玄门外，"方坛三成，成为子、午、卯、酉四正陛。方壝三周，四面亦三门"。大明坛（即朝日坛）在都城东面的施仁门外东南方，"门壝之制皆同方丘"。夜明坛（即夕月坛）在都城西面的彰义门外西北方，"掘地圬之，为坛其中"。这是天、地、日、月分开祭祀的方式。

对于天、地、日、月的祭祀活动，金朝统治者也是遵从所谓的古礼。据《金史》记载："常以冬至日合祀昊天上帝、皇地祇于圜丘，夏至日祭皇地祇于方丘，春分朝日于东郊，秋分夕月于西郊。"特别是当帝王亲自主持祭祀仪式的时候，其祭祀场面极为壮观。如大定十一年（1171年），金世宗亲祀南郊，行祭天之礼，动用仪仗7000多人，锣鼓喧天，彩旗蔽日。

金朝统治者除了遵行中原地区固有的一套祭天仪式之外，还有一套女真族的祭天方法，则是沿用辽代的旧俗。据《金史》称："金因辽旧俗，以重五、中元、重九日行拜天之礼。重五于鞠场，中元于内殿，重九于都城外。其制：刳木为盘，如舟状，赤为质，画云鹤文。为架高五六尺，置盘其上，荐食物其中，聚宗族拜之。若至尊则于常武殿筑台为拜天所。"

金朝帝王之所以把拜天台修筑在常武殿是因为重五（即农历五月五日的端午节）的拜天仪是与射柳仪并行的，而射柳必是在常武殿。到中元（农历七月七日）行拜天仪时，不必并行射柳仪，故而在内殿设有拜坛，到了重九（即农历九月九日的重阳节）行拜天仪，又在都城西南7里修建有拜郊台，为举行拜天仪式的场所。

在岁时举行祭祀天、地、日、月的仪式之外，金朝统治者又曾举行祭祀风雨雷神的仪式。这种仪式始行于明昌五年（1194年），《金史》称："乃为坛于景丰门外东南，阙之巽地，岁以立春后丑日，以祀风师。……又为坛于端礼门外西南，阙之坤地，以立夏后申日以祀雨师"。此外，雨师坛在祭祀雨神的同时，又用来祭祀雷神。这种为风雨雷神专门设置祭坛的做法，在中国古代，特别是金代以后是较少见的。

金代在中都城还设置有高禖坛，《金史》称："明昌六年，章宗未有子，尚书省臣奏行高禖之祀，乃筑坛于景风门外东南端，当阙之卯辰地，与圜丘东西相望，坛如北郊之制。岁以春分日祀青帝、伏羲氏、女娲氏，凡三位，坛上南向，西上。姜嫄、简狄位于坛之第二层，东向，北上。"这种祭祀活动也是比较特殊的。

在金中都城，海陵王又兴建有社稷坛。在中国古代，社稷的地位十分重要，代表了国家的观念，因此，社稷坛是与太庙并称的，所谓"左祖右社"是将社稷坛和太庙放在同等重要的位置。但是，海陵王在营建金中都城时，太庙放在了皇宫前面的左侧，符合"左祖"的体制，但与之相对应的地方却没有设置社稷坛，而是设置了尚书省的衙署。至于金中都的社稷坛到底放在了什么地方，历史文献却没有记载。

我们能够知道的是中都城的社稷坛始建于大定七年（1167年），社坛和稷坛是分设的，社坛在东，稷坛在西。《金史》称：社坛"以五色土各饰其方，中央覆以黄土，其广五丈，高五尺。其主用白石，下广二尺，剡其上，形如钟，埋其半"。稷坛如社坛之制，而无石主。金朝统治者对社稷坛并不是特别重视，与其他诸坛一样，除了岁时举行祭祀之礼外就是用其祈雨。

与祭祀天地神灵具有同等重要地位的就是金朝统治者祭祀祖先的活动，其祭祀场所为太庙。金初无祭祖之制，至金熙宗即位后，始于皇统三年（1143年）在金上京设太庙。金海陵王迁都之后，于正隆二年（1157年）拆毁上京太庙，而在此之前已经将列祖列宗的神位也迁移到金中都的太庙加以供奉。《金史》称："贞元初，海陵迁燕，乃增广旧庙，奉迁祖宗神主于新都。三年十一月丁卯，奉安于太庙。"

金中都的太庙建在皇城南面千步廊东侧，张棣称："迨亮徙燕，遂建巨阙于内城之南、千步廊之东，曰太庙，标名曰衍庆之宫，以奉安太祖旻、太宗晟、德宗宗干。又其东曰元庙，以奉安玄祖克者、仁祖大圣皇帝杨割。至褒立，迁亮父德宗于外室，复奉安父懿宗宗庙于太庙，其昭穆各有序。"

张棣的叙述有些与《金史》的记载是一致的，有些则略有不同。其一，太庙的位置是相同的，可以确定无误。其二，金朝在太庙之外，又设有原庙（即张棣所云"元庙"），也可以确定。其三，最关键的是太庙与原庙之名称如何，二者之间的关系究竟又如何。

据张棣所云，太庙即是衍庆宫，是供奉太祖以下诸帝的祭祀场所，而原庙则是供奉太祖之前列祖列宗的祭祀场所。而《金史》却明确记载，燕京所建原庙，"名其宫曰'衍庆'，殿曰'圣武'，门曰'崇圣'"。显然，《金史》的记载是正确的。太庙是供奉诸帝神位的地方，而原庙则是供奉诸帝御容的地方，时人又称之为御容殿。二者的祭祀目的是一样的，而其性质是不同的。

金代的皇陵制度也是在金熙宗时确立的，而金海陵王在迁都之后的一项重要举措，则是重新营建皇陵，以巩固金中都的政治地位。经过风水先生们一年多的勘测，最终确定在都城西面的大房山安置诸帝陵寝。

据《金史》称：贞元三年（1155年）三月，海陵王下令，"命以大房山云峰寺为山陵，建行宫其麓"。到了正隆元年（1156年）十月，皇陵营建工程完毕，"葬始祖以下十帝于大房山"。诸帝陵号则沿用旧称，太祖之陵号仍曰睿陵，太宗之陵号仍曰恭陵。熙宗系被海陵王弑杀，故其陵无号，金世宗即位后追封其陵号曰思陵。

海陵王南伐时被部下杀死之后，没有被安葬在皇陵区内。《金史》称：先是被称为海陵炀王，于大定二年（1162年）四月，金世宗将其"葬于大房山鹿门谷诸王兆域中"。到了大定二十年（1180年），金世宗又下令，"乃诏降为海陵庶人，改葬于山陵西南四十里"。竟然被迁葬出皇陵区，以平民百姓的身份埋葬。

此后的金世宗、金章宗等人死后，皆葬于大房山金代陵区中。金世宗之陵号曰兴陵，金章宗之陵号曰道陵。与之相关的，金世宗在即位之后，追封其父曰睿宗，安葬在大房山皇陵区内，陵号曰景陵。而金世宗之子、金章宗之父完颜允恭因为死得早，没有即皇帝位，也被追封为显宗，安葬在大房山，陵号曰裕陵。及北方蒙古部落迅速崛起，很快就攻占了金中都，大房山金陵也就没有再安葬此后的金朝帝王了。

第三节　元大都的坛庙与陵寝

元代也是由少数民族统治者建立的王朝，但是其发展概况与金代略有不同。女真族统治者对中原地区农耕文化的接受较早，也较为彻底，而蒙古族统治者对农耕文化接受较晚，其接受程度也有一个逐渐深化的过程。元太宗窝阔台即位之后，曾经接受大臣耶律楚材的建议，在中原地区实行了一些儒家的政治举措。此后，直到元世祖继位后，才开始全面接受农耕文化，大力推行儒家的政治学说。大都城的兴建是其推行儒家学说的一个典范，而在大都城建造的坛庙等设施，更是体现了农耕文化的精髓。

在大都城最早兴建的是祭祀祖先的太庙，时间是在中统四年（1263年）三月，地点是在燕京旧城。这是元世祖忽必烈兴建的第一座太庙，距元太祖（即成吉思汗）创立大蒙古国约有半个世纪。这座太庙的具体位置不详，因为在燕京旧城里面没有皇宫作为参照物，或许是建在了金代太庙的位置上。

这座太庙建成不久，元世祖就开始营建新大都城，遂在新都城又建造了一座太庙，《元史》称：这座太庙始建于至元十四年（1277年），"二十一年三月丁卯，太庙正殿成，奉安神主"。用了7年时间太庙才建成，其地点是在新都城的东南门齐化门（今朝阳门）内的路北侧。

元朝蒙古贵族之间斗争十分激烈，这些政治斗争的结果又往往反映到太庙的排位中。元太祖死后，元太宗窝阔台就受到了长兄术赤及幼弟拖雷的挑战，及窝阔台之子元定宗死后，元太宗的子孙与拖雷的子孙在争夺大汗之位时公开对抗，结果是拖雷的子孙（即元宪宗与元世祖）获胜，元太宗的许多子孙被杀。

到元代中期，又曾出现过元武宗兄弟发动宫廷政变，以及元文宗公开夺取皇位的"两都之战"，还有元仁宗迫使武宗之子出逃漠北的事情等等。帝王们受到这些政治斗争的影响，其在太庙中的排位自然也会不断变动，这是元代太庙的一个显著特点。

在元世祖兴建的第一座太庙中供奉的是元烈祖（即太祖之父）、元太祖、元太宗、术赤（世祖大伯）、察合台（世祖二伯）、拖雷（世祖之父）、元定宗（太宗之子）、元宪宗（世祖长兄）。当时的太庙是八室之制，及元世祖在大都新城兴建第二座太庙之后，改为七室之制，于是把元烈祖的牌位去掉。

及元武宗夺得皇权之后，对太庙的诸帝排位进行了大调整。据《元史》记载，元太祖位居太庙正中一室，西面第一室为睿宗拖雷，西面第二室为世祖忽必烈，西面第三室为裕宗真金（即世祖之子、成宗之父）。东面第一室为顺宗答剌麻八剌（即武宗之父），东面第二室为成宗铁穆耳。东面第三室为谁，没有记载。经过调整，不仅术赤、察合台等宗王的牌位没有了，就连当过帝王的元太宗、元定宗、元宪宗也没有了，而加进来的裕宗、顺宗根本没有登上过皇位，只不过是日后的追谥而已。此后，随着蒙古贵族对皇位争夺的加剧，太庙中供奉的牌位仍在不断发生变化。

元朝与金朝一样，也为诸帝王设置有御容殿，二者所不同的是金朝诸帝王的御容殿是放在一起的，又被称为原庙，与太庙并列。而元代没有设置原庙，诸帝王的御容殿是分散安置的，并且都是被放在寺庙之中。这些放置御容的寺庙大多数都是由帝王敕建的。

元世祖及皇后、裕宗（元成宗之父）及皇后的御容殿设在大圣寿万安寺，元顺宗（武宗之父）及皇后、仁宗帝后的御容殿设在大承华普庆寺，元成宗帝后的御容殿设在大天寿万宁寺，元武宗帝后的御容殿设在大崇恩福元寺，元英宗帝后的御容殿设在大永福寺，元明宗帝后的御容殿设在大天源延圣寺，元文宗帝后的御容殿设在大承天护圣寺。而元太祖、太宗、睿宗的御容先是安置在翰林国史院的衙署中，后来迁徙至石佛寺中。

社稷坛的修建比太庙要晚一些，这与蒙古统治者对农耕文化的认识有着密切的关系。在蒙古统治者进入中原地区之前，对农业生产的重要性认识不足，因此，也就无法理解社稷的含义是与国家等同的。

及蒙古统治者进入中原地区之后，开始对农耕文化有了越来越深入的了解，于是，对农业生产的重要作用也有了新的认识，对于社稷的观念也就有了共识。

据《元史》记载：至元十一年（1274年）八月，由政府下令，"颁诸路立社稷坛壝仪式"。到了至元十六年（1279年），又由政府中的太常寺（主管礼仪工作的机构）官员加以反复研究，编写出了《至元州县社稷通礼》的著作，上报给元世祖审定后，颁行天下。

这一系列的基础工作都得到落实之后，到了至元二十九年（1292年）七月，才在政府官员崔彧等人的建议下，正式开工兴建社稷坛。《元史》称："建社稷和义门内，坛各方五丈，高五尺，白石为主，饰以五方色土。……悉仿古制，别为斋庐、门庑三十三楹。"这座新建的社稷坛也是分为社坛和稷坛两部分。

和义门（今阜成门）与齐化门相对，为大都城的西南门，社稷坛也是在路北。这种太庙与社稷坛对称的布局，正是遵循了儒家学说中"左祖右社"的理念。在元世祖的谋臣刘秉忠规划大都城时，对于太庙与社稷坛这样重要的礼制建筑，其位置是一定会予以考虑的。虽然太庙和社稷坛的建造工程是在刘秉忠死后才完成的，但是我们仍能说是按照他的规划来加以落实的。这种情况在大都城其他设施的建设中也是可以见到的。

大都城的郊坛建造得又要晚一些，直到大德九年（1305年）七月，元朝政府才完成郊坛的修建工作。《元史》称："筑郊坛于丽正、文明门之南丙位，设郊祀署，令、丞各一员。"在此之前，祭祀天地神祇的活动已经举行过许多次。草原上的游牧部落首领对天神的敬畏是与中原地区的封建帝王一样的，只是其祭祀的方法不同而已。

据历史文献记载，自大蒙古国建立以来，按照中原王朝的形式而正式举行祭祀天神的蒙古统治者是元宪宗蒙哥，他祭祀天神的地点则是在漠北草原上的日月山，这座山就是当时蒙古民族所崇拜的神山。但是，这种祭祀仪式只举行了一次，并没有延续下去。

元代修建的郊坛与金代的郊坛是不一样的。金代是采用的天、地、日、月、风、雨诸神分坛祭祀的办法，故而在都城四面都设置有祭坛。而元朝统治者是采用天地神灵合祭的办法，故而只修建了一处祭祀场所。元代的郊坛占地300余亩，十分宽敞。坛分3层，最上一层方5丈，第二层方10丈，最下层方15丈。每层均高八尺一寸，3层累计高二丈四尺余（约合七米半）。郊坛四周又建有燎坛、香殿、馔幕殿、省馔殿、神厨、献官斋房、执事斋房等建筑。此后，虽然也有官员提出在北郊另外修建地坛，改行天、地之神分祭的办法，却一直没有被统治者采纳和实行。元朝统治者也没有另外设置风雨雷神诸坛。

元朝帝王的丧葬习俗十分特殊，与中原地区的农耕文化中的丧葬制度有着较大的差异。中原王朝的统治者们，往往在生前就为自己营建陵墓，有些甚至到了穷奢极侈的地步（如秦始皇陵的建造）。而元朝统治者恰恰相反，其丧葬极为简单。

元朝帝王死后，把大圆木剖开，中间挖空成为人形，将帝王安放其中，再用金条把大圆木箍住，运往北方大草原，挖地穴安葬，用马群将葬地踏平。然后，再派士兵把守葬地，直到长出青草，与周围的草地没有区别之后，才把士兵撤走。因此，在北京地区，此前有金朝的大房山诸帝陵，此后有明朝的天寿山诸帝陵，唯独没有元朝的帝王陵墓，至今元朝帝王被埋葬在何处仍然是个谜。

第四节　明北京的坛庙与陵寝

到了明代，北京的坛庙与陵寝建筑又与此前的金代及元代有所不同。其一，明朝统治者出身汉族，没有少数民族统治者所受到的游牧文化的习俗影响，而对代表农耕文化的儒家学说采取了全盘接纳的态度，因此，在祭祀坛庙的设置和陵寝的选择与建造方面，都具有更多的传统文化特色。

其二，在都城的设置方面，先设置南京为首都，后设置北京为陪都（最初称为行在）。然后才将北京取代南京成为首都。因此，在都城的绝大多数建制方面，北京皆是仿效南京。

其三，明成祖本来是一位很有创见的帝王，但是因为他的皇位是用军事手段强行夺来的（即"靖难之役"），为了表示其正统（也就是合法）的地位，在许多方面只得遵守明太祖的典制，故而在营建北京的祭祀坛庙时，完全遵照南京的模式。

在明代的北京地区，最早兴建的礼制建筑为社稷坛与山川坛，其建成的时间是在洪武十二年（1379年）十一月，而其坛壝的地点，则是在燕王府的西南面，符合于"左祖右社"的模式。社稷坛是农耕文化的象征，不仅都城设置有社稷坛，就是府、州、县，甚至乡里，也都设置有社稷坛。只是都城的社稷坛规格最高，是帝王行使祭祀特权的地方，故而称为太社、太稷。

山川坛的重要性比社稷坛要略逊一级。此外，王府不可以和皇宫相比的另一点是它没有权力设置祭祖的太庙。

到了永乐五年（1407年），明成祖在营建北京宫殿的同时，也开始兴建各种祭祀坛庙，据《明太宗实录》记载：这时已经在修治北京祀典神祇坛宇及祭器、乐器。两年以后，北京的宫殿建设初具规模，明成祖从南京前来巡幸，由于礼制建筑尚未建造完工，只得在宫殿前举行重要的礼仪活动，"车驾至北京，于奉天殿丹陛设坛告天地，遣官祭北京山川、城隍诸神"。可见这时的郊坛尚未建成，而山川坛、城隍庙等设施已经可以使用了，故派遣政府官员前往坛庙祭祀山川等神灵。

永乐年间在北京兴建的郊坛，采用的是合祭天地神祇的模式，与元代的郊坛是一样的，其位置也是在都城正南门的正阳门（俗称前门）外东南侧，其具体的坛墙结构则与元代有所不同。明代北京的郊坛中央，建造有大祀殿，取代了圜丘与方丘的地位，成为合祭天神地祇的场所。大祀殿四周，则分别设置有24坛，代表五岳、五镇、四海、四渎、风云雷雨、山川及历代帝王等神灵之位。

这种祭祀方法一直沿用了150余年，直到明世宗即位后，听从大臣夏言等人的建议，于嘉靖九年（1530年）加以改变，采用分祭的办法。遂把南郊的祭坛专门用来祭祀天神，在大祀殿的前面重新修建了圜丘。又在北郊安定门外新设置了地坛，修建了方丘，用以祭祀地祇。此外，还在都城的东郊和西郊分别设置了朝日坛和夕月坛，用以祭祀日神和月神。天、地、日、月4坛分布在都城的四方，这一制度被后人沿用至今。

在明代的北京，与郊坛同样重要的另外两个礼制设施为太庙与社稷坛。明朝统治者在兴建这两个礼制设施之时，对其定位进行了改变。元代的太庙在齐化门里，社稷坛在和义门里，是在皇宫的两侧。可以视为"左祖右社"，并且与《周礼》的本意大致相同。但是明代兴建的太庙与社稷坛，却将其位置加以变更，将二者都迁到皇宫的正前方，一左一右，结构变得更加紧凑。这种格局的变化，是与皇宫的整体变化相一致的，更加突出了中轴线的作用，也就是更加突出了皇权至上的威严。

在明代，先是明太祖朱元璋在南京修建了太庙，以祭祀祖先。后是明成祖迁都北京，又在北京修建了太庙，其模式完全仿照的是南京太庙。北京的太庙建成于永乐十八年（1420年），为前殿后寝、同堂异室之制，这种模式也是模仿的金元以来的太庙典制。

到明世宗即位后，在变更了祭祀天地、日月神灵的典制之后，他又听从大臣廖道南等人的建议，对太庙加以改造。嘉靖十一年（1532

年），明世宗下令将原有的太庙拆毁，重新建造太庙。新建的太庙分为9座，每个明朝帝王分别自为一庙。但是，在嘉靖二十年（1541年）发生大火灾，历经5年建造起来的九座太庙中的八座被焚毁，不得不重新建造。而重新建造的太庙又恢复了原来前殿后寝、同堂异室的典制。

明太祖朱元璋在南京的皇宫外面兴建太庙之后，又在皇宫里面兴建了一座专门用于祭祀祖先的宫殿，称之为奉先殿。其建筑格局与太庙完全一样，祭祀的对象也完全一样都是明朝帝王，只是其性质略有不同。据孙承泽在《春明梦余录》中称："国有太庙，以象外朝，有奉先殿，以象内朝。每室一帝一后，如太庙寝殿，其祔祧迭迁之礼亦如之。"明成祖在北京营建皇宫之时，也仿照南京奉先殿之制建造了一座奉先殿。这一制度后来又被清朝统治者所沿用。

明朝统治者在每年对太庙中的祖先牌位加以祭祀的同时，对于奉先殿中的祖先牌位也加以隆重的祭祀，丝毫不敢怠慢。据《日下旧闻考》所转引明代的《光禄寺志》的记载，每年从正月到十二月的不同时节，明朝统治者均安排有所谓的荐新品物，以供其祖先享用，如正月的韭菜、荠菜、鸡子、鸭子，二月的芥菜、苔菜、蒌蒿、子鹅，三月的茶、笋、鲤鱼、鹌鹑，四月的雉鸡、杏子、樱桃、白酒，五月的小麦面、红豆、砂糖、嫩鸡，六月的冬瓜、西瓜、甜瓜、莲蓬，七月的葡萄、枣子、鲜菱、雪梨，八月的茭白、嫩姜、鳜鱼、鲜藕，九月的鳊鱼、栗子、石榴、柿子，十月的山药、柑橘、银鱼子、鲚鱼，十一月的甘蔗、獐子、天鹅、鹿、雁，十二月的菠菜、鲫鱼、白鱼、风鲫鱼等等。

在奉先殿中，除了供奉有荐新品物之外，甚至每一天又有不同的食品进献，被称为供养，同据《光禄寺志》记载，"初一日卷煎，初二日髓饼，初三日沙炉烧饼，初四日蓼花，初五日羊肉肥面角儿，初六日糖沙馅馒头，初七日巴茶，初八日蜜酥饼，初九日肉酥油，初十日糖蒸饼，……二十七日两熟鱼，二十八日象眼糕，二十九日酥油烧饼，三十日糖酥饼"。明朝统治者就是用这种奢侈的办法，来表示他们对祖先的尊崇。

这种既浪费钱财，又得不到任何回报的愚蠢做法，甚至还比不上前代的少数民族统治者。至少，辽金元三代的统治者，都是用自己射猎获得的鹅、雁、鹿等战利品来供奉祖先，其中，包含着劳动成果的寓意。

与奉先殿相类似的帝王家庙，在宋元时期有所谓的神御殿，又称御容殿或是影堂。宋朝的神御殿是采用的诸帝分设一殿的办法，甚至皇太后也分设一座神御殿，殿中挂有当时著名画家所绘帝王御容像。到了金代，采用诸帝合为一座神御殿的办法，在挂有诸帝御容像的同时，还在墙壁上绘有文武功臣的画像作为陪祀。而到了元代，由于蒙古统治者极为崇敬佛教，故而将诸帝的神御殿设置到了寺院中，或是一帝一殿，或是二帝一殿，没有定制。对于这些神御殿，宋、金、元历代统治者都岁时派遣官员专门前往祭祀。

明朝的诸帝在死后也绘制有御容像，但是却没有沿用宋元以来设置神御殿的办法，而是在太庙的东北建造有一座景神殿，"奉藏列圣御容，岁六月六日太常寺吉服诣殿晒晾"。（见孙承泽《春明梦余录》）明代景神殿的功能，只是用来收藏明代诸帝王的御容像，并没有祭祀的功能，而这一功能显然是被奉先殿所取代了。与前代的神御殿相比，明朝统治者既设置有奉先殿，又设置有景神殿的做法，不仅没有任何新意，反而给人一种画蛇添足的感觉。

明朝北京的社稷坛也是在明成祖决定迁都之后建造的，其位置原来是在燕王府的前面，及皇宫的位置确定之后，新建的社稷坛被安放在皇宫前正门西侧，与太庙相对称，而其规制皆仿照南京社稷坛的样式。洪武初年（1368年）在南京修建的社稷坛，最初是分为太社和太稷两座坛，各供神主，其位置则是在皇城的西南。到洪武十年（1377年），将社稷坛迁到皇城正门的西侧，又将两座祭坛改建为一座，坛上填上五色土，遂成定制。

北京的社稷坛就是仿照的这个样式。明代最初举行祭祀社稷坛的仪式，其等级为中祀。后因改定为祖先陪祀，遂升其等级为大祀，与祭天、祭祖相等。到明世宗嘉靖九年（1530年），又改其祭祀之制，虽然不用祖先陪祀，却仍然采用大祀之礼。

明世宗又别创新制，将原来设置在西苑中的土谷坛加以改造，称为帝社稷坛。这个帝社稷坛又分建了两座祭坛，称为帝社、帝稷，每年明世宗在此亲行祭祀之礼，而其等级则比皇宫前面的社稷坛略低，为中祀。明世宗的这个举措被当时人称之为"天子私社稷也"。其用意大致是仿照的太庙与奉先殿的关系，既然祭祀祖先有外朝与内朝的区别，那么，祭祀社稷之神也应该有内外之别。由此可见，明世宗是一个对礼制十分重视，又往往将礼制理想化了的帝王。

如果说明世宗在礼制建设方面还有一些创新之举的话，那就是他建造了先蚕坛。从洪武初年一直到嘉靖年间，都没有实行过皇后亲行祭蚕神之礼。明世宗为了表示对农业生产的重视，于是在嘉靖年间下令建造了一座先蚕坛，以备皇后举行祭礼之用。

最初，有的礼部官员们提出先蚕坛应该建在安定门外，而又有一些官员认为皇后每年都要出宫行礼，十分不方便，于是在请示了明世宗之后，将先蚕坛建到了西苑之中。这座祭坛建成之后，皇后遂率诸公主亲行祭祀之礼，而内外众多命妇皆为陪祀。

在北京的礼制建筑中，除了天、地、日、月4坛之外，较为重要的还有山川坛。其位置最初也是在燕王府的南面，此后迁移到京城正南门外西侧，以与天坛相对称，也是突出中轴线的举措之一。永乐年间兴建之时，仿照的也是南京的样式，坛中除了用于祭祀山川之神外，还设置有太岁坛和先农坛。

到了明世宗继位后，对这座神坛同样进行了改造。他在山川坛之中又分别修建了神祇坛和地祇坛，以便在不同的时令祭祀天神地祇。不难看出，不论是天坛、地坛，还是日月、山川诸坛，明朝统治者对其加以祭祀的主要目的只有一个，就是求得众神保佑风调雨顺，农业丰收。

明成祖在定都北京之后，采取的重要举措之一就是营建皇陵。在明成祖为自己营建陵寝之前，明代的皇陵主要分为3处，一处在安徽凤阳，被称为皇陵，是明太祖朱元璋祖父母的墓地；一处在江苏盱眙，被称为祖陵，是明太祖祖先的陵寝之地；一处在南京，为明太祖朱元璋为自己建造的陵寝，被称为孝陵。这种帝王生前就为自己安排后事的做法，在以往的历史上是常见的。而在明代，太祖朱元璋的这一举措，也直接影响到了明成祖朱棣的做法，因此，明成祖对自己陵寝的定位是十分重视的。在此之前的金朝统治者已经占据了大房山的风水宝地，也就迫使明成祖必须重新选择墓地。

从永乐四年（1406年）决定迁都北京，直到永乐七年（1409年）的五月，明成祖才选定了皇家陵寝的位置，其间历经3年时间。明朝官员们对京畿地区的地理概貌进行了详细的调查，最后，又聘请了著名的风水先生提出建议，才做出最后决定。将昌平东面的黄土山定为墓地，并定议封黄土山为天寿山。

在墓地选好之后，遂于翌年二月开始，明朝政府征集了大批山东、山西、河南、浙江及北京等地的民众，以及军士等，来兴建陵墓。永乐八年（1410年）九月，明成祖又亲自前往天寿山，视察陵寝的工程进展状况，并且对参加修建工程的民众及军士予以奖赏。由于陵寝的工程十分浩大，故历时3年，直到永乐十一年（1413年）正月才最后完工。也直到这时候，已经死去4年的徐皇后的遗体才得以从南京渡江北上，葬入天寿山的皇陵之中。明成祖命名这座陵寝曰长陵。

明成祖为自己修建的长陵，主要仿照的模式就是南京城的明太祖孝陵。正如著名建筑学家梁思成所说："明代陵寝之制，自太祖营孝陵于南京，迥异古制，遂开明清两代帝陵之型范。……明太祖营孝陵，不作二宫，陵门以内，列神厨、神库、殿门、享殿、东西庑，平面作长方形之大组合。其后成祖营长陵于昌平天寿山，悉遵孝陵旧法，而宏敞过之。献陵、景陵以次，迄于思陵，悉仍其制，凡十三陵。清代诸陵犹效法焉。"

从明成祖确定了皇家陵寝的区位之后，接下来的明朝诸位帝王的陵寝也就都设置在了这里，先后共有13位帝王安葬在此，故而被后人称之为明十三陵。而在13座陵寝之外，还有一处明朝帝王的陵寝往往被人们所忽略，就是景泰帝的陵寝。

在明英宗正统末年，由于大宦官王振的专权，不幸发生了"土木堡之变"，英宗被北方少数民族瓦剌部俘虏。景泰帝在危急时刻被大臣们拥戴，继承皇位。他在即位之后，也曾为自己预先修造了陵寝。但是，当他病危之际，明英宗在大臣们的拥戴下发动"夺门之变"，重新获得皇权，遂把病死的景泰帝迁出了天寿山陵区，而将其安葬在为诸宗王和公主等人准备的金山口陵区。

第五节　清北京的坛庙与陵寝

到了清代，虽然统治者也是少数民族的领袖，但其对中华民族的农耕文化的传承却超过了以往任何一个朝代的少数民族帝王。我们甚至可以说，有些清代帝王对汉学的理解和修养，远远超过了大多数的汉族人士。在这种情况下，清朝统治者对于前代的坛庙与陵寝制度，也是全盘接受。在农耕文化中，天神是至高无上的，因此，祭祀天神的场所也是最为庄严的，清代上承明代之制，祭祀仍然行用明代的圜丘（即天坛），大致格局皆无变化，其中最主要的设施是祭坛、皇穹宇、祈年殿，此外还有斋宫与神乐署。

特别值得一提的是祈年殿，该殿始建于永乐十八年（1420年），称为大祀殿。到嘉靖二十四年（1545年）重建，改称为大享殿，一直到清代初年，仍保留着明代的样式，据《清史稿》称："内外柱各十有二，中龙井柱四。金顶，檐三重，覆青、黄、绿三色琉璃。基三成，南北陛三出，东西陛一出，上二成各九级，三成十级。东西庑二重，前各九楹，后各七楹。"屋顶上覆盖的琉璃瓦，最上层为蓝色，应该是象征皇天，中间一层为黄色，应该是象征后土，下面一层为绿色，应该是象征农业生产的兴旺。到乾隆年间，又将三色琉璃瓦统一更换为蓝色，并将大享殿改称祈年殿。

除了天坛之外，清朝的地坛、日坛、月坛及先农坛等皆沿用明代的典制，地点也没有变更。地坛仍是在安定门外，而对其规模制度，则进一步加以完善。如地坛中斋宫，就是在乾隆年间新建的。

日坛仍在朝阳门外，月坛仍在阜成门外，先农坛仍在正阳门外，大致保留了明代的格局，而加以完善。只是有的祭祀典礼略加变更，不再行用明朝的典制。如月坛的祭祀仪式，据《光绪顺天府志》记载："每岁秋分酉时，致祭北斗七星，木、火、土、金、水五星，二十八宿，周天星辰配，顺治八年定。"这种变化，只是具有象征意义。

清代北京的太庙也沿用了明代的旧址，但太庙的格局已经与明代不同。明代的太庙与元代的太庙一样，采用的都是同堂异室、前殿后寝的格局。而清朝统治者却没有采用这种格局，据《大清会典则例》记载，这时建造的太庙，"前殿十有一间，重檐，阶三成，绕以石阑，……东西庑各十有五间，阶均八级，燎炉二。中殿九间，后殿九间，两庑各十间"。其中，中殿和后殿供奉清朝诸位帝王及祖先的牌位，前殿则是岁时举行祭祀活动的场所。

此外，清朝统治者还沿用了明代的奉先殿制度。顺治十四年（1657年），清朝统治者在皇宫中修建了奉先殿，前殿、后殿各7楹。后殿是摆放诸位帝王与皇后牌位的地方，前殿是举行祭祀活动的地方。

与明朝统治者一样，清朝统治者在奉先殿中供奉给祖先的祭祀物品也十分丰富，据《光绪顺天府志》记载："每月荐新：正月荐鲤鱼、青韭、鸭卵，二月荐莴苣菜、小葱、芹菜、菠菜、花鳜鱼，三月荐黄瓜、蒌蒿菜、芸苔菜、茼蒿、水萝卜，四月荐樱桃、茄子、雏鸡，五月荐杏、李、蕨菜、香瓜、子鹅、桃、桑葚，六月荐杜梨、西瓜、葡萄、苹果，七月荐梨、莲子、菱、榛仁、藕、野鸡，八月荐山药、栗实、野鸭，九月荐柿、雁，十月荐松仁、软枣、蘑菇、木耳，十一月荐银鱼、鹿肉，十二月荐蓼芽、绿豆芽、兔、鳟、鲤，其豌豆、大美、文官果等一应鲜品，及奉旨特荐鲜品，皆随时随献。"

清朝统治者在遵行农耕文化的各项典制的同时，也保留了一些具有少数民族文化特色的习俗，例如堂子的设置即是如此。据《大清一统志》记载："堂子在长安左门外，玉河桥东，每年元旦亲祭。凡国家有征讨大事，必亲祭告。"每年的十二月二十六日，内务府官员将坤宁宫中安放的神灵请出，送到堂子，第二年的正月初一，皇帝亲自到堂子行祭神之礼，到正月初二，再把神灵请回皇宫中的坤宁宫。此外，在一些月份的吉日，清朝统治者也派遣政府官员到堂子来祭祀神灵。

清朝沿袭明朝的又一处祭祀场所为历代帝王庙。自古以来，祭祀前代帝王多为专庙，如黄帝庙、尧庙乃至三皇庙等，而很少有历代帝王合祭之庙。明太祖朱元璋在南京专门设置有历代帝王庙，用以祭祀那些在中国古代历史上有所作为的帝王，上自三皇、五帝，下至元世祖，皆在庙中供奉有牌位，而陪祀之文武大臣，也都是一时豪杰。

及明成祖迁都北京，各种坛庙皆仿南京典制重新兴建，唯独历代帝王庙没有重建，而是岁时派遣官员到南京的历代帝王庙加以祭祀。直到嘉靖年间，明世宗才命官员们在北京阜成门内旧保安寺遗址上重新营建了历代帝王庙，这处庙宇遂成为都城的一处重要祭祀场所。

到清代，在顺治、康熙、乾隆年间皆加以重建。历代帝王庙的正殿称为景德殿，至乾隆年间又加"崇圣"二字，据《大清会典》记载："景德崇圣殿九间，重檐，崇基石阑，南三出陛，……两庑各七间，燎炉各一。"庙中还有神库、神厨，及承祭官致斋所等建筑。原来殿顶皆用绿琉璃瓦，到了乾隆年间，又将正殿顶瓦改易为黄琉璃瓦。

特别值得一提的是明清统治者对于历代帝王的祭祀都很重视，明太祖立庙之时，特意提出要供奉元世祖的牌位。及明世宗建成北京历代帝王庙之后不久，因为北方少数民族势力不断南下侵扰，于是听从大臣建议，将元世祖的牌位从历代帝王庙中除去。

及清朝统治者进入中原地区之后，清圣祖、清高宗等又将庙中祭祀的帝王重新排列，把元世祖等大有作为的君王重新增入庙中，加以供奉。经过这些调整，从而对历代帝王的功绩有了更加公正的评价，也更加突出了中国历史上民族融合的主旋律。

在清代，少数民族帝王定鼎北京之后，也面临着选择皇家陵寝的位置问题。在金代和明代，封建统治者已经占据了北京地区最好的风水宝地，一个在西郊大房山，一个在北郊天寿山，清朝统治者显然不能使用前朝帝王的陵寝，而必须另辟佳地。而北京地区只有西面和北面群山耸立，风水极佳，东面和南面都是平原，没有理想的风水宝地。在这种情况下，清朝统治者只好把选择陵寝的范围加以扩大。

经过一番考察，清朝帝王最终选择了河北遵化的昌瑞山陵区，并开始在此营造陵寝。此后，清世宗即位，另在河北易县的永宁山麓选择了一处陵区，于是，此后的清朝帝王就被分葬在这两处陵区内。后人称遵化的陵寝为清东陵，易县的陵寝为清西陵。明代陵寝是把帝王与宗王、公主及妃子们的墓葬分开的，而清代则是合葬在一起的。

清王朝灭亡后，许多坛庙的祭祀功能随之也被废止了，帝王死后也没有了大规模兴建陵寝的实力，而对于帝王陵寝的保护与祭祀活动也都取消了。因此，这些坛庙与陵寝日渐荒废，许多坛庙也被改用为其他功能的设施。

在新中国成立之后，公共文化设施的建设飞速发展，更使得许多祭祀设施充分为民众生活服务。太庙被改为劳动人民文化宫，天坛、地坛、日坛、月坛也都被改建为公园（社稷坛已经被改为中山公园），成为北京市民进行日常休闲娱乐活动的主要场所。一些大型演出活动、大型展览，以及大型聚会联欢都在这里举行，这些坛庙设施已经成为当代城市公共设施的一个重要组成部分。

第五章

园林秀美灵气聚
——北京的园林风光

城市的出现是人类文明发展到一定程度的必然结果，也使得生活在城市里的人们逐渐远离了大自然。而回归自然是人类的本性，于是人们努力在城市里营造一片理想的田园生活空间，这也成为城市里出现各种类型园林的一个重要动力。

在中国古代，园林出现的另一个重要动力是出自人们追求长生不老的愿望。在古代人们的观念中，认为海外有仙山，上面生活着一些不死的神人。有些帝王在自己生活的世界里也营造一些理想中的仙山，希望由此而召来一些世外神人，向自己传授长生不老之术，这就有了皇家园林的营造。北京就是一座布满皇家园囿、王府花园和私家园林的城市。

北京地区的名胜景观，其发展经历了一个从自然风光向人工园林转变的过程，而这个转变过程是和北京从一座边防重镇向都城发展的进程相一致的。自然风光到处都有，只是在人们留意观赏之前，其所具有的优美景色也是无法体现出特有的魅力，而在人们留意观赏并且作文赋诗加以赞誉之后，名胜景观的魅力才能够得到更多人们的认同。

由此可见，园林风光的产生，必须加入人文精神的丰富内涵，才增添了更加迷人的魅力。而这显然又是与整个社会的文化发展程度密切相关的，人们的文化素养越高，对自然风光的欣赏也就越深入。而人们的文化修养越深厚，对自然风光的追求愿望也就越强烈，随之而来的，则开始有了人为创造自然美景的现象，于是诞生了人工园林。

在北京地区，金代以前还没有著名的园林，只有一些优美的自然风光。这些自然风光，一部分是在城市的西北一带，群山之中树木葱郁、山泉淙淙，远山含黛，近水泛碧。另一部分是在城市的东南一带，苇丛遍野，禽鸟成群，湖面映荷，堤岸垂柳。对于如此优美的自然风光，却只有极少一部分人才有幸加以赏玩。辽朝统治者就曾把辽南京城东南面的一大片湿地（时称延芳淀）作为其从事娱乐活动的一个主要场所。

到了金代，北京成为整个北方地区的政治和文化中心，金朝统治者借鉴了比自己文化修养更高的宋朝统治者的做法，在中都城里的皇城内外建造了一些著名的人工园林，从而使都城的文化内涵更加丰富。与此同时，金朝统治者又在西北地区开辟了多处人工与自然相结合的名胜景观，时称八大行院（行宫）。也正是在这个时期出现了"燕京八景"，乃是把名胜景观与历史文化有机结合在一起的典范。

到了元代和明代，主要是对金代园林的继承。元大都的皇城，是以金代的人工园林——北苑太宁宫（今北海公园）为中心建造的，整个皇宫就是一座大园林。而蒙古统治者春天主要的狩猎场所——柳林行宫，也是以辽代的延芳淀为中心。就连每年度夏的元上都，也是金代的金莲川行宫。

比起辽金元各代的统治者，明朝统治者的活动范围显然要小得多，主要是在皇城西面的西苑（今北海公园）。只有明武宗曾经不顾大臣们的劝谏，偷偷跑到大同去玩了一圈，又以讨伐叛乱为名，到南方去玩了一圈。这种农耕文化所特有的封闭性，与此前的辽金元统治者和此后的清代统治者相比，表现得尤为突出。

清代是北京地区园林文化的大发展时期。清朝统治者不仅在西郊和南苑营建了一大批皇家园林，还在承德营建了颇具规模的避暑山庄和外八庙。这些园林显然还是不能够满足其游览的欲望，于是又有了多次帝王们巡幸江南、赏玩私家园林的故事。

除此之外，在北京营建的众多王府宅第中，也有着一些文化情趣十分高雅的王府花园。而诸多久居京城的士大夫们，在财力许可的条件下，也营建了一些著名的私家园林。这种皇家园林、王府园林和士大夫私家园林的组合，把北京地区的园林文化推到了一个前所未有的鼎盛阶段。当然，这种园林文化的繁盛乃是以整个社会的经济繁荣、政治稳定为基础的。

鸦片战争以后，清朝的国力日渐衰败，政治局势动荡不安，园林文化也随之日渐衰败。特别是帝国主义列强对北京的几次武装入侵，严重破坏了皇家园林的经典之作——圆明园，使之遭到了致命的毁坏，北京的园林文化也衰败到了极点。清朝灭亡以后，北京的园林文化仍然在不断衰败。军阀连年混战，日寇侵略日甚一日，抗战胜利后又爆发大规模内战，很少有人去顾及园林的兴衰，也很少有人不顾国家兴亡而去游山玩水。

直到新中国成立后，人民当家做主，不论是皇家园林，还是王府园林，抑或私家园林都回到了人民的手中。于是，这些大大小小的园林也都变成了公共文化设施——公园，如颐和园、北海公园、香山公园等等。人民政府还修复了一些古典园林，如圆明园、恭王府花园等，并且兴建了一些新的园林，如龙潭湖公园、朝阳公园、红领巾公园、八一湖公园等。这些新建的现代园林与修复的古典园林融为一体，交相辉映，成为当代北京的一道亮丽风景线。近年来，圆明园的修复工作得到社会各界的重视，政府又投入了大量人力物力，使修复工程有了很大进展，使文物保护和园林建设融为一体。

第一节 元代以前的园林风光

辽代以前，北京地区一直处于边防要塞的地位，在这种情况下，人们是没有条件也没有心情从事观光游览活动的。到了辽代，燕京成为契丹王朝的陪都，社会比较稳定，而辽朝统治者又喜欢游猎活动，于是，燕京城东南面的延芳淀就成为其较理想的游猎场所。

据《辽史》记载，延芳淀在燕京漷阴县，"延芳淀方数百里，春时鹅鹜所聚，夏秋多菱芡。国主春猎，卫士皆衣墨绿，各持连锤、鹰食、刺鹅锥，列水次，相去五七步。上风击鼓，惊鹅稍离水面。国主亲放海东青鹘擒之。鹅坠，恐鹘力不胜，在列者以佩锥刺鹅，急取其脑饲鹘。得头鹅者，例赏银绢"。其游猎场面十分壮观。

到了金代，金海陵王在营建金中都皇城之时，仿照北宋都城东京的模式，建造了北京历史上第一座皇家园林——西园（又称西苑）。据《金史》记载，"鱼藻池、瑶池殿位，贞元元年建。有神龙殿，又有观会亭"。到金世宗时又建造有北苑，"京城北离宫有太宁宫，大定十九年建，后更为寿宁，又更为寿安，明昌二年更为万宁宫"。

从海陵王到金世宗，金中都城内外兴建了4座皇家园林，分别称为东苑、西苑、南苑、北苑。西苑（又称同乐园）与皇宫之间的距离最近，宫殿建筑最多，也是金代帝王活动最频繁的皇家园林。其次是南苑（又称建春宫），每年重五节金代帝王都要在这里举行拜天、射柳、击球等活动，有时还在这里举行士兵操练。北苑（今北海公园，又称太宁宫）建成的时间较晚，但是金世宗与金章宗在这里的活动也很频繁。而金朝帝王在东苑的活动却很少，我们只是知道曾经有这座园林的存在。

在金中都的皇家园林里面，宫殿的数量之多，远远超过了辽南京，如位于南苑建春宫中的常武殿，据《金史》记载："有常武殿，为击球、习射之所。"贞元二年（1154年）九月，海陵王来到中都不久，"常武殿击鞠，令百姓纵观"。金世宗即位后，于大定三年（1163

年）五月，"上复御常武殿，赐宴击球。自是岁以为常"。又如，在西苑的琼林苑中，有瑶池殿、临芳殿、横翠殿等宫殿。在北苑太宁宫中，则有广寒殿，位于万岁山上。

也是在金代，人们开始对一些著名的历史遗迹和自然景观产生共识，并加以归纳，于是就有了"燕京八景"之说。这一说法，始于金章宗时期，一直延续到当代。据《大元一统志》的记载，这八景为太液秋波、琼岛春阴、居庸叠翠、玉泉垂虹、金台夕照、卢沟晓月、西山霁雪、蓟门飞雨。其中的太液秋波和琼岛春阴二景就是指人工园林西苑和北苑的景观。而玉泉垂虹则是自然风光与人工建筑的有机结合。垂虹是自然景观，而金朝统治者在玉泉山建有行宫，人在行宫之内，借着玉泉山的天然美景来观赏垂虹的奇特景观，正是中国古代园林艺术中借景方法的巧妙运用。

第二节　元大都的园林风光

到了元代，蒙古统治者虽然来到中原地区，但是对草原的思念一直不能忘怀，并且把这种情怀融入日常生活之中。其中，最主要的表现之一就是把宫殿建筑与园林建筑融为一体。如上文所述，元世祖在营建大都城的皇宫时是以金代的皇家园林太宁宫为中心的，帝王的正殿在太液池东侧，而皇太后及皇太子的宫殿在太液池西侧，这种格局是以往的都城建筑中所没有的。

在历史的传统观念中，皇宫与园林是两个不同的功能区，在建造时两者空间上是截然分开的，而在蒙古统治者建造宫殿、园囿时则是把这两者合而为一，这也是中国古代都城建设中唯一的一次融合。到了此后的明代和清代，统治者们又把皇宫与园林分开了。

我们如果把元大都作为全国的首都，那么元上都则是最重要的陪都。不仅如此，我们如果从园林文化的角度来看，元上都又是一座最大的行宫，其实也可以说是此后清代承德避暑山庄的滥觞。每年的春天，蒙古统治者从大都城前往上都城，而到了秋天再从上都城回到大都城。

蒙古统治者在上都城的主要活动就是游猎、宴饮，以释放其在大都城羁绊已久的草原情怀。而在大都地区，蒙古统治者也有两处这样的行宫，一处是柳林行宫，即辽代的延芳淀；另一处称为下马飞放泊，当是金代的南苑建春宫旧址，也都是游猎的主要场所。

每年春天在去上都之前，蒙古统治者都会率同百官、卫兵们到柳林行宫举行射猎活动。许多元朝的文人士大夫都曾作诗描述过这种场景，如元人张昱在其所作《辇下曲》102首中，即有两首这样的佳作，其一曰："旌旗千骑从储皇，诈柳行春出震方。祖宗马上得天下，弓矢斯张何可忘。"又一首曰："天朝习俗乐从禽，为按名鹰出柳阴。立马万夫齐指望，半空鹅影雪沈沈。"场面十分壮观。

元朝统治者在岁时的纵猎并不是简单的娱乐活动。在游乐的表象之下，还含有教导子孙后代不可荒废武功的深意。另一处射猎场所称下马飞放泊，下马乃是形容其距都城较近，才上马就到了。而飞放就是狩猎的意思，飞者为鹰，放者为犬，都是狩猎不可缺少的工具。

元朝统治者对园林及行宫的营建和维修工作十分重视，早在元世祖定都之前，就曾在至元元年（1264年）到至元三年（1266年）对琼华岛和万岁山进行过全面整修。到元代中期，蒙古帝王又在泰定四年（1327年）三月，专门派遣官员到江南地区搜寻奇花名木，这次共搜寻到珍奇花木870棵，并被种植到万岁山上。

万岁山上的主殿广寒殿是元世祖定都之前重新修建的，位于山顶，坐北朝南，1排7间，其建筑面积多达700余平方米，十分宽敞。在万岁山上还建有仁智殿、荷叶殿、介福殿、延和殿及金露亭、玉虹亭、瀛洲亭、方壶亭等建筑，掩映在苍松翠柏之间，宛如仙境。

在元代的大都地区，又有一些著名的私家园林，受到官僚士大夫们的赞誉。较为著称的，如汉族官员张九思的西园，少数民族官员廉希宪的廉园等。张九思的西园又被时人称为遂初堂或遂初亭，园中景色秀丽，为岁时官僚士大夫们聚会的场所，一直到明代还受到赞誉。据《明一统志》记载："遂初堂在府南，元詹事张九思别业，绕堂花竹水石之胜，甲于都城。九思常以休沐与公卿贤大夫觞咏于此，从容论说古今，以达于政理，非直为游乐也。"元代名士如王恽、赵孟𫖯、虞集等人皆曾在此聚会，吟诗赋词。

廉希宪的私家园林被时人称为廉园，又被称为万柳堂。园中花木之胜，为京城之冠。名士袁桷曾云："廉右丞园号为京城第一，名花几万本。"并作诗赞之曰："花飞竹外疑红袖，水度云间自玉琴。"（见《清容居士集》卷十）当时许多名士皆曾到此宴游，如张养浩曾在寒食节到此一游，并赋诗曰："花柳巧为鹦燕地，管弦遥递绮罗风。"（见《归田类稿》卷十九《寒食游廉园》）廉园到了清代已经废毁，时人仍称该地为花园村。

第三节　明北京的园林风光

到了明代，封建统治者在营建北京宫殿时，把皇宫与太液池分开来，以太液池为中心的皇家园林，被称为西苑，仍然是帝王们的主要娱乐场所。出于生活需要，明朝帝王们在西苑中新修建了许多亭台楼阁。明成祖在营建北京宫殿时，对于西苑无暇游览，只是在其中演武骑射。此后，在明英宗及明宪宗时，皆经常在此阅军卒、习骑射。

从明宣宗时开始，帝王游览西苑的次数越来越多，宣德八年（1433年），明宣宗命重修西苑，并御制《广寒殿记》，称琼华岛"其最高者为广寒殿，崇栋飞檐，金铺玉砌，重丹叠翠，五彩焕焉。轶云霞，纳日月，高明阊爽。而北枕居庸，东挹沧海，西挟太行，嵩岱并立手前，大河横带于中。俯视江淮，一目无际，寰中之胜概，天下之伟观，莫加于此矣"。及西苑修缮毕，明宣宗又亲侍母后登万岁山游览。

此后明英宗即位，于天顺四年（1460年）九月又兴建了一组宫殿群，"新作西苑殿、亭、轩、馆成。苑中旧有太液池，池上有蓬莱山，山巅有广寒殿，金所筑也。……上命即太液池东西作行殿三，……至是始成，上临幸，召文武大臣从之游赏竟日"。（见《明英宗实录》卷三百一十九）这次除了营建三座行殿（名曰凝和、迎翠、太素）之外，又建有六亭（名曰飞香、拥翠、澄波、岁寒、会景、映晖）、一轩（名曰远趣）及一馆（名曰保和）。

到明世宗时，于嘉靖十三年（1534年）六月建成一批宫殿，与原有的宫殿交相辉映。"西苑河东亭榭成，上亲定额名'天鹅房'，北曰'飞霭亭'，迎翠殿前曰'浮香亭'，宝月亭前曰'秋辉亭'，昭和殿前曰'澄渊亭'，后曰'趯台坡'，临漪亭前曰'水云榭'。"（见《明世宗实录》卷一百六十四）此外，明世宗还在西苑中建造有帝社坛帝稷坛、先蚕坛等设施。

值得一提的是因为明世宗尊崇道教，于是西苑就成为他修炼道教的主要活动场所，甚至几十年待在西苑，不去上朝。在这种情况下，大臣们为了便于奏事，也就在西苑中修建了办公场所，《明史》称："帝斋居西苑，侍臣直庐皆在苑中。"大臣严嵩为了获得宠信，"朝夕直西苑板房，未尝一归洗沐，帝益谓嵩勤"。当时大臣进讲经筵的场所，应该是在皇宫东侧的文华殿，这时也改到了西苑的无逸殿，"九月天，开西苑，宸居无逸殿，讲幄张筵"。到明世宗死后，明穆宗即位，才把帝王活动的主要场所搬回到皇宫中来。

在明朝诸帝王中，除了明武宗喜好出游之外，其他人很少对骑射活动感兴趣。因此，自辽代到元代都是统治者经常临幸的京城东南湿地到了明代已经很难见到帝王们的身影了。且不用说距离京城较远的潞州（今通州境内）柳林行宫了，就是被蒙古人认为下马即到的"飞放泊"南苑，也逐渐荒废了。在明代，这里仍然设置为皇家园林——南苑，管理也较为严格，帝王们也是到得越来越少了。

明穆宗曾于隆庆二年（1568年）三月到南苑一游，"上幸南苑。先是，左右有言南海子之胜者，上欣然欲观。是日，驾至则荒莽沮湿，宫馆不治，上亦悔之，遽命还跸"。（见《明穆宗实录》卷十八）乘兴而来，败兴而归。我们从这座皇家园林的盛衰亦可看出明代帝王尚武精神之泯灭。

明代北京私家园林的发展，延续了元大都的模式，在规模和文化内涵等方面都有了新的突破。这时的北京私家园林大致可分为4种类型，即皇亲国戚园林、达官显贵园林、文人雅士园林及本地士绅园林。其中，以皇亲国戚园林最为豪华，达官显贵园林也较为豪华，文人雅士园林名气较大，而本地士绅园林比以上3类略为逊色。

在明代北京的皇亲国戚园林中，以武清侯李伟的园林最为著名。李伟为明神宗的外公（俗称姥爷），特别喜好园林，故他在北京的园林多达3处。第一处是在钓鱼台，这里早在金代就是京城的一处名胜，据《帝京景物略》称："堤柳四垂，水四面，一渚中央，渚置一榭，水置一舟，沙汀鸟闲，曲房人邃，藤花一架，水紫一方，自万历初，为李皇亲墅。"

李伟的第二处园林在三里河,"亭如鸥,台如凫,楼如船,桥如鱼龙。历二水关,长廊数百间,鼓枻而入,东指双杨而趋诣,饭店也。西望偃如者,酒肆也。鼓而又西,典铺、饼炸铺也。园也,渔市城村致矣,园今土木未竟尔"。可见在明末崇祯年间这座园林仍在建造之中。

李伟的第三处园林在京城西北的海淀,称为清华园,最奢华。所谓"亭一望牡丹,石间之,芍药间之,濒于水则已。飞桥而汀,桥下金鲫,长者五尺,锦片片花影中,惊则火流,饵则霞起。汀而北,一望又荷蕖,望尽而山,剑铓螺矗,巧诡于山,假山也。维假山,则又自然真山也。山水之际,高楼斯起,楼之上斯台,平看香山,俯看玉泉,两高斯亲,峙若承睫"。到了此后的清代,这座京城第一私家园林被清朝统治者改建为皇家园林——畅春园。

作为达官显贵园林代表的是被封为英国公的张氏(即张玉及其后代)园林,有两处。一处在京城里面,系明朝统治者赏赐宅第的西侧,园中有楼有亭,有花木奇石,奇石上刻有元代文字,又有三株榆树形状最为怪异,据《帝京景物略》称:这里"左柯返右,右柯返左,各三四返,遂相攫挐,捺捺撇撇,如蝌蚪文,如钟鼎篆"。

张氏另一处园林在什刹海畔的银锭桥边,景色尤为秀丽,在园中"构一亭、一轩、一台耳。但坐一方,方望周毕,其内一周,二面海子,一面湖也,一面古木古寺,新园亭也"。这两处园林因皆在北京城里,故占地面积都不大,却都有独到的园林情趣。

文人雅士的私家园林则以曾任文职多年的吴宽的"亦乐园"及李东阳"西涯别业"为典型。吴宽的园林在崇文门一带,园中有海月庵、玉延亭、春草池、醉眠桥、冷淡泉及养鹤阑等胜迹。弘治二年(1489年),吴宽在园中修建玉延亭成,曾邀京中诸名士聚会赏菊,并请人绘有《海月庵冬日赏菊图》,时有名士王鏊在图上题诗云:"海月西来合有亭,亭中读《易》定康成。一时地势皆增胜,再到风光已隔生。"名士李东阳又曾为其作有《海月庵记》,述其得名之缘由:"为庵东向,尽圃之趣而未有名也。方与客夜游,见明月出东

海，缘空而上，启扉眺之，则轩窗几席之际皆月也，乃名其庵曰'海月'。"（见《怀麓堂集》卷三十一）

李东阳的园林在积水潭北岸，园中的景致各有名目，他曾作有《西涯杂咏十一首》诗，如"海子""响闸""慈恩寺""杨柳湾""钟鼓楼""广福观"等，皆为园林附近的景致，又如园中有一处景致为"饮马池"，当时名士倪岳曾作诗和之，诗前注曰："居人汲水饮马，因之乞钱。"其诗曰："汲水足饮马，索钱还济贫。可怜一掬地，于物复于人。"（见《青谿漫藁》卷九《西涯杂题十二首》）李东阳作为名重朝野的大学士，为了接济穷人，在园林中设有饮马池，汲水收钱，在当时确是难能可贵的表现。李东阳又曾在园中种有丝瓜，用以馈赠朋友中无子者，受赠者往往得子，一时也被传为佳话。

京城本地士绅的园林与上述3种园林的情趣是不同的，如当时名士程敏政所述及的城南梁氏园，"京师养花人联住小城南古辽城之麓，其中最盛曰'梁氏园'。园之牡丹、芍药几十亩，每花时，云锦布地，香苒苒闻里余，论者疑与古洛中无异"。（见《篁墩文集》卷二十八《梁园赏花诗引》）其壮观场面可想而知。

到了清代，梁氏园又被称为梁家园，《清一统志》称："梁家园在宛平县西南、宣武门东南旧城边，明时都人梁氏建亭榭，花木极一时之盛。今废。"明人刘定之又曾作有《游梁氏园记》一文，述其游历所见，被《春明梦余录》《畿辅通志》诸书所转载。清代梁氏园虽废毁，而当地民众种植花木的传统却一直延续到今天。

第四节 清北京的园林风光

到了清代，北京的园林文化有了巨大的发展。上至封建帝王，中至贵族宗王，下至文人士大夫，在整个统治阶层中掀起了一波又一波建造园林的高潮。其中，尤以封建帝王们的建造活动最为狂热，达到了中国历史上的最高点。清朝统治者与此前的辽金元时期的少数民族统治者一样，都十分喜爱狩猎活动，其主要目的，显然不是为了娱乐，而是崇尚武功。因此，就如同蒙古帝王每年要去上都度夏一样，清朝帝王也要每年去承德避暑山庄度夏，并在木兰围场举行大规模狩猎活动。而在北京城内外，清朝帝王营建的皇家园林却包含有更多的农耕文化的特色。

清朝帝王营建的皇家园林，多在京城西北一带，因为这一带的自然风光十分秀丽，有着建造园林的良好条件。在清代营建的皇家园林中，最著名的有以下几座：其一，畅春园。位于京城西北的海淀，曾是明代皇亲武清侯李伟的私家园林，清代初年，康熙帝在其旧址加以改建，据《光绪顺天府志》称："周方十余里，筑宫设篽，赐名'畅春园'，时奉孝庄文皇后、孝惠章皇后憩焉。政事几务即裁决其中。"遂成著名皇家园林。

这座园林分为3路。中路的主要建筑有九经三事殿及春晖堂，应是皇太后休憩之处。东路的主要建筑有淡宁居，"前殿为圣祖御门听政、选馆引见之所，后殿为高宗旧时读书之处"，又有渊鉴斋、藏拙斋、养愚堂、清溪书屋、藻思楼等建筑。西路有韵松轩，"雍正二年，高宗曾读书于此"；无逸斋，"康熙年间赐理密亲王居住，嗣移居西花园，遂为年幼皇子、皇孙读书之所"。此外尚有观澜榭、集凤轩、俯镜清流堂等建筑。

其二，圆明园，距畅春园500多米，原是雍正帝即位前的王府园林，始建于康熙四十八年（1709年），堪称中国古典园林与西洋园林相结合的典范。其中的建筑艺术精华，集中在"圆明园四十景"中。

其著名者有正大光明殿、九洲清晏殿、万方安和殿、月地云居殿、天然图画楼、上下天光楼、山高水长楼、碧桐书院、汇芳书院、四宜书屋等等。据《光绪顺天府志》称：山高水长楼，"其地为外藩朝正锡宴及平时侍卫较射之所，每岁灯节，则陈火戏于此"。

此外，在"圆明园四十景"中，又有园中之园、景中之景，如在多稼轩一处别院，院中又有"多稼轩十景"，又如围绕在"廓然大公"周边，形成了"廓然大公八景"。再如，以四宜书屋为中心，构成了安澜园一带的景观组合，被称为"安澜园十景"等等。在圆明园中，还有一处值得一提的地方即是文源阁，建于乾隆二十九年（1764年），是乾隆帝收藏《四库全书》的地方。这座精美的皇家园林在咸丰十年（1860年），不幸被英法联军烧毁。

其三，为清漪园，位于万寿山及昆明湖（旧称西湖）一带，始建于乾隆十五年（1750年）。园中的主要建筑景观有：勤政殿（后改称仁寿殿）、怡春堂（后改建为德和园，其中的大戏楼最有名）、玉澜堂、宜芸馆、慈福楼、宝云阁（号称"金殿"）、澄辉阁、听鹂馆、旷观斋、文昌阁、景明楼、藻鉴堂、畅观堂、惠山园（后改称谐趣园）、石舫（后改称清晏舫）、玉带桥、十七孔桥及长廊等等。

据《光绪顺天府志》称：乾隆帝在建造这座皇家园林之时，曾在万寿山前扩展西湖，"易名曰昆明湖。中设战船，仿福建、广东巡洋之制，香山健锐营弁兵于湖内按期水操"。就是这座曾经操练清军水师的皇家园林，在咸丰十年（1860年）被英法联军烧毁，而在光绪十四年（1888年），又被慈禧太后挪用海军经费加以重修，并改称颐和园。而重建的佛香阁、排云殿依恃山势，十分壮观。

其四，为静明园，位于京西玉泉山脚下，始建于康熙十九年（1680年），初称澄心园，后改称静明园。早在金代，这里曾经是著名的皇家行宫，"燕京八景"之一的玉泉垂虹就是指这里的景致。在静明园里，乾隆帝御制有"十六景"诗，把这座皇家园林中的美景加以概括，主要有廓然大公（在圆明园中也有同样名称的景致）、芙蓉晴照、玉泉趵突、圣因综绘、绣壁诗态、清凉禅窟、采香云径、峡雪琴音、玉峰塔影、风篁清听、裂帛湖光等等。

园中尤以玉泉山之水名闻天下，乾隆帝曾请人将天下名泉之水加以鉴定并品评，最终认定玉泉山的水最好。于是在山脚下的泉水边有御笔所书玉泉趵突碑，并御题"天下第一泉"，并以此取代玉泉垂虹一景。乾隆帝还撰写有《天下第一泉记》，以述其封玉泉为天下第一泉的缘由。

其五，为静宜园，位于京西香山，据《日下旧闻考》称：乾隆十年（1745年），"始廓香山之郛，薙榛莽，剔瓦砾，即旧行宫之基，葺垣筑室。佛殿琳宫，参错相望。而峰头岭腹凡可以占山川之秀，供揽结之奇者，为亭、为轩、为庐、为广、为舫室、为蜗寮，自四柱以至数楹，添置若干区"。（文中"为广"一词当为"为庵"之简写）由此可见，这座金代的皇家行宫，到了清代中期已经破败不堪了，为重建这座皇家园林，乾隆帝下了很大功夫。

在园林修好之后，乾隆帝御制有二十八景诗，其中又分为内垣二十景与外垣八景。这二十八景主要有勤政殿、丽瞩楼、虚朗斋、蟾蜍峰、听法松、来青轩、霞标蹬、玉乳泉、绚秋林、朝阳洞、玉华岫等等。这座皇家园林与前几座园林的不同之处是其天然景致占的比例较大，如蟾蜍峰、听法松、玉乳泉、朝阳洞、玉华岫等皆是。此外，乾隆帝又为"燕京八景"之一的西山晴雪在这里建了一座碑。

在清代，封建统治者为众多亲王在北京城里建造了十分豪华的王府，而在大多数的王府中又建造了或大或小的王府花园。清朝灭亡之后，这些住在王府中的贵族们破落，王府也随之逐渐变得破败不堪。时至今日，保存下来的王府已然不多，而能够保存较好的王府花园更是寥寥无几。其中，仅有恭王府花园尚保存较好，并且在进一步修缮中。

恭王府最初是乾隆年间的权臣和珅的宅第，建造得十分豪华。和珅被嘉庆帝严惩之后，这座宅第先后被赐给庆亲王和恭亲王，最后也就变成了恭王府。王府花园在王府的北面，园中的主要建筑有蝠殿、邀月台、大戏台及沁秋亭等，实际上，王府花园乃是皇家园林的一个缩影。

清代北京的士大夫园林数量比明代有所增多，其规模与情趣却大致相同，皆为官僚士大夫们平时休闲聚会的场所。如清代初年在北京颇有名气的祖氏园（又称祖园或是尺五庄），位于右安门外，为降清明朝大将祖大寿的园林，园中"一泓清池，茅檐数椽，水木明瑟，地颇雅洁，又名小有余芳，春夏间多为游人宴赏"。（见清人昭梿《啸亭杂录》卷九）特别是每年的春季，文人雅士往往出城郊游踏青，会饮赋诗，留下许多佳作。

如当时名士宋荦作有《游祖园杂诗》曰："园林晴日散芳菲，曲径藤梢欲冒衣。爱杀水亭风景好，蒲芽才吐燕双飞。"（见《西陂类稿》卷三）秋日亦有游园者，如名士魏裔介曾在康熙七年（1668年）重阳节于此饯别友人，并作诗曰："澄怀逢菊节，挈友上湖亭。曲爱花间度，山怜雨后青。闲云栖古堞，睡鸭隐深汀。暂挂江帆去，宁甘作客星。"（见《兼济堂文集》卷十九）

清代初年北京的另一处名园为怡园，系著名文士王崇简家的园林。他家的这座园林在南半截胡同，是著名园林建筑专家张然所建造的，时人称："水石之妙，有若天然。华亭张然所造也。然字陶庵，其父号南垣。以意创为假山，以营邱北苑大痴黄鹤画法为之。峰壑湍濑，曲折平远，经营惨澹，巧夺化工。南垣死，然继之。今瀛台、玉泉、畅春苑，皆其所布置也。"（见王士禛《居易录》卷上）由此可见，怡园的景致是经过精心建造的。

但是，这座园林很快就荒废了，"康熙间，相国王熙就七间楼遗址构怡园，中饶花木池台之胜。其听雨楼遗址则归查氏，诸名士文酒流连无虚日。不及百年，池塘平，高台摧，地则析为民居，鞠为茂草，仅余荒石数堆，供人家点缀。潼川会馆之石山，即东楼故物也"。（见徐珂编《清稗类钞·园林类》）

怡园虽废毁，而士大夫们郊游的兴致并未因此而中止。时人述其事曰："元廉希宪之万柳堂，赵参谋之匏瓜亭，栗院史之玩芳亭，张詹事之遂初堂，皆在左右，而遗迹渺然莫可考。今惟存王氏园亭废址，茂草中尚有花厅五架，清池一曲，游漾朱鳞。京朝官年年修禊于此，花圃皆有窖，冬月春花全放。"（见清人阮葵生《茶余客话》卷九）文中所云"王氏园亭"就是指怡园。

大学士张英曾游览此园，并赋诗曰："胜日园林爱探寻，多君载酒复携琴。凭临杰阁岚光满，偃息高斋树色深。花槛新添芳砌外，泉声旧落古藤阴。不辞夕照归偏晚，邱壑由来本素心。"（见《文端集》卷三十五）与他同游怡园诸人"载酒""携琴"，为一时之雅会。

清代初年，在京城西南一带又有名园称万柳堂，为大学士冯溥所建。该园始建于康熙六年（1667年），位于右安门外，初称为亦园。早在元代，名士廉希宪曾在其地建有万柳堂，故冯溥又沿用其名。当时名士朱彝尊为之专门撰写了《万柳堂记》："度隙地广三十亩，为园京城东南隅，聚土以为山，不必帖以石也，捎沟以为池，不必甃以砖也，短垣以缭之，骑者可望。即其中境转而益深，园无杂树，迤逦下上皆柳，故其堂曰'万柳之堂'。今文华殿大学士益都冯公取元野云廉公燕游旧地以名之也。"（见《曝书亭集》卷六十六）描述其景而追忆历史掌故。

名士毛奇龄也作有《万柳堂赋》，略述建园始末："垣之墼之，又偃而潴之。而封其所出之土以为之山，岩陁块曲，被以杂卉。构堂五楹，文阶碧砌，芄兰藓苔，菼蔓于地。其外则长林弥望，皆种杨柳，重行叠列，不止万树，因名之曰'万柳堂'。岁时假沐于其中，自王公卿士，下逮编户马医佣隶，并得游燕居处，不禁不拒，一若义堂之公人者。"（见《西河集》卷一百二十七）虽为私园，却有公园之风范。

这座园林建成之后就成为文人雅士聚会的场所，如当时名士施闰章就曾赴会并作诗曰："柳送春来又一年，帝城园近胜游偏。兰亭水榭依然在，兔苑风流自可传。曲槛故留云去懒，丛花不待雨催妍。西南解甲从觞咏，高处闲看万井烟。"（见《学余堂诗集》卷四十一）因其园中修有放生池，冯溥曾在浴佛日在此举办放生会，施闰章作诗以述其事。

这座园林也没有延续很久，"京师广渠门内万柳堂，为国初益都相国别业。康熙时，大科初开，四方名士待诏金马门者，恒燕集于此。后归仓场侍郎石文桂，旋施为寺，圣祖赐额为拈花禅寺"。（见清人陈康祺《郎潜纪闻初笔》卷八）清人又有评论云："京师园亭，自国初至今未废者，其万柳堂乎，然正藉拈花寺而存耳。此园冯益都相国临去赠与石都统天柱，石后改为拈花寺。当时诗人颇有讥之者，而不知石之见甚远。盖自古园亭，最难久立。子孙不肖，尺木不存。"（见震钧《天咫偶闻》卷六）园林被改为寺庙，在清代是不多见的。

与祖氏园、怡园、亦园地相近者还有寄园，为清代文士赵吉士的私家园林。时人曾对于这座园林进行过一番描述："寄园者，黄门赵公退食之园也，地非偏僻，境隔尘嚣，有台有亭，有桥有池，有山有林，有竹有石，裴晋公之绿野，李文饶之平泉，不是过也。四时之兴不穷，九州之客常集，看花玩月，饮酒赋诗，琴尊不辍，啸咏继之。知黄都京阙之外，别有清凉闲旷之地，只觉蓬莱方丈，主人不远，而一时从游者，亦胥忘其为何处也。夫居山林之下者，不问功名之事，而处朝廷之上者又少烟霞之趣。于是或仕或隐，各不相伴，而兼之者为难。"（见《寄园寄所寄》卷四）这种文士园林的文化内涵，在赵吉士的寄园中表现得淋漓尽致。

清代前期在北京西南地区曾经出现过一批较为著名的私家园林，但是，却又都很快荒废了。时人称："城南隙地，最多古园。国初尚存封氏园、刺梅园、王氏怡园、徐氏碧山堂、赵氏寄园、某氏众春园，皆昔日名流燕赏，骚客盘桓之所。今不过二百年，已如阿房、金谷，不可复问。而宣南士夫亦无复经营之力矣。"（见清人震钧《天咫偶闻》卷七）遗憾之情尽在无奈之中。

这些私家园林的荒废，有的是因为园林的主人在官场斗争中失败，家道由此衰落，故而园林随之荒废。也有的则是因为园林的主人是外地人，做官退休后回归故里，不再住在京城，故而其园林无人照管，日渐荒废了。总之，家运兴，园林兴；家运衰，园林败。随着时间的推移，许多私家园林的踪迹已经无处可寻，但给后人留下了些许文化记忆。

第五节　当代北京的园林风光

清朝灭亡后，许多皇家园林被改为公园，如颐和园在1924年被改为公园，西苑在1925年被改为公园，而静宜园和圆明园在新中国成立以后经过修缮，也被开辟为公园，还有的如静明园等，现在仍被国家机关所占用。在当代的北京，园林文化的发展进入了一个新的时期，一些古典园林变成了公园，如颐和园、北海公园、景山公园、香山公园等；一些坛庙也变成了公园，如中山公园、天坛公园、地坛公园、日坛公园等；还有更多的新建园林，包含了更加丰富的文化内涵，如位于朝阳区的朝阳公园、位于丰台区的世界公园、位于崇文区的龙潭湖公园、位于海淀区的中华民族园、位于石景山区的八角游乐园等等都是当代北京的园林精品，丰富了广大市民的精神生活。

此外，还有一些著名的古代建筑，如紫禁城（即故宫博物院）、明十三陵（即定陵博物馆等）、先农坛（即古建博物馆）、东岳庙（即民俗博物馆）、孔庙（即孔庙国子监博物馆）等等皆被改为博物馆，其所起到的文化及社会作用也是与园林相同的。

还有一些风景秀美的地方，如什刹海周围、八达岭长城、西郊八大处等，有的被改建为公园，有的虽然没被改为公园，却是人们经常游览的地方，同样具备了公园的功能。特别是在改革开放以来，许多远郊区县充分利用当地的自然风光优势，开辟了许多著名的游览景区，如房山的石花洞国家级重点风景名胜区、十渡的市级风景名胜区，延庆的龙庆峡、松山、古崖居市级风景名胜区，平谷的金海湖、大溶洞、大峡谷市级风景名胜区等等皆是北京发展当代园林文化的新典范。

第六章

寺观棋布诸神会
——北京的寺庙道观与其他宗教建筑

在中国古代，作为东方文化的典型特征，人们的宗教观念与西方是完全不同的。早在先秦时期，原始民间宗教信仰流行，这里就是一个多神的世界。到了汉唐时期，佛教与道教开始盛行，这两个宗教派别也都是西方称之为多神的偶像教，因此，在同一个城市中，佛教的寺庙和道教的道观是并存的。

伊斯兰教与基督教在中国的传播时间较晚，传播范围也有很大的局限性，这是与其自身所具有的文化特质密切相关的。由于这两种宗教的排他性十分强烈，故而许久也没有能够完全与中国的传统文化融为一体。因此，比起寺院与道观，清真寺与基督教堂的分布相对而言要少一些，其建筑规模也要小一些。这一点在北京地区的表现较为明显。

在中国古代，人们有着诸多信仰观念，其中的宗教信仰观念虽然比较淡薄，却在社会上产生着广泛的影响。例如，许多人在信仰佛教的同时，还会去信仰道教，对于这种现象应该如何理解，我们当然不能说这些民众没有宗教信仰，只能说他们的宗教信仰比较淡薄。也有很多民众是虔诚信仰佛教而排斥其他宗教的，反之，信仰道教而排斥其他宗教也是大有人在。与之相比，信仰伊斯兰教和基督宗教的民众的宗教信仰就比较专一，具有较强的排他性。这种宗教信仰的差异，与不同宗教的教义有着直接的关系。

在北京地区，宗教建筑的出现是与宗教发展的状况密切联系在一起的。不论是佛教、道教，还是伊斯兰教与基督教，其传入和发展的时间都较中原文化发达地区要晚一些。例如佛教的传入，按照传统的说法，其重要标志之一是汉代洛阳营建白马寺。而在北京地区，最早兴建的寺庙是晋代的嘉福寺（俗称潭柘寺）了。这种情况的出现，显然是与北京地区整体文化发展进程相对应的。在辽代以前，全国的文化中心在长安与洛阳，北京只是军事重镇，并没有文化发展上的优势，故而宗教的发展与宗教建筑的数量都远远不及文化发达地区。

辽代到金代的这段时期，由于辽金与两宋之间的军事对抗长期存在，文化的发展也受到严重阻隔。这时，北京地区是在辽金王朝的统治下，故而在宗教的发展上也与宋朝有所不同。契丹统治者对佛教的扶持力度是很大的，燕京又是辽朝文化最发达的城市，故而随着佛教的发展，寺庙的数量迅速增加。女真统治者对佛教的扶持力度也很大，寺庙数量的增长趋势更加明显。

当元朝攻灭南宋一统天下之后，北京成为全国的政治和文化中心，南北宗教发展的隔阂没有了，再加上蒙古族统治者对佛教的扶持力度又超过了契丹和女真的统治者，故而京城寺庙在数量不断增加的同时，其规模的宏大也远远超过了以往任何一个历史时期。

元代的京城成为真正的国际化大都会的同时，这里也变成了世界各主要宗教派别的汇聚地。不仅佛教、道教发展繁盛，寺庙、道观的数量迅速增加，而且伊斯兰教普遍传入中原地区，基督教也在京城有了较大发展。这种局面的出现，一是由于元朝统治者对各种不同宗教派别都采取一视同仁的政策，有利于各个宗教派别的顺利发展。二是由于少数民族民众及其文化的影响在不断加强，从而在社会上和宗教观念上产生了较大的作用。

到了明代，出于政治统治的需要，明朝统治者对少数民族文化采取了强力压制的政策，从而导致少数民族文化的影响迅速衰退，其在宗教文化上的反映就是伊斯兰教的社会影响越来越小，而基督教的踪迹几乎灭绝。这种宗教发展的明显变化，必然会在宗教建筑数量的增减、规模的大小等方面有所显示。与此同时，佛教和道教的发展势头依然很盛，明朝帝王尊崇道教，后妃及众多宦官笃信佛教，使得北京地区的寺庙与道观香火十分旺盛，也使得民间百姓的宗教活动十分活跃。

到了清代，中国的封建社会开始由极盛转向衰落，宗教的发展则是与之同步的。寺庙与道观的数量不断减少，僧侣、道众的生活日益艰辛。特别是从清末到民国年间，随着北京城市近代化步伐的加快，大量宗教场所皆被民众占据，改为学校等公共设施，对佛教和道教的打击是巨大的。

也正是在这个时期，随着西方列强军事侵略和经济掠夺的不断升级，文化侵略也在不断升级，其重要的标志之一就是基督教借助外国政治势力的庇护而有了较大的发展，信奉基督教的人越来越多，兴建的教堂数量也在增加。显然，宗教的兴衰不仅仅是一个文化问题，它包含的内容实在太丰富了。

第一节　北京的著名寺庙

　　北京地区寺庙的建造是与佛教在这里的传播密切联系在一起的。据《大元一统志》记载，最早建于幽州（今北京）城里的寺庙为奉福寺，"寺起于后魏孝文之世，为院百有二十区，后罹兵烬。唐贞观十年诏仍旧基加修葺，五季盗起，一炬无遗"。此后，辽金两代皆曾重建，特别是金章宗承安三年（1198年）重建之后，"取《华严经》所记一百二十贤圣名号，刻木而为之像，金彩涂饰，种种严好"。寺中又建有"五百罗汉洞廊，还绕于殿之左右"，成为每年四月八日京城百姓游观的主要场所。此后，一直到明代正统初年，该寺还曾被重修。

　　而最早建于幽州城外的寺庙当属潭柘寺。有关潭柘寺起源记载的文献，始见于明代刘侗、于奕正所著《帝京景物略》，该书写道："谚曰：'先有潭柘，后有幽州。'夫潭先柘，柘先寺，寺奚遽幽州论先？潭、柘则先焉矣。潭柘而寺之，寺莫先焉矣。"而有关该寺的典故却只能上溯到唐代的华严和尚衍公在此开山说法，有大、小青龙听佛法而得道。

　　此后辽金以来的记载陆续增多，如《大元一统志》记载："燕京之西有古刹，距城百里，泉石最幽处名曰'潭柘'。师讳从实，自湖南来，乃曹洞二代孙，辽太宗会同年间至。"这是有关辽代潭柘寺的典故。到了元代又有妙严公主在此拜佛手足印痕留在砖上的传说。到了清代，这里的香火尤为兴盛，清朝帝王多次到此憩息，并赐寺额为"岫云禅寺"。

　　在北朝时期，幽州城里还有一座著名寺庙，时称尉使君寺，该寺系由幽州刺史尉长命所建造的。寺名屡改，初称智泉寺，隋代改称普觉寺，唐代又称大云寺及龙兴寺，最后称为大延寿寺。寺宇亦屡毁屡修，至辽景宗时重修，规模已经十分壮观："建殿九间，复阁横廊，穷极伟丽。"此后，辽兴宗及金熙宗时皆曾被毁又再修，一直到金海陵王扩建中都城，占用该寺所在地建造宫殿，到金世宗时才又另择地改建该寺。寺中原有隋文帝时幽州刺史窦抗所建佛塔一座，用以贮藏佛舍利。可惜金世宗改建时已无遗迹可寻。

到了唐代，幽州城里最著名的寺庙首推悯忠寺（又作愍忠寺），与该寺有关的历史典故非常多。首先，寺庙的建造涉及3位唐代帝王。第一位是唐太宗，他在位时曾组织过大规模的远征辽东，在辽东损失惨重，回师后立誓要在幽州建造寺庙，祭奠阵亡将士。但是，这一愿望没有实现。第二位是唐高宗，他继续东征，并取得胜利，但是损失也很惨重，也发愿要在幽州建寺，也没有实现。第三位是女皇武则天，她为了完成两位先帝的遗愿，遂于万岁通天元年（696年）在幽州建造了一座大寺，即悯忠寺，悯忠就是纪念那些在东征时为国捐躯的将士们。

其次，悯忠寺还是一处高级别的使馆。在辽宋和金宋对峙时期，许多宋朝的使臣在出使辽上京及金上京时，路过幽州皆被安排在悯忠寺居住，有些宋朝使臣在记录出使行程的著作中，均提到了居住在悯忠寺的情景，而有些宋人的笔记中也多涉及寺中之事。

如宋人陆游在《老学庵笔记》中曾记载："肃王（赵）枢与沈元用同使金，馆于燕山悯忠寺。暇日无聊，同行寺中，偶有唐人碑，辞皆偶丽，凡二千余言。元用素强记，即朗诵一再，肃王不视，且听且行，若不经意。元用归，欲矜其敏，取纸追书之，不能记者阙之，凡阙十四字。书毕，肃王视之，即取笔尽补其所缺，无遗者，又改元用谬误四五处，置笔他语，略无矜色。元用骇服。"

再次，悯忠寺又是一处高档次的监狱。金朝初年，金兵大举南下，攻陷宋朝都城东京，将宋徽宗、宋钦宗俘虏，押送北上，路过燕京城时，宋钦宗就曾经被关押在悯忠寺。据宋人徐梦莘在《三朝北盟会编》中记载：天会五年（1127年）"七月初，渊圣至云中，驻驿燕山愍忠寺。朱皇后、太子祁至三郡王圣眷同处，侍帝侧，金人供奉如道君之礼"。文中所云"渊圣"就是指宋钦宗，"驻驿燕山愍忠寺"，就是被关押在悯忠寺内，一同被关押的还有朱皇后等宋朝的皇亲国戚。到了元朝初年，这里还曾关押过南宋名士谢枋得，因其拒绝为元朝政府效力，最后绝食而死。

最后，悯忠寺还曾在金代被用作考场。金世宗时，为了大力推广女真族文化，遂创行女真进士科举之制，不论是女真族民众，还是汉族或其他少数民族民众，皆可以用女真文参加考试，据《金史》称：大定十三年（1173年）"八月丁丑，策试进士于悯忠寺，夜半忽闻音乐声起东塔上，西达于宫。考官完颜蒲捏、李晏等以为文运始开，得贤之兆"。这种做法，对于推广女真族文化确实起到了积极作用。

悯忠寺在宗教方面的典故有几个也是值得一提的。一个是在唐代，唐武宗灭佛法，全国各地都受到极大影响，众多寺庙被强行拆毁，众多僧侣被强迫还俗，经唐武宗同意，全国仅保留了极少数的寺庙，而幽州的悯忠寺就是留存的少数寺庙之一。清代著名学者朱彝尊在《日下旧闻》中曾议及此事云："当武宗诏毁佛寺，地分三等，幽州等居上，许留僧二十人。寻又诏诸道，留二十人者减其半。故碑云：敕于封管八州内，寺留一所，僧限十人。"当时在幽州节度使管辖的八州之内，仅留的一所寺庙就是悯忠寺。

另一个是在辽代，辽圣宗时，"契丹主闻真宗崩，集蕃汉大臣举哀号恸，因谓其宰相吕德懋曰：'与南朝约为兄弟垂二十年，忽报登遐，吾虽少两岁，顾余生几何？'因复大恸。……乃设真宗灵御于范阳悯忠寺，建道场百日。下令国中，诸犯真宗讳，悉易之"。（见宋人李焘《续资治通鉴长编》卷九十八）由此可见，在辽代中期，辽宋之间的关系是十分融洽的。

还有一个是在金代，金太宗在攻陷北宋东京之后，曾将著名的旃檀佛像掠回燕京，即供奉在悯忠寺中。该珍贵佛像"始自西域东至凉州十四年，至长安一十七年，至江左百七十三年，至淮南三百一十七年。复至江南二十一年，北至汴京百七十六年。自宋高宗绍兴元年辛亥，金太宗迎至燕京，建水陆会，安置于悯忠寺十二年"。（见元人程钜夫《旃檀佛像记》）由此可见悯忠寺在金代佛教界有着举足轻重的地位。

此外还有一个是在元代初年，佛教界与道教界发生激烈冲突，经过元朝统治者裁定，佛教获胜。于是，"圣旨就大都大悯忠寺焚烧《道藏》伪经，除《道德经》外，尽行烧毁。遂命大都报恩禅寺林泉伦长老下火，谢恩毕，拈香云：'佛心天子悯众生，恐堕三途邪见坑。个里了无偏党处，就中朱紫要分明'"。（见元释念常《佛祖历代通载》卷二十二）当时参加在悯忠寺焚毁《道藏》仪式的，除了许多著名的僧侣之外，还有道教全真派、正一派、真大派、太一派等各派的领袖人物。

悯忠寺在明英宗时曾加以重修，并敕改其名为崇福寺。到了清代，清世宗重修后又改名为法源寺，并在寺中设立戒坛，又写有《御制法源寺碑文》称："朕惟如来演说经、律、论三藏，而律居其一。又说戒、定、慧三学，而戒居其先。亦如宗门有衣钵之传焉。"把戒律作为佛法的源头，故而命名该寺为法源寺。这座寺庙自唐代创建，迄今已有1400余年的历史，现在仍然是北京地区最重要的佛教活动场所之一。

在唐代的幽州城里，著名的寺庙还有仙露寺与归义寺等。据《大元一统志》记载，仙露寺始建于唐高宗乾封元年（666年），此后在唐代和辽代皆曾重修。到了金代初年，金兵攻陷汴京，把大批宋朝宗室一同押送到燕京，被关押在仙露寺里的多达1800余人，由此可见仙露寺的建筑规模是很大的。此后不到一年，这些俘虏就死了约1500人，仅余300余人。归义寺建于天宝年间，系由叛将史思明一度归降唐朝中央政府而建。该寺在辽代也是燕京著名的寺庙之一，寺中住持高僧守臻曾经受到契丹统治者的尊崇。

在唐代的幽州城外值得一提的当属云居寺。该寺为隋唐之际的幽州高僧静琬所建造。静琬为了预防封建统治者再次采取大规模灭佛的行动，保存佛教典籍，遂选中了幽州西面的白带山，在此刊刻石佛经。从隋代的大业年间到唐代的贞观年间，刻经工程颇见成效。于是，贞观五年（631年），静琬乃在白带山麓建造了云居寺，继续开展刊刻石佛经的工程。仅隋唐300年间，云居寺的僧人与政府官员及信奉佛教的民众就刊刻了佛经100余部、经石4000余块。此后，从辽代一直到明代，这项工程虽时断时续，但留下了一大批珍贵的佛教石经，被后人誉为"北京的敦煌"。

到了辽代，契丹统治者对佛教的信奉十分虔诚，在燕京城里又新建了一些著名寺庙，如大开泰寺、大昊天寺，以及竹林寺等。据相关文献记载，大开泰寺为契丹贵族魏王耶律汉宁所建造，初称圣寿寺，到开泰六年（1017年），辽圣宗临幸该寺，遂改赐寺名为开泰寺，因系由契丹贵族宅第改建，故而规模十分宏大，"殿宇楼观，雄壮冠于全燕"。辽朝统治者曾因寺中铸造银佛像成，而下令赦免京城囚犯。此后的金代和元代，该寺皆在京城佛教界占有较为重要的地位，而到了明代初年却毁废无存了。

大昊天寺建于辽道宗清宁五年（1059年），为契丹贵族秦越国大长公主施舍其在燕京的宅第改建的，规模也极为壮观。据《大元一统志》记载：新建的昊天寺"栋宇廊庑，亭槛轩牖，薨檐拱桶，栏檐栎栌，皆饰之以丹青，间之以瑶碧，金绳离其道，珠网罩其空。缥瓦鸳翔，修梁虹亘"。辽道宗亲自为该寺题写了寺额以及碑文。金代初年，金兵攻陷汴京，宋徽宗被押送到燕京之后，就曾被关押在大昊天寺。到了元代，蒙古统治者曾在寺中举办大规模的法会。到了清代，大昊天寺所在之地已经废为农田了。

竹林寺的建造时间略晚于大昊天寺，是在清宁八年（1062年）由宋楚国大长公主以其在燕京的宅第改建的。在现存文献中未见对该寺院规模大小的记载，但是应该与大昊天寺不相上下。其一，该寺在金代初年曾经作为科举考试的考场，考生多达数百人。此后一直到金朝末年，竹林寺都是科举考场。

其二，到了元明时期，这里成为民众岁时游玩的胜迹，与旧南城的黄金台、云仙台、悯忠寺阁、金故宫寿安殿、铁牛庙、长春宫、龙头观等并称。元代诗人乃贤在京城游览时，曾作有《竹林寺》一诗，诗前注曰"金熙宗驸马宫也，寺僧云：一塔无影"。这种说法显然是传言，从辽代到明代这里一直是寺庙，没有被金朝统治者赐给驸马作为宅第。该寺在明代中期还曾重修，并被改名为法林寺，其规模已经不及辽金时期的宏大。

到了金代，女真族统治者对佛教依然十分信奉，故在都城内外新建有大圣安寺（即大延圣寺）、大庆寿寺及香山大永安寺等庙宇。金朝初期的天会年间，女真族统治者在燕京城里建造了一座新的寺庙，称大延圣寺，用以安置从南面北上的高僧佛觉大师琼公和晦堂大师俊公。到了金世宗时，又出资重新修建，所建寺庙主殿"崇五仞，广十筵，轮奂之美，为都城冠"。金世宗并改赐其名为大圣安寺。

大定年间，金世宗又在中都城东北面建造了一座规模更加宏大的寺庙，赐名为大庆寿寺。元人述其寺中有圣容殿，"今圣容殿内有泗州大圣志公和尚、赵担水、贺屠、张化主，并系金四太子取到一处，名其堂曰'圣容堂'"。（见《析津志》）文中"金四太子"即指历史小说中岳家军的死对头金兀术，历史上确有其人，而且是伐宋的主战派。到了明代初年，时人述其寺中又增加了许多元代的艺术珍品，"其间多金元时碑刻及金人画壁，元商德符山水、李衎墨竹、刘伯熙古木皆在焉"。（见《（北平）图经志书》）寺中又有为海云及可庵两位高僧建造的佛塔，也很著名，故而该寺又称双塔寺。可惜该寺今已不存。

大永安寺与大庆寿寺同时建造，位于京西的香山，是由原来山上的两座寺庙合建而成，山上的寺庙原称香山寺，山下的寺庙原称安集寺，大定二十六年（1186年）竣工后，金世宗赐名为大永安寺。该寺依山而建，规模宏大、气势壮伟，又远非城里的寺庙可比。据《大元一统志》称：山上的寺院建有大阁及翠华殿，"复道相属，阻以栏槛"。山下的寺院气派更大，"千楹林立，万瓦鳞次"。金世宗又赐给农田2000亩、栗树7000棵、钱2万贯作为寺里的日常经费。

到了元代，蒙古统治者对佛教的尊崇达到了前所未有的程度，几乎每个新即位的帝王都要建造1～2座寺庙，甚至更多。如元世祖时建造的大护国仁王寺及大圣寿万安寺、元成宗时建造的大天寿万宁寺、元武宗时建造的大崇恩福元寺、元仁宗时建造的大承华普庆寺、元英宗时建造的大永福寺及大昭孝寺、元文宗时建造的大承天护圣寺、元顺帝时建造的大寿元忠国寺等等。这些帝王敕建的寺庙规模之宏大，装修之侈丽，费用之充足，影响之广泛，皆非此前任何一个朝代所能与之相比的。

例如，由元世祖创建的大圣寿万安寺（俗称白塔寺），始建于至元九年（1272年），到至元二十五年（1288年）才完成，历时16年，据《元史》称："万安寺成，佛像及窗壁皆金饰之，凡费金五百四十两有奇、水银二百四十斤。"特别是寺中由著名尼泊尔工匠阿尼哥主持建造的藏式佛教大白塔，高耸入云，十分壮丽，成为当时京城的标志性建筑。

该寺庙的规模宏大，堪称京师第一，几乎与新建的皇宫相同，故而每年元旦（即今天的春节）举行大规模庆典活动之前，政府安排百官要在寺中预先进行排练，史称习仪，"此寺旧名白塔，自世祖以来，为百官习仪之所，其殿陛阑楯一如内庭之制"。文中的"内庭"即指皇宫。

除此之外，许多重要的佛事活动也往往是在这里举行。据《元史》记载：至元二十六年（1289年），大圣寿万安寺刚刚建成，元世祖即"幸大圣寿万安寺，置旃檀佛像，命帝师及西僧作佛事坐静二十会"。此后，元世祖又将从西域传入中国的旃檀佛像安放在寺中，表明该寺在元朝佛教界占有至高无上的地位。

元武宗即位后，又在大都城建造大崇恩福元寺，亦属政府行为，寺中建有庙宇500多间，"玉石为台，黄金为趺，塑三世佛。后殿五佛，皆范金为席，台及趺与前殿一。诸天之神列塑诸虎，皆作梵像，变相诡形，怵心骇目"。（见元人姚燧《牧庵集》卷十《崇恩福元寺碑》）元武宗在位仅4年，该寺尚未建成就已病故，又由元仁宗继续进行建寺工程。

类似的情况又出现在至治年间，是时元英宗即位，兴建大寿安山寺（今京西卧佛寺），工程浩大，需开山凿石，所役军卒、民夫多达万余人，所费钱钞多达千万贯，故而遭到许多政府官员的反对，元英宗对这些反对者采取了严厉的镇压手段，将谏阻的御史观音保等人杀的杀，流放的流放。但是，元英宗在该寺还没有建成时就因蒙古贵族的叛乱被杀。一直到元文宗即位后，才又继续建造该寺。

到了明代，除了帝王尊崇佛教之外，最有政治势力的宦官们成为北京城内外建造寺庙最多的群体。由他们建造的寺庙在佛教界的影响也很大。如明英宗时由大宦官王振建造的智化寺，明代宗时由大宦官兴安建造的真空寺，明宪宗时由大宦官夏时建造的成寿寺，明武宗时由大宦官张雄建造的大慧寺等。

建于正统年间的智化寺，后人云："智化寺，在禄米仓胡同，为明王振舍宅所建。极宏丽，今已半颓矣。殿宇极多，像塑尚出明代。西殿为转轮藏，别无佛像，亦它寺所无。万佛阁规模巨丽，碑述振事极详。"（见清人震钧《天咫偶闻》卷三）王振死后，明英宗曾在寺中设旌忠祠，用以祭祀王振。至清代乾隆年间，御史沈廷芳奏毁祠祀，而佛教香火仍不绝。今寺中所传的佛教音乐具有极高的艺术价值，而所存转轮藏亦为佛教界极为珍贵的文物。

在明代的后妃中，也有许多笃信佛法者，她们也曾出资兴建寺庙，其中，最著称者当属明神宗之母宣文皇太后，她在万历四年（1576年）于阜外八里庄建造慈寿寺，到万历二十一年（1593年），又在西直门外建造慈恩寺。据当时宰相张居正撰写的慈寿寺碑文道：该寺"外为山门天王殿，左右列钟鼓楼，内为永安万寿塔，中为延寿宝殿，后为宁安阁，旁为伽蓝、祖师、大士、地藏四殿，缭以画廊百楹，禅室方丈十有三所，又赐园一区，庄田三十顷，安食其众，以老僧觉淳主之，中官王臣等典管领焉"。时人又称该寺"殿宇壮丽，僧房罗列，一塔耸出云汉。四壁金刚，像如生，可畏。至今想之，隐隐眉睫间，如西天龙华境界"。（见明人朱国祯《涌幢小品》卷二十八）寺中佛塔今尚存，塔身上的砖雕极为精美，现为北京市文物保护单位。慈恩寺的规模略同于慈寿寺，皆为明代北京的著名寺庙。

除了中土佛教十分盛行，藏传佛教在北京的影响同样很大。如明成祖在京城西郊建造的真觉寺（俗称五塔寺），直到明宪宗时才完工。永乐十一年（1413年），藏僧大板的达国师向明成祖进贡金佛像五尊，成祖遂建真觉寺以供其居住，并拟在寺中建造佛塔。这项建塔工程一直未能完成，到成化年间，明宪宗遂续成其事，据《帝京景物略》称："诏寺准中印度式，建宝座，累石台五丈。……顶平为台，列塔五，各二丈。塔刻梵像、梵字、梵宝、梵华。"这种印度样式的佛塔在北京地区极为少见，遂成为后人岁时游览的一处胜迹。

到了清代，满族统治者充分认识到佛教的政治作用和社会影响，于是在皇家的园林中建造有寺庙，如位于西苑的大永安寺与大阐福寺、西天梵境，位于南苑的德寿寺与永慕寺，位于静宜园的宗镜太昭之庙（俗称昭庙），位于畅春园的永宁寺、圣化寺及恩佑寺、恩慕寺，位于静明园的圣缘寺、妙喜寺、香严寺、妙高寺等，以及位于清漪园中的大报恩延寿寺、善现寺、云会寺等等。

位于西苑的大阐福寺建于乾隆十一年（1746年），主殿中造有五丈高的大佛像，主殿后面的万佛楼也很宏伟，其他建筑则有宝积楼、澄性堂、镜藻轩等。万佛楼建成之后，王公大臣们皆进献有精致佛像，数以万计，安放在楼中，可惜在清朝末年被入侵的西方列强劫掠一空。

毗邻阐福寺的西天梵境规模也极宏伟，寺中的大慈真如宝殿，"殿之楹柱枅桷，皆用楠木，地皆砌文石，方约二尺，富丽雄伟，为颐和园所无。殿内有铜塔二，高约二丈。殿之正面有大佛三尊，东西有十八罗汉，而东侧罗汉则短"。（见徐珂编《清稗类钞·宫苑类》）皆为十分珍贵的佛教文物。

特别值得一提的是乾隆年间建于清漪园（今颐和园）万寿山上的大报恩延寿寺，依山而建，气势恢宏，"前为天王殿，为钟鼓楼。内为大雄宝殿，后为多宝殿，为佛香阁，又后为智慧海"。（见《清漪园册》）寺西又有一组佛像建筑，"罗汉堂为门三：南曰华严真谛，东曰生欢喜心，西曰法界清微。堂内分甲乙十道，塑阿罗汉五百尊。东门内曰祇树园、曰狮子窟、曰须夜摩洞。转而南为阿迦桥，稍南曰阿楼那崖、曰徙多桥。桥上曰弥楼、曰摩偷地、曰砥柱、曰摩诃窝。上曰兜率陀崖、曰功德池、曰旃檀林。再上曰须弥顶、曰善现城、曰金田、曰陀罗峰、曰鸡园、曰鹿苑。中为室。罗筏雷音殿北曰耆阇崛，旁曰舍利塔、曰蜂台、曰毗诃罗桥。南曰露山、曰香岩，西曰信度桥。诸额皆御书"。(见《日下旧闻考》卷八十四)其中,尤以五百罗汉像最为珍贵。

在清代,藏传佛教的影响变得越来越大,故而在北京城内外又新建了一些著名的藏传佛教寺庙,如有雍和宫、西黄寺与东黄寺、嵩祝寺、玛哈噶喇庙、实胜寺等等。

雍和宫是北京地区最著名的藏传佛教寺庙,最初是清世宗即位前的王府,到清高宗即位后改为寺庙。该寺的主体建筑为六进院落,第一进院为天王殿,供奉四大天王与布袋和尚;第二进院为正殿,供奉三世佛及十八罗汉;第三进院为永佑殿,供奉无量寿佛、药师佛与狮吼佛;第四进院为法轮殿,供奉宗喀巴大师铜像,并设有讲经台;第五进院为万福阁,供奉有高达18米的白檀木佛像,系由整棵白檀木雕成。第六进院为绥成楼,供奉藏传佛教的各式佛像。寺中还有讲经殿、密宗殿、数学殿、药师殿、戒台楼、班禅楼等寺宇,以供僧侣们从事各项活动。

清代在北京的另一处藏传佛教寺庙嵩祝寺,寺宇分为三路、五进院落,其大殿及后佛楼的匾额皆为乾隆帝御书,大殿匾额曰"妙明宗镜",后佛楼匾额曰"慧灯普照"。当时京城百姓对章嘉活佛十分尊崇,"每元旦入朝,黄幌车所过,争以手帕铺于道,伺其轮压而过,则以为有福"。(见清人赵翼《檐曝杂记》)

此外,京城北面的双黄寺在藏传佛教中的地位也是极为显赫。"东黄寺在安定门外镶黄旗教场北,顺治八年敕就普净禅林兴建,有圣祖御书及碑记。……西黄寺在东黄寺西,雍正元年建,有世宗御书联额并御制碑。"(见清人吴长元《宸垣识略》卷十二)东黄寺系为达赖喇嘛入京朝见所建。

清时在寺旁修建藏式佛塔一座,称为清静化城之塔。时人称:"其塔以白石为之,璀璨晶莹,无复堆砌之迹。上以鍮石镂为金花,远望殆如海上三山,金银宫阙。每朝阳初晃,夕阳斜射,夺霞光于南海,映岚翠于西山。诚哉!其为清净域也。"(见清人震钧《天咫偶闻》)该塔今为全国重点文物保护单位。

第二节　北京的著名道观

与寺庙相比，北京地区著名道观不论从建造数量，还是建造时间等各方面来看都有着较大的差距，特别是目前所存历史文献的记载就显得更加缺乏。唐代以前有关北京地区的道观资料未见记载，唐代的记载也很少，此后的辽代未见记载，直到金代后期才又开始出现。

从元代开始，相关道观的记载才逐渐多了起来。这种状况是与道教在北京地区发展的程度相一致的，特别是与道教全真派的崛起及发展有着密切关系。到了明清时期，历史文献越来越多，对道教宫观的记载也更多一些，然而与寺庙相比也还是有着较大差距的。

北京地区创建最早的道观为天长观。据《大元一统志》记载，该道观始建于唐玄宗开元年间，到唐懿宗咸通七年（866年）重修，其规模如何，却不得而知。到了辽代，一度废毁，金世宗大定初年重加修建，到金章宗泰和二年（1202年）再度被焚毁。一直到大蒙古国攻占金中都之后才又加以修建，"层檐峻宇，金碧烂然。方丈庐室，舍馆厨库，焕然一新"。这时的天长观大致上是按照金世宗时的规模重建的。

在金代，天长观乃是金中都最宏大的道观之一。据金人郑子聃对天长观的描述可知，天长观的大门称为玉虚门，门内为虚皇醮坛，坛后为正殿玉虚殿，供奉道教的三清神像。玉虚殿后为通明阁及延庆殿。正殿东侧为澄神殿及钟楼、灵音阁、大明阁、五岳殿等建筑；正殿西侧则有生真殿及飞玄阁、清辉阁、四渎殿等建筑。另外在天长观中还有"洞房两庑及方丈凡百六十楹有奇"。这座壮丽的道观今已废毁无存了。

在金中都城里还有一座著名道观玉虚观。该道观的地位及影响与天长观不相上下，故而其殿阁的规模也应该与天长观大致相同。据《大元一统志》记载，在该道观中曾设置有女真贵族完颜宗弼的祠堂。完颜宗弼在金代初年曾经多次主持攻伐南宋的军事行动，长期驻扎在燕京，故而玉虚观很有可能就是由完颜宗弼的宅第改建为道观的。

在金代还有两座道观较为著名，一座是玄真观，在中都城中的奉先坊内，建于金世宗大定年间，到明昌年间金章宗赐以观名。另一座则是太极宫，这座道观与全真教的领袖人物丘处机有着密切联系。

太极宫是在金章宗泰和三年（1203年）建造的，是因为天长观遭到焚毁而建造的。此后，太极宫就成为金中都城最重要的道教活动场所之一。后更名为长春宫。

这座道观的规模与已经焚毁的天长观相比，有过之而无不及。当丘处机以此为道教活动中心，道观的香火就很兴旺。及丘处机死后，全真教的道士们为其在长春宫旁又建有停灵之所，也就是后来的白云观。不知何故长春宫颓败了，而白云观兴旺起来，后人遂把白云观与长春宫混为一谈。

金元之际是北京地区道教发展的黄金时期。金朝末年，北方道教的几个主要派别的领袖人物皆曾被召到京城从事道教活动，而大蒙古国崛起之后，元太祖铁木真对全真教的领袖人物丘处机又特别尊崇，故而使该教派以燕京为中心，有了极大发展，相继建立了许多道观，仅见于《大元一统志》记载的，即有长春宫、丹阳观、天长观、洞真观、兴真观、崇元观、玉阳观、洞神观、真元观、龙祥观、清逸观、宁真观、寓真观、静远观、玉华观、玉真观等几十座道观。

而其他几个道教派别，也相继建立了重要的活动场所，如真大道所创立的天宝宫、太一教所创立的太一广福万寿宫等。及元世祖攻灭南宋，江南龙虎山的正一教北上京城，元朝统治者又为其创建有崇真万寿宫，作为这一教派从事道教活动的主要场所。

长春宫是元代全真教最重要的活动场所，因为丘处机就是在这里传教并逝世的，故而也就有许多建筑与这位丘神仙有关。到了明代，经过多次重修及增建，于正统年间正式改名为白云观。据明代大臣胡濙所撰写的碑记称："洪武二十七年，太宗文皇帝居潜邸时，重建前后二殿、廊庑、库厨及道侣藏修之所。宣德三年，太监刘顺建三清殿。正统三年，道士倪正道募建玉皇阁。正统五年，复建处顺堂，以奉长春。正统八年，建衍庆殿于玉皇阁之前，重修四帅殿及山门，建灵星门于外，缭以周垣，植以嘉木，兹观至是始大，视旧有加云"。据此可知，我们今天见到的白云观的主体建筑都是明代重修的。

作为真大道活动中心的天宝宫，始建于元太祖二十二年（1227年），这一年正是元太祖与丘处机逝世的时间。真大道弟子们在燕京旧城开阳坊买地建造道观，到了至元八年（1271年）加以扩建，颇具规模，"金碧辉煌，高出霄汉。而又建层坛于中央，敞三门于离位"。（见《大元一统志》卷一）两年以后，元世祖赐额为"天宝宫"。

在元代，天宝宫不仅是道教举行宗教活动的场所，而且也是文人学士聚会品茶赋诗的地方。如当时名士马祖常曾写诗曰："玄关松桂深，长昼客来寻。抚石云生手，弄泉风满襟。鹤巢连屋角，蜗迹上碑阴。须信祠官美，烹茶更鼓琴。"（见《石田文集》卷二）由此可知，天宝宫里不仅有殿有坛，还有松桂，有泉石，有茶有琴有古碑，景色优雅。但是，随着真大道的日趋衰落，到了明代，这座道观已经废毁无存了。

太一广福万寿宫是太一教活动的主要场所，该教派也是兴起于金朝中后期，大蒙古国崛起后该教派第4代传人得到元世祖忽必烈赏识，开始参与宫廷宗教活动。至元十一年（1274年），元世祖在燕京城奉先坊为其建造了太一广福万寿宫，"中建斋坛，继太保刘秉忠禋六十神将，岁给道众粟帛有差"。（见《秋涧集》卷四十七）该道观的建筑规模今已不详，仅知有正殿、祭坛及东西配殿、方丈室等。此后，随着江南龙虎山正一教北上京城，该教派遂与正一教融合在一起，而这座道观到了明代也已经废毁无存了。

崇真万寿宫始建于至元十四年（1277年），为元世祖在大都新城蓬莱坊赐地所建。因正一教的领袖人物号称天师，故而该教又被称为天师道，京城百姓遂称崇真万寿宫为天师庵。

元朝统一江南后，曾召该教嗣教天师张宗演入京，及张宗演重返江西龙虎山，遂命其弟子张留孙长驻京城，主持该教派的道教活动。由于元世祖对该教派十分尊崇，故而在元大都和元上都皆创建有崇真万寿宫，作为江南龙虎山正一教的活动中心。

在元代，许多重要的道教活动都是在这里举行的。而该教派留在都城的领袖人物如张留孙、吴全节等人，皆曾受到元朝统治者的尊崇。该道观的格局今已不详，但是据历史文献显示，其规模是极为宏大的。观中曾种有大片松林，元代道士郑守仁从天台入京，即"寓蓬莱坊之崇真宫，不事干谒，斋居万松间。一夕大雪填门，公读书僵卧自若，京师号为独冷先生"。（见《草堂雅集》卷十）

到了明代初年，该道观已经废毁，被改为草场，称天师庵草场，明人曾云："天师庵草场，在皇城外东北角，正统年间，以张天师旧处改建，故名。"（见《明宫史》卷二）由此可见，在明代，帝王们对正一教的崇信程度已经远远不如元代了。

崇真万寿宫虽然废毁无存了，但是正一派道士们在北京朝阳门外建造的另一处道观——东岳庙却一直保留到了今天。元仁宗时，被封为玄教大宗师的张留孙在齐化门（今朝阳门）外买了一块地，准备建造一座东岳庙，还未施工就逝世了，其嗣教真人吴全节得到元朝统治者的大力支持，得以把张留孙的遗愿付诸实施。

元英宗至治二年（1322年），这座道观开始建造，主体规模基本完成，前为大殿，殿前有露台。翌年建东西庑殿，又建四子殿。泰定二年（1325年），蒙古贵族又助建昭德殿，并在殿中塑有东岳大帝神像。此后的明清时期，封建帝王又多次对这座道观加以修补。

在明代，帝王对道教仍然加以尊崇，特别是在明代中期，明世宗由外藩入即皇位，对于道教的尊崇达到了极端的程度。在明代初年，道教的活动中心是在南京，明成祖夺得皇权并且定都北京之后，道教的活动中心才逐渐转移到北京。而北京的道教宫观，有的是前朝遗留下来的，如白云观、东岳庙等；有的则是新建的，如灵济宫、显灵宫、朝天宫等。

灵济宫始建于永乐十五年（1417年），是出于一个偶然的原因。这一年，明成祖患病，遍请名医治疗皆不见效，于是有人提出应该祈求神灵，果然见效，明成祖遂命在京城建造洪恩灵济宫，并加封神灵为金阙真人和玉阙真人。明英宗正统年间加以重修，明宪宗时又加封尊号。这座道观规模颇大，中间正殿供奉两位真君神像，东配殿称无极殿，供奉二神的父母塑像；西配殿称通灵殿，供奉二神的仙妃像。

显灵宫也是在永乐年间建造的。最初是由道士周思德始建，称天将庙，庙中有祖师殿，以供奉萨哩及王灵官二神。据传明成祖曾得到一尊王灵官的藤像，"每载之军中，有祷辄验。及金河川，舁不可动"。（见朱彝尊《明诗综》卷五十四）因此而周道士得以在京城为之建造道观。明宣宗时改名为大德观，明宪宗时又加以扩建，新建有弥罗阁（又被时人称为玉皇阁），并赐道观名为大德显灵宫。到明世宗时复加以扩建，新建有昊极通明殿、东辅萨君殿、西弼王帅殿等建筑。

当时显灵宫中的高阁与古柏最为著称，高阁为每年九月九日重阳节百姓登高的场所，明人余继登曾作有重阳登显灵宫玉皇阁诗，诗曰："玉皇高阁俯人寰，画栋丹梯静可攀。双阙参差连汉殿，千峰迢递接燕关。楼头秋色当杯坠，槛外晴云入座闲。松菊故园何处是，萧条三径未能还。"（见《淡然轩集》卷八）古柏则因曾遭雷击而形象古怪，遂得到更多人的观赏。"公安袁宏道尝谓戒坛老松、显灵宫柏、城南柰子，可称卉木中三绝云。"（见《长安客话》）

朝天宫建造的时间略晚于灵济宫与显灵宫，是明宣宗时仿照南京朝天宫的模式建造的，主殿为三清殿及通明殿，三清殿供奉三清神像，通明殿供奉上帝神像。此外，又"建普济、景德、总制、宝藏、佑圣、靖应、崇真、文昌、玄应九殿，以奉诸神"。到明宪宗时，又加以重修，并作诗以纪其事曰："禁城西北名朝天，重檐巨栋三千间。创自我祖宣皇时，朕今承继载新之。"（见《帝京景物略》卷四）

有的学者认为，朝天宫的建筑基址就是元代的天师府（即崇真宫）。这座道观的规模极为宏大，故明宣宗在建好朝天宫之后，就把这里作为百官演练朝廷礼仪的地方。明朝政府还把负责管理全国道教事务的机构——道录司设置在这里，由此可见这座道观地位的显赫。

到了清代，位于内城的灵济宫、显灵宫及朝天宫皆已废毁，唯位于外城的白云观及城东的东岳庙依然香火旺盛。白云观是全真教道士们的活动场所，而东岳庙则是正一教道士们的活动场所。一直到今天，这两座道观中仍然有道士住持其中。特别是在岁时节令之时，京城内外的众多百姓往往到这两座道观中烧香拜神，并从事各种娱乐活动，如白云观以及东岳庙的春节庙会皆是如此。而原来正月十九日的燕九节和三月二十八日的东岳大帝生日，就很少有更多的庆祝活动了。

第三节　北京的其他宗教建筑

在北京地区，除了佛教、道教之外，伊斯兰教和基督教（包括天主教及景教）则是稍晚传入这里的，并且也营建了一些各自的活动场所，即伊斯兰教的清真寺和基督教的教堂。伊斯兰教是在元代大量传入北京地区的，而基督教也是在这时传入的，但是我们今天能够见到的主要宗教建筑，则大多数都是明清时期的。

伊斯兰教在北京地区建造的清真寺现存的有几十座，其中，牛街礼拜寺、东四清真寺、锦什坊街清真寺及安外二条法明寺在明代被称为四大官寺。天主教的发展在不同时期的程度是不一样的，今天北京天主教的四大教堂为南堂（宣武门教堂）、东堂（王府井教堂）、北堂（西什库教堂）及西堂（西直门内教堂）。而基督教的教派较多，今天在北京城区的教堂主要有崇文门教堂、缸瓦市教堂、珠市口教堂及宽街教堂等。

在北京地区建筑年代最早、影响最大的清真寺当属牛街礼拜寺。对于该寺的始建年代，不同学者有各自的见解，然据寺中现存万历四十一年（1613年）所立重修礼拜寺石碑的碑文来看，该寺始建于明宣德二年（1427年），即碑文所云"奠址"。至正统七年（1442年）初具规模，即碑文所云"殿宇恢弘"。到成化十年（1474年）受到明宪宗的重视，命名该寺为礼拜寺，即碑文所云"奉圣旨曰礼拜寺"。此后，弘治九年（1496年），又建有后楼（即邦克楼），其规模达于极盛。至万历四十一年（1613年），历经百余年，后楼倒塌，回教民众又将其重修，即碑文所云："早起晏卧，弗惮惮悴；冒暑冒雨，不避形瘵。"（见《中国伊斯兰教历史文选》）并立碑记载其事。

东四清真寺也是明代创建的。据寺中现存敕赐寺碑可知，该寺建于正统十二年（1447年）二月。碑文云："寺成，蒙恩赐额曰'清真寺'。盖经始于正统十二年二月十九日而落成。"此后，又曾于成化二十二年（1486年）建造有邦克楼。（见《中国回族金石录》）又据佟洵教授所云:"东四清真寺坐西朝东,三进院落,占地约1万平方米,为典型的中国宫殿式建筑结构。"(见《伊斯兰教与北京清真寺文化》)这个特点是与其他清真寺不同的。

这座清真寺虽然采用的是中国式建筑,但是寺中的宗教功能设施仍然很完备,包括礼拜大殿、邦克楼(已毁)、沐浴室、南北讲堂、经书室、外宾接待室等。伊斯兰教民众在该寺中收藏有不同时代的抄本《古兰经》,具有极为珍贵的宗教文化及历史价值。

基督宗教传入北京地区是在元代,一部分是从西亚经由蒙古草原传入的,而由信奉该教派的蒙古贵族和其他少数民族人士带到北京来的,又曾被称为景教。另一部分则是从欧洲传入的,系由许多批传教士们带来的,有的在大都城活动的传教士还曾被罗马教皇任命为东方大主教。

在当时的大都城里,传教士们和景教的信徒们皆曾经建造过多座富丽的教堂。但是,这些教堂究竟是什么样子,今天已经不得而知了。我们所能够见到的教堂都是在明清时期建造的。如宣武门教堂(南堂),始建于明代万历三十三年(1605年),系由传教士利玛窦所建,并引起了当时许多人的关注,"堂制狭长,上如覆幔,傍绮疏,藻绘诡异,其国藻也。供耶稣像其上,画像也,望之如塑,貌三十许人,左手把浑天图,右叉指若方论说次,指所说者,须眉竖者如怒,扬者如喜。耳隆其轮,鼻隆其准,目容有瞩,口容有声,中国画绘事所不及。所具香灯盖帏,修洁异状。右圣母堂,母貌少女,手一儿,耶稣也。衣非缝制,自顶被体,供具如左"。(见《帝京景物略》卷之四)到了清代初年,传教士汤若望又将其加以扩建,后人称,"宣武门内天主堂为清初西学传播中心"。

王府井教堂(东堂)、西什库教堂(北堂)与西直门内教堂(西堂)皆为清代初期所建,各有特色。时人称:"东堂,北堂,俱系天主教大掌教名法维尔者设法所建。"(见清佚名《西巡回銮始末》卷三《北京大教堂被围记》)其中,尤以西什库教堂最为壮观。

该教堂原来建在西安门内蚕池口,距皇家西苑太近,而且教堂建筑很高，使清朝统治者有随时被窥视的威胁，于是，经过与法国政府及传教士的磋商，将该教堂迁移到了西什库一带。光绪十二年（1886年）四月，清朝统治者就此事"谕军机大臣等，电寄李鸿章，北堂移让，彼既允不建楼，必须切实说定，索一确据，方准其在西什库地方建立教堂。惟洋房与内地房屋迥不相同，官为修理，有无窒碍，务当再行详度。至西什库在皇城西北，本年方向不利，即使说定移建，今年不能动工，亦应豫为说明"。（见《清德宗实录》卷二百二十六）李鸿章又与时任北堂主教的樊国梁议定，教堂高度限为五丈（约17米），以免从西北面再度窥视皇宫。

清末义和团进京攻打教堂，西什库教堂为其进攻的主要目标，时人曾描述其情景："西六月十五号，即五月十九日，拳匪往攻，死四十八人。至二十号，中外已经开战，华兵有以大炮往攻者，经其水师兵冲出，夺一炮而回。每日即用以拒敌，直至围解后始止。英使署经大炮攻击时，至多不过三尊；而北堂则华兵连架大炮十四尊，相加者共有三日，平时，至少亦有四尊，有由禁中放出者，有由礼王府来者，纷纷不一。受困二十八日，防守北堂者只法兵三十人，意兵十人而已。华兵所埋地雷炸发共四次，有一次死者至八十人，四次共毙四百人，内有童稚一百二十人，华教民死者大半。"（见《西巡回銮始末》卷三《北京大教堂被围记》）由此可见激战之惨烈。经此一劫，教堂损毁严重，义和团运动被镇压后，该教堂又得到修整。

在北京的基督教教堂中，以崇文门教堂最著称。清人赵慎畛曾经做过这样的描述："崇文门内天主堂，建在康熙年间，乾隆时重修。客厅东、西两壁，画人马凯旋之状。堂内供奉彼国圣人，皆图画全相。四围男女老少聚集嬉戏，千态万状，奕奕如生。堂宽数丈，高以十数丈计，不架一木，全以砖砌成。人巧夺天工，信然。"（见《榆巢杂识》上卷）该教堂在1900年的义和团运动中被毁坏，我们今天所能够见到的是后来重修的。在中国历史上，天主教和基督教在北京地区的传播没有伊斯兰教广泛，故而教堂的数量比清真寺少一些，信教民众的数量也要少一些。

第七章

诗词典雅书画芳
——北京的文学艺术

在古代的北京，文学艺术的发展与整个城市的发展是同步的。在先秦时期，这里的诸侯国燕国为战国七雄之一，故而形成了有着明显地域特色的幽燕文化。到了汉唐时期，这里作为中央王朝的北方军事重镇，又形成了独特的边塞文化。从辽代到元代，这里开始从少数民族政权的陪都辽南京发展为全国的政治中心元大都，也就开始成为全国文学艺术中心。

此后又历经明清时期，继续汇集了全国的优秀文艺人才，有的擅长词翰文赋，有的擅长题字作画，还有的能歌善舞。全国文艺人才的汇集，使京城的文学艺术发展越来越繁盛，遂成为京师文化的一个重要组成部分。直至今日，北京仍然是全国优秀文艺人才最集中的聚集地，也仍然是全国的文化中心。

北京地区在成为全国政治中心之前，这里的文学艺术发展带有十分明显的地域特点，而在成为全国政治中心之后，很快就成为全国的文化中心，因此，随着文学艺术的发展，使地域特点逐渐被京师特点所取代。全国各地著名的文学家和艺术家皆汇聚到这里，带来了各地文学艺术的精华，从而在京师形成的文学艺术，显示了全国各地的不同特色，而这些不同特色之间的相互融合，又产生代表了全国文学艺术发展最高水平的众多精品。

在中国古代，流传下来的最早文艺作品应该是诗歌，在先秦时期被搜集为《诗经》。据专家考证，《诗经》中的每一篇诗作都是可以歌唱的，而今天人们却只会念而不会唱了。在燕地，研究《诗经》最有名的学者当推汉代的韩婴，他的研究成果我们今天得以见到的只有《韩诗外传》了。我们在汉代大史学家司马迁的《史记》中所读到的侠士荆轲所吟唱的《易水歌》，乃是春秋战国时期燕地诗歌的代表作，影响十分广泛。

到了此后的汉唐时期，北京作为北方军事重镇，在文学艺术方面的发展，显示出了浓郁的边塞文化特色，但是，在全国文坛上能够产生较大影响的燕地文士和作品并不多，只有晋代张华及其《博物志》、北魏郦道元及其《水经注》，以及唐代著名诗人卢照邻与贾岛。非燕地作家而在幽州进行创作并有所建树的首推唐代的陈子昂，他的一篇《登幽州台歌》堪称千古绝唱。

到了辽金时期，燕地的文学艺术进入了一个新的发展阶段。唐代中原地区的藩镇割据极大削弱了中央政府的军事防卫力量，使得北方少数民族部落势力迅速崛起。唐朝灭亡后，中原军阀之间的争夺更加激烈，契丹少数民族统治者遂乘机将其势力扩张到中原地区，并在占有幽州之后，将其提升为陪都南京（又称燕京）。这时的辽南京，乃是整个辽朝的文化中心，许多有影响的文人学者皆活动在这里，而这时燕地文化的发展进程，已经脱离了中原王朝的大文化环境。

此后，东北女真族崛起，联合宋朝攻灭辽朝，占领燕京，不久又挥师南下，攻灭北宋，将少数民族政权的势力扩张到了江淮一线。这时的金海陵王将首都迁到燕京，改称金中都，使之成为整个北方地区的政治和文化中心。这时的许多文人学者也都活跃在这里，并且通过文学艺术创作带来了都城文坛的繁荣。

到了元代，蒙古统治者攻灭南宋，建立了第一个少数民族大一统王朝，并且把全国的政治中心设置在了北京，时称元大都。在这个时期，北京地区文学艺术的发展出现更大的飞跃，其最重要的标志就是元杂剧的兴盛。在当时的大都城里有最好的杂剧作家，如关汉卿、王实甫等，也有最好的杂剧演员，如珠帘秀、顺时秀等，他们共同创作的杂剧作品成为全国文艺界的典范，在中国古代文学史上占有显著的位置。

在诗文创作方面，大都城也汇聚了一大批杰出的人才，从金元之际的元好问、耶律楚材到元朝初年的刘因、程钜夫及赵孟頫，从元朝中期的马祖常、张养浩、虞集到元朝后期的揭傒斯、许有壬、黄溍及欧阳玄等等。他们的诗文作品有许多流传到今天。

在书画艺术方面，燕地的高克恭、鲜于枢、李衎父子，以及外来的赵孟頫父子、王振鹏等，皆创作有杰出的书画作品，有些作品一直被世人珍藏。在元代，北京地区第一次成为全国的文化中心，而这里文学艺术的发展也达到全国最高水准。

到了明代，太祖朱元璋定都南京，曾经使这里一度失去全国政治和文化中心的地位，及燕王朱棣（即明成祖）夺得皇权之后，大兴土木，营建北京的皇城与宫殿，使得北京最终取代南京，再次成为全国的政治和文化中心。由于封建帝王的喜好和提倡，开始了许多大型文化工程的纂修，如《永乐大典》即为其代表。文人学者在北京参加大型文化工程的同时，诗文创作也越来越多。从明成祖时的胡广、金幼孜到三杨、二王，殿阁大学士们的显赫政治地位对他们文艺作品的传播助益极大。

书画艺人的艺术创作也有了更加广泛的社会影响。宫廷画苑的再度出现，使全国各地杰出的书画家们皆来到北京，在紫禁城中供职，他们的创作活动把书画艺术推向新的繁荣。这些宫廷画家的创作题材十分广泛，包括了山水、人物、花鸟等各个门类，都取得较大成就。

到了明代中后期，文人学者与政府官员之间的相互唱和，诗人结社相互标榜，成为一种时尚。前七子、后七子等名号遥相呼应，在北京的文坛上尤为令人瞩目。显然，这个时期的北京文坛已经对全国文坛产生了越来越大的扩散性影响，当时的许多文人在进行创作时，皆有了明确的理论依据。

到了清代，少数民族统治者再次入主中原，并且也把都城设置在北京。他们对传统文化的喜爱和提倡超过了此前的明朝汉族统治者，达到了中国古代的最高峰。在这种情况下，一些规模更加宏大的文化工程先后启动，如《古今图书集成》《四库全书》等的纂修，使得一大批著名学者汇聚到北京，从而为北京文坛的进一步繁荣奠定了坚实的基础。

清代初年，活跃在北京的著名学者有些是明朝的遗老遗少，还有一些则是清朝统治者用科举考试选拔出来的文士，如孙承泽、吴伟业、顾炎武及王崇简、王熙父子等。康雍乾盛世是中国古代最后的盛世，也是古代文学艺术发展的巅峰。这时的北京，许多优秀的文学家和艺术家都留下了不朽的杰作，最著名的当数曹雪芹撰写的《红楼梦》（又称《石头记》）。而当时的许多文人学者皆居住在宣武门外，故形成所谓的"宣南文化"。今天人们对于这种文化的研究，已经有许多成果，但也还有进一步深入研究的空间。

清朝灭亡以后，北京仍然是全国的政治和文化中心，西方思想文化的传入，在这里也有着突出的反映。一些著名的思想家，如李大钊、陈独秀、鲁迅等，曾在北京的文坛上占有显著地位。国民政府迁都南京后，北京再次改称北平，失去了政治中心的地位，但是却维持着文化中心的地位，形成了所谓的京味文学。

在这个时期，帝国主义列强的侵略日趋严重，中华民族反帝爱国的情绪越来越高涨，最终爆发了五四运动。随之而来的，是以"打倒孔家店"为主题的新文化运动的兴起，使北京的文学艺术发展进入了近代化的转型时期。特别是马克思主义的传入给中国革命带来了理论指导，促成了中国共产党的诞生。

此后不久，日本帝国主义加紧侵华，1937年7月7日在北京爆发的卢沟桥事变，激起了中华民族的全面抗战，并且最终取得了抗日战争的胜利。这个时期的北平，则有所谓"沦陷区文学"的出现。抗日战争胜利后，国民党发动内战，却很快就失败了，新中国的成立使北京地区的文学艺术发展进入了一个崭新的阶段。

第一节　辽代以前幽州的文学艺术

在北京地区很早就有了人类活动的遗迹，从70万年前的房山周口店猿人到几千年前的石器时代的各种遗址，再到金石并用时期的各种遗址（见于密云、昌平、房山、平谷、延庆等各区）；从古蓟城黄帝时代的文明传说到房山琉璃河商周城址及墓葬的被发现，再到燕都的建立。在这个漫长的人类文明进程中，文学艺术的发展也从萌芽状态发展到成熟阶段，但我们却只能在一些墓葬发掘出来的精美随葬品中来了解当时文学艺术发展的大致状况。

如在平谷区刘家河商代中期墓葬中出土的三羊铜罍，在房山区琉璃河西周墓葬中出土的克盉、克罍等青铜器，造型优美，纹饰华丽，表现出我们祖先的艺术创作已经达到了很高的水平。但是，在这个时期还没有发现诗文著述的相关作品，虽然在有些青铜器上发现了铭文，却缺少感人的文学色彩。

到了春秋战国时期，我们已经见到一些在燕地的零散文学作品。如明人杨慎在其所辑《古今风谣》一书中载有《燕昭王时童谣》曰："田单攻狄不下，童谣曰：大冠若箕，修剑拄颐。攻狄不能下，垒枯（骨成）丘。"（引自《战国策》）田单攻狄不是燕昭王时之事，而童谣亦源自齐地，然此事件涉及燕国与齐国之间的关系，有一定的参考价值。

到了战国末年，强秦兼并六国的趋势越来越明显，燕太子丹请侠士荆轲去刺杀秦王，在易水畔送别，荆轲遂歌一曲，其辞曰："风萧萧兮易水寒，壮士一去兮不复还。"（汉·司马迁《史记》卷八十六《刺客列传》）荆轲刺秦王未遂而身亡，乃成千古悲剧。

后人对荆轲刺秦王的壮举多加以颂扬，其中尤以晋朝大诗人陶潜所作之诗最为形象，"君子死知己，提剑出燕京；素骥鸣广陌，慷慨送我行。雄发指危冠，猛气充长缨。饮饯易水上，四座列群英"。（《陶渊明集》卷四《咏荆轲》）豪侠之气当为燕地文学的主旋律。

到了汉代，燕地的文艺作品仍然较为少见，仅《汉书》中载有燕王刘旦与华容夫人的歌辞两首。汉代初年，高祖刘邦行分封制，在燕地设有异姓燕王，随即加以剪除。又立皇子刘建为燕王。及汉文帝时，曾立刘泽为燕王，汉武帝时又立刘旦为燕王。

汉武帝死后，汉昭帝即位，燕王刘旦认为自己应该继承皇位，遂密谋叛乱，其事不成，畏罪自杀，死前，"王忧懑，置酒万载宫，会宾客、群臣、妃妾坐饮。王自歌曰：'归空城兮，狗不吠，鸡不鸣。横术何广广兮，固知国中之无人！'华容夫人起舞曰：'发纷纷兮寘渠，骨籍籍兮亡居。母求死子兮，妻求死夫。裴回两渠间兮，君子独安居！'坐者皆泣"。（班固《汉书》卷六十三《武五子传》）燕王刘旦自杀后，燕国被废除，此后汉宣帝即位，又封刘旦之子刘建为广阳王，封国仍在燕地。

东汉末年，燕地有大儒卢植，曾从名士马融学习儒家典籍，以学识超卓享誉当世。他曾参与史书的撰述，也曾对儒家经典加以注释，颇受后人尊奉。他的著作曾有《卢植集》二卷传世，惜今皆亡佚。今天散见于《后汉书》《续汉书》《初学记》《册府元龟》等文献中的只言片语，可以表现其文风之一斑。

据《后汉书》记载，卢植曾论述儒家典籍《左传》曰："丘明之《传》，本末《春秋》，博物尽变，囊括古今，苞裹人事。"又如他在与大将军窦武论述选择皇储之法时称："寻《春秋》之义，王后无嗣，择立亲长，年均以德，德均则决之卜筮。今同宗相后，披图案牒，以次建之，何勋之有？岂横叨天功以为己力乎！宜辞大赏，以全身名。"显然，卢植在学术上和政治上的影响超过了他在文学上的影响。此后，燕地卢氏多出文学之士，如卢毓、卢钦、卢玄、卢思道、卢照邻等皆在文学创作方面有所建树。

到了晋代，燕地又有一位大儒张华显名于当世。据《晋书》记载：张华自幼孤贫，以博学多才，器识弘旷而得到当时名士阮籍与卢钦等人赞赏，举荐为太常博士、中书郎等职。晋朝建立后，张华在仕途上更加腾达，曾受封关内侯、大司空。此后晋朝发生内乱，张华遂遇害,"夷三族,朝野莫不悲痛之"。

张华的著述以《博物志》流传最广,而他的诗文创作也颇受时人推崇。如他在没有出名之前曾经作有《鹪鹩赋》,其末句云:"阴阳陶烝,万品一区。巨细舛错,种繁类殊。鹪冥巢于蚊睫,大鹏弥乎天隅,将以上方不足而下比有余。普天壤而遐观,吾又安知大小之所如。"显示出了非凡的见识。

他又曾作有《女史箴》称:"茫茫造化,两仪始分。散气流形,既陶既甄。在帝庖羲,肇经天人。爰始夫妇,以及君臣。家道以正,而王猷有伦。妇德尚柔,含章贞一。婉娩淑慎,正位居室。樊姬感庄,不食鲜禽。卫女矫桓,耳忌和音。志厉义高,而二主易心。玄熊攀槛,冯媛趋进。夫岂无畏,知死不恡。班女有辞,割欢同辇。夫岂无怀,防微虑远。人咸知饰其容,莫知饰其性。性之不饰,或愆礼正。……"(见《艺文类聚》卷十五《后妃部》)由此可见,张华对于当时流行的各种文体,如赋与箴等,皆能够熟练加以运用。

张华的诗歌流传也很广,如他在上巳日作诗曰:"仁风导和气。勾芒御昊春。姑洗应时月。元巳启良辰。密云荫朝日。零雨洒微尘。飞轩游九野。置酒会众宾。"(《艺文类聚》卷四《岁时部》)把春天的景致尽显于笔下。他又曾作有《壮士篇》诗一首曰:"天地相震荡,回薄不知穷。人物禀常格,有始必有终。年时俯仰过,功名宜速崇。壮士怀愤激,安能守虚冲。乘我大宛马,抚我繁弱弓。长剑横九野,高冠拂玄穹。慷慨成素霓,啸咤起清风。震响骇八荒,奋威蚋四戎。濯鳞沧海畔,驰骋大漠中。独步圣明世,四海称英雄。"(《先秦汉魏晋南北朝诗·晋诗》)这首诗把燕地民众崇尚侠义精神的特色皆描绘出来。

张华又曾作有《情诗》五首,其中一首曰:"君居北海阳,妾在南江阴。悬邈修途远,山川阻且深。承欢注隆爱,结分投所钦。衔恩守笃义,万里托微心。"(《玉台新咏》卷二)后世写情诗者,其意境大多与此相似,而其体裁也很少超出这种模式。

到了此后的北魏时期,燕地又有著名地理学家郦道元作有《水经注》一书，其文采之优美，见识之广博，为一时之冠。他在书中描写各地水脉，又旁及自然风光及历史掌故，读之引人入胜。如在描写燕地水脉时，曾有一段对圣水的描述曰："水出郡之西南圣水谷，东南流，径大防岭下。岭之东首，山下有石穴，东北洞开，高广四五丈，入穴转更崇深，穴中有水。耆旧传言，昔有沙门释惠弥者好精物隐，尝燋火寻之。傍水入穴，三里有馀，穴分为二。一穴殊小，西北出，不知趣诣。一穴西南出，入穴经五六日方还，又不测穷深。其水夏冷冬温，春秋有白鱼出穴，数日而返，人有采捕食者，美珍常味，盖亦丙穴嘉鱼之类也。是水东北流入圣水。"（《水经注》卷十二《圣水》）

又如他所描写的燕地桑干河水系，曰"桑乾枝水又东流，长津委浪，通结两湖，东湖西浦，渊潭相接，水至清深。晨凫夕雁，泛滥其上，黛甲素鳞，潜跃其下。俯仰池潭，意深鱼鸟，所寡惟良木耳"。（《水经注》卷十三《漯水》）这段文字用词简练，描述生动，读之如见美景就在眼前。后人遂把《水经注》中的许多文辞作为古代散文的代表作而加以研习，又把其中对自然环境的描述作为重要的历史地理资料。

到了唐代，诗歌创作日趋繁荣，燕地诗人在诗坛崭露头角者，首推卢照邻。在唐代初年的文坛上，卢照邻与王勃、杨炯、骆宾王齐名，号称"初唐四杰"。他的诗歌很有特色，如所作《上之回》一诗曰："回中道路险，萧关烽候多。五营屯北地，万乘出西河。单于拜玉玺，天子按雕戈。振旅汾川曲，秋风横大歌。"（《全唐诗》卷十七《乐府杂曲》）充分表现出燕地文学的豪侠气势。

卢照邻所著文章，今存者有《秋霖赋》，其辞曰："……嗟乎！子卿北海，伏波南川，金河别雁，铜柱辞鸢。眺穷阴兮断地，看积水兮连天。别有东国儒生，西都才客，屋满铅椠，家虚担石。玉为粒兮桂为薪，堂有琴兮室无人。抗高情而出俗，驰精义以入神。"（《初学记》卷二《天部》）堪与王勃之《滕王阁赋》相媲美。

卢照邻在文学上的成就很早就得到了时人的赞誉，但是他在仕途上的发展却不顺利。宋人晁公武《郡斋读书志》中称："照邻自以当高宗时尚吏，己独儒；武后尚法，己独黄老；后封嵩山，聘贤士，己病废。"最终，卢照邻因患有重病而厌弃人生，投水自杀了。

在唐代，许多著名的诗人皆来到过幽州（即燕京），并且在此创作了一些脍炙人口的诗篇，其中尤以陈子昂的《登幽州台歌》最为著名。是时，陈子昂以管记之职随武攸宜平定东北契丹叛乱，到幽州之后，登黄金台（即幽州台），慨然而歌曰："前不见古人，后不见来者。念天地之悠悠，独怆然而涕下。"（明·杨慎《升庵集》卷五十九《幽州台诗》）这首诗堪称千古绝唱。

陈子昂又曾作有《蓟丘览古》诗7首，其中《轩辕台》一诗曰："北登蓟丘望，求古轩辕台。应龙已不见，牧马空黄埃。尚想广成子，遗迹白云隈。"《燕昭王》一诗曰："南登碣石坂，遥望黄金台。丘陵尽乔木，昭王安在哉。霸图怅已矣，驱马复归来。"《燕太子》一诗曰："秦王日无道，太子怨亦深。一闻田光义，匕首赠千金。其事虽不立，千载为伤心。"《郭隗》一诗曰："逢时独为贵，历代非无才。隗君亦何幸，遂起黄金台。"（《全唐诗》卷八十三《陈子昂》）在这些诗作中，表达了作者的无奈与感慨，具有很高的艺术价值。

唐代大诗人李白与杜甫虽然没有到过幽州，但是在他们的诗中也有对这里古迹及景色的描写。如李白曾作有《北风行》一诗曰："烛龙栖寒门，光曜犹旦开。日月照之何不及此，唯有北风号怒天上来。燕山雪花大如席，片片吹落轩辕台。幽州思妇十二月，停歌罢笑双蛾摧。倚门望行人，念君长城苦寒良可哀。别时提剑救边去，遗此虎文金鞞𬭚。中有一双白羽箭，蜘蛛结网生尘埃。箭空在，人今战死不复回。不忍见此物，焚之已成灰。黄河捧土尚可塞，北风雨雪恨难裁。"（《乐府诗集》卷六十五《杂曲歌辞》）他所描述的燕山飞雪的景致，堪称传神之笔。

又如杜甫曾作有《后出塞》诗5首，其中一首曰："献凯日继踵，两蕃静无虞。渔阳豪侠地，击鼓吹笙竽。云帆转辽海，粳稻来东吴。越罗与楚练，照耀舆台躯。主将位益崇，气骄陵上都。边人不敢议，议者死路衢。"(《全唐诗》卷十八《横吹曲辞》)这首诗描述了幽州城里的繁华商业景象，也描述了藩镇割据的危机。

在先秦时期，燕地的艺术发展已经成熟，我们不仅从出土的青铜器上可以看出当时的铸造工匠们已经有了很高品位的审美情趣，而这种高雅的情趣，在当时出土的漆器制品中也可以得到印证。在当时的音乐家中，又以荆轲与高渐离为一对很好的搭档。据《史记》称："荆轲既至燕，爱燕之狗屠及善击筑者高渐离。荆轲嗜酒，日与狗屠及高渐离饮于燕市，酒酣以往，高渐离击筑，荆轲和而歌于市中，相乐也，已而相泣，旁若无人者。"及荆轲受命刺杀秦王，"太子及宾客知其事者，皆白衣冠以送之。至易水之上，既祖，取道，高渐离击筑，荆轲和而歌，为变徵之声，士皆垂泪涕泣。……复为羽声慷慨，士皆瞋目，发尽上指冠"。由此可见，荆轲不仅仅是一位侠士，而且也是一位优秀的歌唱家。而高渐离则是一位技艺十分高超的琴师，他所演奏的筑，是一种与琴、筝相似的乐器。

当时燕地的女子多以能歌善舞著称，这一点，通过古人的诗文即可反映出来。如南朝时梁元帝作有《春夜看妓诗》曰："蛾眉渐成光，燕姬戏小堂。胡舞开春阁，铃盘出步廊。起龙调节奏，却凤点笙簧。树交临舞席，荷生夹妓行。竹密无分影，花疏有异香。举杯聊转笑，叹兹乐未央。"(《艺文类聚》卷四十二《乐部》)诗中的舞女称"燕姬"，即指燕地的女子。

当时大诗人刘孝绰亦作有《同武陵王看妓诗》曰："燕姬奏妙舞，郑女发清歌。回羞出慢脸，送态表频蛾。宁殊遏行雨，讵减见凌波。想君愁日落，应羡鲁阳戈。"(《初学记》卷十五《乐部》)诗中的"燕姬"，也是强调燕地女子中的能歌善舞者。

此后不久，又有大诗人顾野王作有《艳歌行》诗曰："燕姬妍，赵女丽，出入王宫公主第。倚鸣瑟，歌未央，调弦八九弄，度曲两三章。唯欣春日永，讵愁秋夜长。歌未央，倚鸣瑟。轻风飘落蕊，乳燕巢兰室。"(《乐府诗集》卷三十九《相和歌辞》)在这首诗中的"燕姬""赵女"也是指燕赵之地的女子中确实有较为卓越的歌舞才华者。

第二节　辽金燕京的文学艺术

唐代灭亡之后，中原地区仍然处于分裂混战的局势中，北方少数民族政权乘机崛起，将其势力向南扩张。是时，契丹统治者利用中原军阀石敬瑭争夺皇权的机会占有了燕云十六州，并且把幽州提升为陪都辽南京（又称燕京），使得燕地文学艺术的发展进入了一个新的阶段。

一方面，在契丹统治者周围已经有一批中原文士参与各种政治和文化活动，使得中原地区的农耕文化对少数民族统治者的影响越来越大；另一方面，少数民族统治者也把草原地区的游牧文化带到了中原地区，经过这两种文化的相互融合，促进了燕地文化的进一步发展。

及女真族自东北崛起，相继攻灭辽朝与北宋王朝，形成与南宋对峙的强大政权，使少数民族的影响更加广泛。这时的女真统治者与此前的契丹统治者相比，汉化程度更深，特别是在把首都迁到燕京之后（称金中都），进一步加强了汉族与少数民族之间的相互融合，也使得这里成为江淮以北整个北方地区的政治和文化中心。大量文学艺术人才皆因此而汇聚到这里，使得金中都的文学艺术发展产生了新的飞跃。

在辽代，契丹统治者们虽然来自大草原，但是，他们对于中原地区的农耕文化却是十分景仰的，并且往往模仿中原文士们的方法赋诗作文，相互唱和。据《辽史》称：在重熙六年（1037年）六月，一次辽兴宗与诸契丹贵族聚会，"上酒酣赋诗，吴国王萧孝穆、北宰相萧撒八等皆属和，夜中乃罢。己卯，祀天地。癸未，赐南院大王耶律胡睹衮命，上亲为制诰词，并赐诗以宠之"。由此可见辽兴宗与萧孝穆、萧撒八等契丹贵族在聚会时是以赋诗唱和为娱乐方式的，与中原士大夫的娱乐方式大致相同。

又如宋人曾记载一事，辽道宗时大臣李俨作有《黄菊赋》，进献给道宗耶律洪基，"弘基作诗题其后以赐之，云：'昨日得卿《黄菊赋》，碎剪金英填作句。袖中犹觉有余香，冷落西风吹不去'"。（宋·陆游《老学庵笔记》卷四《辽道宗》）据此可知，辽道宗不仅会作诗，而且还模仿当时文人士大夫的手法，在大臣李俨的赋文后题诗。这个举动在当时辽朝的文坛影响不小，就连宋朝的文人都知道了。

　　契丹贵族进入中原地区之后，往往以作诗来表现才华，甚至用其抒发情感。如辽道宗懿德皇后萧观音，《辽史》称其"工诗，善谈论。自制歌词，尤善琵琶。重熙中，帝王燕赵，纳为妃。清宁初，立为懿德皇后"。她曾作有《怀古》诗曰："宫中只数赵家妆，败雨残云误汉王。惟有知情一片月，曾窥飞燕入昭阳。"懿德皇后因为多才多艺，遭到妒忌与诬陷，被逼迫自杀，临死前作有《绝命词》曰："嗟薄祜兮多幸，差作俪兮皇家。承昊穹兮下覆，近日月兮分华。托后钩兮凝位，忽前星兮启耀。虽岿累兮黄床，庶无罪兮宗庙。欲贯鱼兮上进，乘阳德兮天飞。岂祸生兮无朕，蒙秽恶兮宫闱。将剖心兮自陈，冀回照兮白日……"（《全辽文》卷三引自《焚椒录》）清代学者曾认为这些作品非懿德皇后所作，但是也只是怀疑而已。

　　辽朝末年，又有天祚帝文妃萧瑟瑟，其才艺堪与懿德皇后相媲美。时逢东北女真族崛起，不断向辽朝发动进攻，而辽朝的统治越来越腐败，萧瑟瑟遂向天祚帝作诗进谏。《辽史》称："女直乱作，日见侵迫。帝畋游不恤，忠臣多被疏斥。妃作歌讽谏，其词曰：'勿嗟塞上兮暗红尘，勿伤多难兮畏夷人。不如塞奸邪之路兮，选取贤臣。直须卧薪尝胆兮，激壮士之捐身。可以朝清漠北兮，夕枕燕云。'又歌曰：'丞相来朝兮剑佩鸣，千官侧目兮寂无声。养成外患兮嗟何及，祸尽忠臣兮罚不明。亲戚并居兮藩屏位，私门潜畜兮爪牙兵。可怜往代兮秦天子，犹向宫中兮望太平'！"但是，她的忠言却没有被天祚帝采纳，反而遭到诬陷，被迫自杀。文妃与懿德皇后的悲惨命运令人心痛，而她们留下来的诗作却为辽代的文坛留下了一抹亮丽的色彩。

　　另有一些契丹贵族，在辽代的文坛名声很大，据《辽史》称：辽代初年的皇族耶律隆先，为辽太祖嫡孙，其父耶律倍就受到农耕文化很深影响，耶律隆先传承家学，后人称其博学能诗，并把他的作品辑为《阆苑集》，当时曾有流传，今日已佚。

又如后族萧柳与萧孝穆，亦作有许多诗文作品。萧柳死后，"耶律观音奴集柳所著诗千篇，目曰《岁寒集》"。萧孝穆的诗文也受到时人很高的赞誉，称之为《宝老集》。这些契丹贵族们的创作在当时是较多的，据称萧柳的诗集中就收录有诗作千篇，但是，随着辽朝的灭亡，大量文献遭到损毁，《岁寒集》《宝老集》等皆已亡佚，遂没有留下诗文作品，实在令人惋惜。

辽代燕京的文坛是比较活跃的，这里的文人士大夫的文艺创作也是比较丰富的。如上文提及的李俨，为析津人，即今北京人。其作品《黄菊赋》不仅受到辽道宗的赏识，而且也得到宋朝文臣们的关注，如著名文士范成大，就曾在其所撰写的《菊谱》中收录了李俨的《黄菊赋》和辽道宗的诗歌。

李俨又曾受命出使宋朝，与蔡京有过一些交往，时人称："绍圣中，蔡京为馆伴，时辽使李俨盖泛使者，留馆颇久。一日，俨方饮次，忽将盘中杏曰：'来未开花，如今多杏（幸）'。京即举梨谓之曰：'去虽落叶，那可轻梨（离）'。"（清·厉鹗《辽史拾遗》卷二十《耶律俨传》）

李俨因为受到契丹统治者赏识，被赐以国姓，故而又称耶律俨。他曾主持纂修有《皇朝实录》70卷。这部书的规模颇为可观，惜已佚失。他又曾参加《辽史》的纂修工作，此后金、元两朝政府纂修《辽史》，皆把耶律俨的著述作为重要参考文献。

耶律俨的诗文作品，今日得见者，有其所纂修《辽史》时所作《营卫志序》曰："契丹之初，草居野次，靡有定所。至涅里始制部族，各有分地。太祖之兴，以迭剌部强炽。析为五院六院。奚六部以下，多因俘降而置。胜兵甲者，即著军籍，分隶诸路详稳统军招讨司。番居内地者，岁时田牧平莽间。边防纠户，生生之资，仰给畜牧。绩毛食湩，以为衣食。各安旧风，狃习劳事，不见纷华异物而迁。故家给人足，戎备整完。卒之虎视四方，强朝弱附，东踰蟠木，西越流沙，莫不率服，部族实为之爪牙云。"(《全辽文》卷十)观其所做文章，简而得其要，对辽朝的政治制度有很深刻的理解，颇得史家精髓，是我们今天研究辽史的重要参考资料。

辽代初年，有燕京名士室昉受到契丹统治者的赏识，委以重任。他历任翰林学士、参知政事、枢密使兼北府宰相等职，监修国史。他所撰《统和实录》20卷今已亡佚，在当时应该产生过较大影响。

同是燕京名士的还有杨佶，他与室昉一样皆是通过科举考试选拔出来的人才，并且也曾任翰林学士，他的诗文创作比较多，被后人收录于《登瀛集》中。该诗文集今已亡佚，我们今天能够见到的，只是一些零散的作品。如他在重熙十五年(1046年)为辽景宗之长女秦晋国大长公主所作《墓志铭》，其铭文曰："大帝沦精，皇闱诞生。天与淑哲，日跻聪明。瀚濯其服，垂衿缨兮(其一)。婺徽储祉，降嫔戚里。秀映闺房，芳流沼沚。汤沐其封，佩金玺兮(其二)。……缛仪载考，宝函流耀。赤舄在御，朱骅右导。雍肃恭寿，锡美号兮(其四)。……"(《全辽文》卷六引自拓本)铭文共有10首，在此仅录3首，用辞典雅，对句工整，以略见杨佶之文采。

是时又有名士王鼎，也曾出任翰林学士，自幼即以文采受到文坛名家重视，《辽史》称："时马唐俊有文名燕、蓟间，适上巳，与同志祓禊水滨，酌酒赋诗。鼎偶造席，唐俊见鼎朴野，置下坐。欲以诗困之，先出所作索赋，鼎援笔立成。唐俊惊其敏妙，因与定交。……累迁翰林学士。当代典章多出其手。"

他曾为《焚椒录》一书作有序文，申诉懿德皇后的冤屈，称"鼎于咸、太之际方侍禁近，会有懿德皇后之变，一时南北面官悉以异说赴权，互为证足，遂使懿德蒙被淫愧，不可湔浣。嗟嗟！大黑蔽天，白日不照，其能户说以相白乎？鼎妇乳妪之女蒙哥，为律耶乙辛宠婢，知其奸构最详，而萧司徒复为鼎道其始末，更有加于妪者。因相与执手，叹其冤诬，至为涕泫泫下也"。王鼎的著述，今日亦极少见。

到了金海陵王即位后，将燕京城扩建为中都城，成为金朝的政治和文化中心，而金代存留下来的文献虽然也很少，却比辽代要多一些，特别是当时人的文学作品，已经有一些诗文集得以流传到今天。

早在金代初年，女真统治者就很快接受了中原农耕文化的模式，从原始部落制向封建制进化。他们对于汉族文化的喜爱是十分明显的，并且努力学习，如金朝的第三位皇帝金熙宗完颜亶，"亶幼而聪达，贯综经业。喜文辞，威仪早有大成之量，太宗深所爱重。所与游处，尽文墨之士，有未居显位者，咸被荐擢，执射赋诗，各尽其所长以为娱"。（金·宇文懋昭《大金国志》卷九《金熙宗》）

与之同辈分的海陵王完颜亮也是如此。正是他把金朝的都城从东北的金上京（今哈尔滨阿城）迁移到了中原的燕京（今北京）。完颜亮曾"遣翰林侍讲学士施宜生入觐本朝（即南宋），隐画工于中闲（间），节写临安之城邑市井及吴山之秀立（丽），具图以进亮。……于吴山绝顶写已策马而立焉，徐令翰林修撰蔡圭作诗书其上，曰：'万里车书已混同，江南岂有别疆封。屯兵百万西湖上，立马吴山第一峰。'亮诡曰御制"。（宋·徐梦莘《三朝北盟会编》卷二百四十二《炎兴下帙一百四十二》引张棣《正隆事迹》）对于这首气势宏大的诗作，有人认为不是完颜亮的作品，而是蔡圭的代笔。笔者则认为完颜亮希望统一全中国的政治抱负恰恰与这首诗的风格完全符合，应该是他本人的创作。

在金代前期与南宋的交战与交往中，有些宋朝文臣被金朝统治者扣押，收为己用，遂在金朝的文坛占有较为重要的地位。如宋朝文臣宇文虚中，在出使金朝的时候被扣押，随后又受到重用。但是，他的狂傲最终引来杀身之祸。《金史》称："虚中恃才轻肆，好讥讪，凡见女直人辄以矿卤目之，贵人达官往往积不能平。虚中尝撰宫殿榜署，本皆嘉美之名，恶虚中者摘其字以为谤讪朝廷，由是媒蘖以成其罪矣。"

宇文虚中的诗作传世不多，其中尤以一首《己酉岁书怀》最能表达他的羁臣心态："去国匆匆遂隔年，公私无益两茫然。当时议论不能固，今日穷愁何足怜。生死已从前世定，是非留与后人传。孤臣不为沈湘恨,怅望三韩别有天。"他又曾作有《过居庸关》一诗曰:"奔峭从天拆,悬流赴壑清。路回穿石细,崖裂与藤争。花已从南发,人今又北行。节旄都落尽,奔走愧平生。"(二诗皆载于元好问《中州集》卷一)这首诗应是他奉宋朝之命出使金朝路过居庸关时所作。

当时被金朝扣留的还有名士吴激,他自号东山,是宋朝大书法家米芾的女婿。《金史》称其"工诗能文,字画俊逸得芾笔意。尤精乐府,造语清婉,哀而不伤。将宋命至金,以知名留不遣,命为翰林待制"。死后有《东山集》十卷及《吴彦高诗集》传于世,今已亡佚。

吴激的作品流传下来的也很少,金末大文豪元好问对他十分推崇,称其"自当为国朝第一手",并摘录他诗中的一些佳句,《出散关》诗云:春风蜀栈青山尽,晓日秦川绿树平。《三衢夜泊》云:"山侵平野高低树,水接晴空上下星。"《游南溪潭》云:"竹院鸣钟疑物外,画桥流水似江南。"《偶题》云:"江湖欹枕梦,风雪打窗时。"吴激曾作有《述怀》诗一首曰:"旅食空弹铗,归休合挂冠。烟尘榆塞远,风雨麦秋寒。巢燕长如客,鸣蛙不属官。柴门江涨到,落日下渔竿。"(《中州集》卷一)吴激在诗中所表达的心态,与宇文虚中何其相似。

当时在金朝文坛上与吴激齐名者为蔡松年。蔡松年为宋臣蔡靖之子,字伯坚,自号萧闲老人,曾任翰林学士,《金史》称:"松年事继母以孝闻,喜周恤亲党,性复豪侈,不计家之有无。文词清丽,尤工乐府,与吴激齐名,时号吴、蔡体。有集行于世。"

蔡松年的诗文集称《萧闲公集》(六卷),今已不存,仅有一些诗作传世,其中,当以《和子文晚望》一首品位最高,诗曰:"醉眼郊原感慨生,夕阳长向古今明。高人法士互憎爱,美酒空名谁重轻。二顷只谋他日老,五弦犹喜晚风清。因君欲赋思归乐,安得穿云一笛横。"(《中州集》卷一)

蔡松年以擅长作词而称雄于金代文坛,其所作词有《鹧鸪天·赏荷》备受后人赞赏,其词曰:"秀樾横塘十里香,水光晚色静年芳。燕支肤瘦薰沈水,翡翠盘高走夜光。山黛远,月波长,暮云秋影照潇湘。醉魂应逐凌波梦，分付西风此夜凉。"（宋·周密辑、清·查为仁等笺《绝妙好词笺》卷二）他的词作与宋人苏轼、柳永等人相比虽然尚有差距，但是在金朝的词坛上确实堪称佼佼者。

蔡松年之子蔡珪（又作蔡圭）在金朝文坛上的地位比其父蔡松年更高。《金史》称"（蔡）圭号为辨博，凡朝廷制度损益，圭为编类详定检讨删定官。……圭之文有《补正水经》五篇，合沈约、萧子显、魏收宋、齐、北魏志作《南北史志》三十卷，《续金石遗文跋尾》十卷，《晋阳志》十二卷，《文集》五十五卷。《补正水经》《晋阳志》《文集》今存，余皆亡"。据此可知，到了元代末年，蔡珪的许多著述尚存于世间，到今天则太半亡佚，仅存零星作品。

元好问对他也很推崇，称"其辨博为天下第一"。他的诗文也很有功力，如《雪川道中》诗曰："扇底无残暑，西风日夕佳。云山藏客路，烟树记人家。小渡一声橹，断霞千点鸦。诗成鞍马上，不觉在天涯。"（《中州集》卷一）山川风物，读之历历在目。他的题画诗也作得很好，如题《太白捉月图》诗曰："寒江觅得钓鱼船，影在江心月在天。世上不能容此老，画图常看水中仙。"（《御定历代题画诗类》卷四十《故实类》）虽为戏作，仍见不凡之处。

金代中期，在中都城的文坛上，名士李晏崭露头角，时人称其："入翰林为学士，高文大册，号称独步。"（《中州集》卷二）他在仕途较有作为，如建议废除"二税户"、科举复行经义科及设置经童科等，皆得到金世宗及金章宗的支持与赏识，官至礼部尚书、翰林学士承旨。

李晏也有文人癖好，自号游仙野人。他的"高文大册"今天已经见不到了，只有一些零散的诗作载于后人所辑录的诗集中。他的诗作用词平淡无华，缺乏大多数诗人的激情与灵性，今日得见只有极少数诗作表达感慨，却也颇为含蓄。如《白云寺》诗曰："白云亭上白云秋，桂棹兰桡记昔游。往事已随流水去，青山空对夕阳愁。兴亡翻手成舒卷，今古无心自去留。独倚西风一惆怅，数声柔橹下汀洲。"（《中州集》卷二）他又作有《五龙祠祷雨》一诗曰："麦槁禾焦厌火云,引觞潜祷五龙神。君能借我青骢马,倾倒天瓢济此民。"(《御选宋金元明四朝诗·御选金诗》卷十九)救灾忧民之情怀,跃然纸上。

金代中期的另一位文坛名士为党怀英,他早年参加科举考试的成绩一直不理想,直到36岁才考中进士。此后即以文才活跃在都城的文坛上,历任国史院、翰林院、国子学等部门的职官。时人对他的文学艺术成就评价很高,称:"公之文似欧公,不为尖新奇险之语;诗似陶、谢,奄有魏晋;篆籀入神,李阳冰之后一人而已。"(《大金国志》卷二十九《文学翰苑下》)后人将他的诗文辑为《竹溪集》10卷,今已亡佚。

党怀英撰写的文章,今日得见的主要是一些石刻文字,如寺院的庙碑,人物的墓志铭等。他的诗作散见于各种诗选之中。党怀英曾在大定十二年(1172年)二月,于梦中作有一诗曰:"矫冗连天花,春风动光华。人眠不知眠,我佩绛红霞。"他在睡醒后复作一诗曰:"梦中作诗真何诗,梦中自谓清且奇。觉来反复深讽味,字偏句异诚难知。岂非梦语本真语,无乃造物为予嬉。君不见,庄周古达士,栩栩尚作蝴蝶飞。我生开眼尚如此,况在合眼夫何疑。"(《中州集》卷三)这种梦里作诗,梦醒又作诗的创作过程,堪称金代文学史上少见的佳话。

在这时与党怀英齐名者,又有名士赵沨,字文孺,号黄山。他在朝中的官位并不高,政绩也不突出,但是,诗文作品却颇得时人赞赏。一次,金章宗在中秋节赏月,召他赋诗,赵沨即作诗曰:"秋气平分月正明,蘂珠宫阙对蓬瀛。已驱急雨消残暑,不遣微云点太清。帘外清风飘桂子,夜深凉露滴金茎。圣朝不奏《霓裳曲》,四海歌讴即乐声。"由于他用诗句形象描述了金朝中后期的盛世状况,使金章宗对他的才学大加称赞。

赵沨对景物的描写也很生动,如他曾作有《晚宿山寺》诗曰:"松门明月佛前灯,庵在孤云最上层。犬吠一山秋意静,敲门时有夜归僧。"其意境堪与唐代诗人贾岛的"僧推月下门"相媲美。元好问亦曾摘录他诗作中的佳句,如"《放远亭》云:晴日未消千嶂雪,暖风先放一川花。青天低处是平野，白鸟去边明落霞。《秦村道中》云：桃花都被风吹却，杨柳似将烟染成。其余多称此"。（皆见《中州集》卷四）他的诗文被辑为《黄山集》，今已亡佚。

大定年间活跃在都城文坛上的，有王庭筠，字子端，自号黄华山主。他早年即以才华受到燕地名士王翛的赏识，科举考试亦十分顺利，只是仕途不太显达。金末大文豪元好问对他的评价很高，称："子端诗文有师法，高出时辈之右。字画学米元章，其得意处颇能似之。墨竹殆天机所到，文湖州已下不论也。"（《中州集》卷三）

他才思敏捷，作诗提笔立就，《金史》称："泰和元年，复为翰林修撰，扈从秋山，应制赋诗三十余首，上甚嘉之。"他的诗作确实是"高出时辈之右"，如《八月十五日过泥河见雁》一诗曰："家在孤云落照间，行人已上雁门关。凭君为报平安信，才是云中第一山。"用典与述景、抒情融为一体。

又如他所作《野堂》二首（之二）诗曰："云自知归鸟自还，一堂足了一生闲。门前剥啄定佳客，檐外屠颜皆好山。"把一个"野"字与文人士大夫追求的雅趣结合在一起，野而不俗，雅而不贵，有着很高的诗境。他的作品被后人辑为《王翰林文集》四十卷，今已亡佚。

在金朝中后期，中都城的文坛上有文士韩玉，亦以才思敏捷著称，《大金国志》称其为"明昌五年经义、词赋两科进士。入翰林，为应奉，一日应制百篇，文不加点。又作《元勋传》，称旨，章宗叹曰：'勋臣何幸，得此人作传邪'？"对他赞赏有加。

此后不久金末战乱，韩玉死于华州郡学，死前作有《临终》诗二首，其诗（之二）曰："天下无双士，军中有一韩。才名两相累，世道一何艰。旅次穷东暮，囚孤永夜寒。身亡家亦破，巢覆卵宁完。夔铄鞍仍在，惊呼铗屡弹。丈夫忠义耳，无惜感歌还。"（《中州集》卷八）乱世悲歌，穷途浩叹，颇为感人。他的作品，后人又曾辑有《东浦词》一卷，今存。

词集中收录有他所作《减字木兰花·赠歌者》一首，词曰："香檀素手,缓理新词来伴酒。音调凄凉,便是无情也断肠。莫歌杨柳,记得渭城朝雨后。客路茫茫,几度东风春草长。"凄惨之情,颇显末世王朝景象,也表达出韩玉在这时的悲凉心绪。

金朝末年,又有大文豪元好问崛起于文坛。《金史》称其"为文有绳尺,备众体。其诗奇崛而绝雕刿,巧缛而谢绮丽。五言高古沈郁。七言乐府不用古题,特出新意。歌谣慷慨挟幽、并之气。其长短句,揄扬新声,以写恩怨者又数百篇。兵后,故老皆尽,好问蔚为一代宗工,四方碑板铭志尽趋其门"。

是时,金朝日趋败亡,燕京等地已经被蒙古军队占领,元好问几次来到残破不堪的中都城,并且写下了一些诗作,如《出都二首》,其诗(之二)曰:"历历兴亡败局棊,登临疑梦复疑非。断霞落日天无尽,老树遗台秋更悲。沧海忽惊龙穴露,广寒犹想凤笙归。从教尽划琼华了,留在西山伥泪垂。"(《遗山集》卷九)

元好问又曾立志纂修《金史》,"凡金源君臣遗言往行,采撷所闻,有所得辄以寸纸细字为记录,至百余万言"。虽然修史工作没有完成,却为元朝末年的《金史》纂修工作提供了重要的参考资料。元好问的著述多收入《元遗山集》中,他又辑录金代文坛诸人诗歌为《中州集》,并为诸人作有小传,亦为今人研究金代文学史的重要资料。

辽金时期的燕地艺术有其自身的发展进程,突出表现为少数民族的艺术特色。辽朝契丹贵族对音乐歌舞十分喜爱,清人毕沅称:"自南北通好,边境承平,辽主数与南北院诸臣宴饮,或连昼夕。辽主于音律特所精彻,中席或自歌,命宫人弹琵琶侑酒。"(见《续资治通鉴》)文中"辽主"即指辽朝帝王,精于"音律"也就是对音乐颇有研究。而这种"音律"显然是契丹族音乐。

辽朝的后妃也多能歌善舞,《辽史》称:"道宗宣懿皇后萧氏,小字观音,钦哀皇后弟枢密使惠之女。姿容冠绝,工诗,善谈论。自制歌词,尤善琵琶。"《契丹国志》称:"齐天善琵琶,通琵琶工燕文显、李睦文,元妃屡言其事,圣宗不之信。又为番书投圣宗寝帐中，圣宗得之，曰：'此必元妃所为也。命焚之。'天祚帝文妃亦以善歌诗而被时人称道。这三位后妃亦皆因能歌善舞而遭到诬陷，被逼自杀。

到了金代，许多著名的文人学者又以杰出的书画才艺受到时人赞赏，如金代前期的任询，字君谟，号南麓，为易州（今河北易县，当时属金中都路）人，"平生诗数千首，君谟殁后皆散失"。（《中州集》卷二）其文学创作已经有较大影响，而其书画艺术成就更高，《金史》称其"为人慷慨多大节。书为当时第一，画亦入妙品。评者谓画高于书，书高于诗，诗高于文，然王庭筠独以其才具许之。……年六十四致仕，优游乡里，家藏法书名画数百轴。年七十卒"。

后人对他的评价也很高，《墨池渊海》称："任南麓字流丽遒劲，不让二王。"《永平府志》称："任询真草字书气完力劲，世宝传之。"其书画作品见于文献著录者，有《玉环并辔图》《华清宫图》《临潜珍阁铭》帖等，可惜今天大多亡佚不存。

金代中后期，名士党怀英亦以书法著称于时，最受推崇者为篆书。如他在山东济州普照寺中有篆书《竹溪诗》四绝句，刻石于明昌六年（1195年），后人十分珍惜，将石刻移入济宁州的州学中。又如他在山东曲阜写有《茶泉铭》篆书，也被后人所称赏。党怀英的隶书也很有功力，如在曲阜所书写的《重修孔庙碑》在当时很出名，特别是在京城名刹庆寿寺中所书写的寺碑，最为精妙，可惜在明英宗时被宦官所毁坏。

与党怀英在书法上齐名的是赵沨，金末大学者赵秉文称："（赵）沨之正书体兼颜、苏，行草备诸家体，其超放又似杨凝式，当处苏、黄伯仲间。"（《书史会要》卷八）时人并称之为党、赵。他的书法作品今日已经很难从存世书法作品中找寻到了。

与党、赵同时而又齐名者，则是王庭筠。《金史》称其"书法学米元章，与赵沨、赵秉文俱以名家，庭筠尤善山水、墨竹云"。其书画作品见于文献著录者有《博州重修庙学记》，为行书，在博州孔子庙。《太原重修学记》，行书帖，碑存否不得而知。《黄华山诗碑》，行草字,在汾州府学。《刘先主庙碑》,楷书在涿州昭烈庙。《服胡麻赋》帖、《过蟠桃山和二兄诗二首》帖明代尚存。

他的绘画技艺也很高,后人见其画作,亦加赞赏曰:"金人王庭筠,字子端,画山水、枯木、竹石,往往见之。独京口石民瞻家《幽竹枯槎图》、武陵刘进甫家《山林秋晚图》,上逼古人胸次,不在元章之下也。"(元·汤垕《画鉴·宋画(金元附)》)元人欧阳玄见其所作《岁寒三友图》,评曰:"天真烂熳,尽从书法中来。绝去笔墨畦径,乃妙品也。"(《御定佩文斋书画谱》卷八十四《历代名人画跋》)他又画有《苍崖古木图》《飞瀑界山图》《深林鼓琴图》《石上横琴图》《高峰纵目图》《溪桥观涨图》等作品,著录于清人王毓贤所著《绘事备考》一书中。

元好问曾作有评价金代书法家之文,其文曰:"任南麓书如老法家断狱,网密文峻,不免严而少恩,使之治京兆亦当不在赵、张、二王之下。黄山书如深山道人,草衣木食,不可以衣冠、礼乐束缚,远而望之,知其为风尘物表。黄华书如东晋名流,往往以风流自命,如封胡羯末,犹有蕴藉可观。……若党承旨正书、八分,闲闲以为百年以来无与比者,篆字则李阳冰以后一人(而已)。"(《遗山集》卷四十《跋国朝名公书》)

元人魏初又曾论及金代文坛概况曰:"金国百有余年,以文章名家者如党竹溪、王黄华、赵黄山,杨、赵二礼部,雷、李、王、麻诸公,不啻百数十人,其余为兵乱磨灭者,不可胜计。"(见《青崖集》)繁盛一时的金中都文坛,随着蒙古军队的南侵而迅速衰败了,金朝不久也灭亡了。

第三节　元大都的文学艺术

金朝灭亡之后，大蒙古国在向南宋不断发动进攻的同时，将都城从大草原上南迁到了燕京（即金中都），改称其为大都城。这是元世祖做出的一项重大政治举措，他还将大蒙古国改称元朝，并在攻灭南宋之后使大都城成为全国的政治和文化中心。从大蒙古国的崛起，到元朝的建立，再到统一全国，历时半个多世纪，北京城也从金朝的中都城转变为大蒙古国的燕京城，再转变为元朝的大都城。

随着政治局势从动荡不安到逐渐稳定，经济状况从残破不堪到逐渐恢复，文化发展也进入了一个新的阶段，从北方地区的文化中心转变为全国的文化中心。其最显著的标志就是元杂剧的产生和日趋繁荣。众多杰出的杂剧作家曾经在这里进行创作，许多优秀的杂剧艺人也曾经在这里进行演出，他们成为促进元大都杂剧发展繁荣的最主要动力。

此外，元大都的诗文创作及书画创作、歌舞表演等各方面的发展，也都超过了以往的辽金时期，这是与全国统一的政治环境密切相关的，没有了人为的政治隔阂与军事对抗，南北文化的大交流遂以大都城为中心展开，使中华文化的整体发展出现了一个大飞跃。

在大蒙古国时期的燕京，文学艺术处于由残破凋零向逐渐恢复的转变阶段。在这个阶段，有几位人物值得一提。一位是生长在金中都城的耶律楚材，他是金朝的官员，在蒙古军队攻占金中都之后，转而为蒙古统治者效力，是一位很有建树的政治家，同时也显示出他在文学创作方面的天赋。他的作品被后人收入《湛然居士集》中。

耶律楚材的诗歌作品有些是在燕京与文坛朋友聚会时唱和之作，如《还燕京题披云楼和诸士大夫韵》诗曰："闲上披云第一层，离离禾黍汉家宫。窗开青琐招晴色，帘卷银钩揖晓风。好梦安排诗句里，闲愁分付酒杯中。静思二十年间事，聚散悲欢一梦同。"在他人生的20年间发生了巨大变化，犹如一场梦，悲喜掺杂，感慨万分。

还有些诗歌则是描写景物之作，他曾随元太祖西征，作有《庚辰西域清明》诗曰："清明时节过边城，远客临风几许情。野鸟间关难解语，山花烂熳不知名。蒲萄酒熟愁肠乱，玛瑙杯寒醉眼明。遥想故园今好在，梨花深院鹧鸪声。"把远在他乡的情思皆融入景物之中。

耶律楚材的诗作中还有许多佳句，如《阴山》诗中曰："插天绝壁喷晴月，擎海层峦吸翠霞。"把西北奇景生动描述出来。又如《过武川赠仆散令人》诗中曰："闲眠白昼三杯醉，静对青松一曲琴。"又把文人潇洒闲适的精神状态表达出来。这些佳句在他的诗文集中随处可觅。

与耶律楚材同时的一大奇人为全真教道士丘处机，字通密，号长春子。他不仅在北方道教界有着很高的威望，而且在文学方面也有着很高的造诣。时逢蒙、金、宋之间展开激烈混战，他认清形势，毅然接受元太祖铁木真（即成吉思汗）的邀请，不远万里前往西域，得到了元太祖的赏识，封其为丘神仙，命其统领中原道教。丘处机遂借此机会，把一大批沦为蒙古军队奴隶的百姓吸收为全真教的道徒。

他在前往西域途中，曾写有《寄燕京道友》《复寄燕京道友》二诗，第一首诗曰："此行真不易，此别话应长。北蹈野孤岭，西穷天马乡。阴山无海市，白草有沙场。自叹今华泼，还来历大荒。"描述了道途的艰辛。第二首诗曰："十年兵火万民愁，千万中无一二留。去岁幸逢慈诏下，今春须合冒寒游。不辞岭北三千里，仍念山东二百州。穷急漏诛残喘在，早教身命得消忧。"（二诗皆见《元诗选》二集《壬集》）作为一位宗教领袖，丘处机却表现出政治家忧国忧民的宏大抱负。他的作品有些被收入后人所辑《磻溪集》中，有些则被其弟子李志常录入《长春真人西游记》中。

比耶律楚材及丘处机稍后的一位奇僧为刘秉忠，他初为地方小吏，后弃官入山修道，又削发为僧，是个三教皆通的奇才。及元世祖忽必烈（是时尚未登基）受命主持中原军政事务，他遂成为忽必烈的幕下重要谋士，为元上都及元大都的建造出谋划策，又为元朝各项政治典制的进一步完善立下大功。

刘秉忠的文学修养也很深厚，后人称其"书得鲁公笔法，行草独师二王。天文、卜筮、算数，皆有成书。自号'藏春散人'，有集十卷，学士阎复序之"，称为《藏春集》。刘秉忠的诗作全无僧人禅机遁世的消极态度，却是豪气十足。如《岭北道中》一诗曰："雨霁轻烟锁翠岚，五更残月照征骖。王戈定指何方去，天意仍教我辈参。霸气堂堂在西北，长庚朗朗照东南。江山如旧年年换，谁把功名入笑谈。"

刘秉忠又写有《过居庸关》一诗曰："车箱来往若流泉，绝壁巉嵩倚翠烟。限破中州四十里，凿开大路几千年。函关不谓平如地，蜀道无知险似天。万里挥鞭犹咫尺，谁能掌上保幽燕。"（《元诗选》初集《乙集》）从刘秉忠的诗中可以看出，他把功名付之笑谈，却把保持社会安定放在十分重要的位置，遂使他得以辅佐元世祖成就一代霸业。

元朝统一全国之后，许多江南的文士北上来到大都城，其中，尤以赵宋皇室宗亲赵孟頫的文学艺术成就最突出。赵孟頫，字子昂，《元史》称："其自幼聪敏，读书过目辄成诵，为文操笔立就。"他的著述，"有《尚书注》，有《琴原》《乐原》，得律吕不传之妙。诗文清邃奇逸，读之使人有飘飘出尘之想。篆、籀、分、隶、真、行、草书，无不冠绝古今，遂以书名天下"。

赵孟頫不仅诗文写得很好，他的画作也很好。，"山水、木石、花竹、人马，尤精致。前史官杨载称孟頫之才颇为书画所掩，知其书画者，不知其文章，知其文章者，不知其经济之学。人以为知言云"。应该说他在元代是一个不多见的奇才，却因为受到特殊身份的影响，没有能够充分发挥他的才干。

赵孟頫的诗作带有南方文人特有的淡雅之气，如所作《纪旧游》一诗曰："二月江南莺乱飞，百花满树柳依依。落红无数迷歌扇，嫩绿多情妒舞衣。金鸭焚香川上暝，画船挝鼓月中归。如今寂寞东风里，把酒无言对夕晖。"在这首诗中，赵孟頫描述了当年的欢快，从歌扇到舞衣，从莺乱飞到柳依依。而他在到了大都之后，仍然是在春天,仍然有百花和落红,有歌扇和舞衣,当年的欢快却没有了,只有无言对夕晖。南宋遗民的无奈之情尽在不言之中。

他的诗中也颇多佳句,如《春寒》诗中曰:"失色黄金尽,知音白雪高。"又如《奉和帅初兄将归见简二首》诗中曰:"清谈忘日夜,高论到唐虞。天地无青眼,江湖有白须。"《登飞英塔》曰:"千里湖山秋色净,万家烟火夕阳多。"(《元诗选》初集《丙集》)赵孟頫的诗文大多被后人收入《松雪斋集》中。

与赵孟頫同时还有名士程钜夫,初名文海,字钜夫,后因避元武宗名讳,遂以其字行于世。程钜夫以宿卫亲军受到元世祖重用,官至翰林学士承旨,追封楚国公。赵孟頫、张伯淳等一批江南名士北上大都城,就是通过他荐举的,因此,他对于大都文坛的繁荣发展是有很大贡献的。

程钜夫在观赏书画时所作的题画诗十分有特色,言简而寓意深远。如《乔达之画〈江山秋晚图〉二首》诗曰:"遮日西来正暮秋,买鱼沽酒醉船头。如今见画浑疑梦,知是南湖第几洲(之一)。""别来事事可名家,独我空添两鬓华。天际有山归未得,远峰休著淡云遮(之二)。"一首写景,一首抒情。

又如题《卢学士诗卷》诗曰:"渺渺蒲江远,年年桂树秋。空余诗卷在,天地与长留。"故友已逝,情谊长存,通过诗句表达出来。程钜夫还曾作有《秋江钓月》一诗以自况,诗曰:"荷蓑非避世,持竿不求赏。夙抱江海心,宁为利名鞅。天明紫烟里,日暮清波上。四顾无人知,孤舟自来往。"(《元诗选》初集《乙集》)这首诗也应是一首题画诗。他的诗文被后人辑为《雪楼集》。

元代前期生长在大都地区的文士当以卢挚与鲜于枢最著名。卢氏在燕地为世代大族,如汉代的卢植、唐代的卢照邻等,皆在文坛上享有盛誉。卢挚字处道,号疏斋,官至翰林学士承旨。时人称:"元初,中州文献,东人往往称李、阎、徐,推能文辞有风致者曰姚、卢。……而推诗专家,必以刘因静修与疏斋为首。"这个评价是很高的。

元代大儒吴澄也对他极为推崇："涿郡卢学士所作古诗，类晋清言；古文出入《盘诰》中，字字土盆瓦缶，而倏有三代虎蜼珊琏之器，见者莫不改视。"他的诗作如《游茅山五首》曰："涧边瑶草洞中花，细水流春带碧沙。昨夜山中酒初熟，道人不暇读《南华》（之二）。""竹杪飞亭枕石泉，松坛香雾散茶烟。鸟声记得夜来雨，鹿梦惊回别有天（之三）。""山君满意为山留，故遣清泉笑不休。万斛珠玑三尺玉，要随诗句过宣州。"（《元诗选》三集《乙集》）诗品洒脱清雅，确实有魏晋风度。他的作品被后人辑为《疎斋集》。

鲜于枢字伯机，号困学山民，仕途不显，仅至太常典簿。他的官位不高，名气却很大，时人称："元初，车书大同，弓旌四出，金、宋之故老交相景慕，一时人物称为极盛。伯机与李仲芳、高彦敬、梁贡父、郭佑之，皆以北人仕宦于南，俱嗜吟，喜鉴定法书、名画、古器物。而吴越之士因之引重，亦数人焉。"

鲜于枢因为在社会底层作做官，较为了解民间疾苦，故而在其潇洒风流的同时，也有目睹社会腐败的感叹。如他曾作有《水荒子歌二首》，其诗（之二）曰："水荒子，听我语，忍死休离去乡土。江中风浪大如山，蛟鳄垂涎宁贳汝。路旁暴客掠人卖，性命由他还更苦。北风吹霜水返壑，稍稍人烟动墟落。赈济欲下逋负除，比著当年苦为乐。水荒子，区区吏弊何时无，闻早还乡事东作。"

他又作有《蛟龙引》一诗曰："古剑咸阳墓中得，抉开青天见白日。蛟龙地底气如虹，土花千年不敢蚀。洪炉烈焰初腾精，横海已觉无长鲸。世上元无倚天手，匣中谁解不平鸣。割城恨不逢相如，佐酒恨不逢朱虚。尚方未入朱云请，盟盘合与毛生俱。谁念田文座中客，只将弹铗叹无鱼。"（《元诗选》二集《丙集》）鲜于枢借宝剑比喻自己很有才干，却得不到掌权者的赏识。一句"匣中谁解不平鸣"包含了多少人生感慨。他的作品被后人辑入《困学斋集》中。

到元代中后期，又有大都人宋本、宋裦兄弟在大都文坛显名于一时。宋本，字诚夫，至治元年（1321年）科举状元，历任翰林院、国子监学等部门的文化官员。时人称："诚夫材气强毅，不随世俯仰，其文峻洁刻厉多微词。每叹近世文气骫骳为不足尚，务为高古以胜之。"今观其诗作，似不像时人所评价者。

如宋本作有《殿试罢赋》诗曰："玉堂松桧带晨霞，遥望宸严共拜嘉。逢掖诸生袍立鹄，未央清问墨翻鸦。扶摇九万风斯下，礼乐三千日未斜。从此君王识姓名，烟波惭愧旧渔家。"这是他在考取状元后的诗作，所谓"从此君王识姓名"，得意至极的心态丝毫没有掩饰。又如《大都杂诗四首》表达了宋本初到大都城的新鲜感觉，诗曰："抛却渔竿沧海边，拂衣来看九重天。画阑九陌桥如月，绿影千门树似烟。南国佳人王幼玉，中朝才子杜樊川。紫云楼上如渑酒，孤负东风二十年（之一）。""形势全燕拥地灵，梯航万国走王城。狗屠已仕明天子，牛相宁知别太平。玄武钩陈腾王气，白麟赤雁入新声。近来朝报多如雨，不见河南召贾生（之四）。"（《元诗选》二集《戊集》）这时的宋本初到大都城，就被这里恢宏的建筑与繁华的市井所折服，诗中表达了由衷的赞叹。宋本的诗文作品被他弟弟宋褧辑为《至治集》40卷。

宋褧，字显夫，泰定元年（1324年）考中进士，历官也多在文化部门。他的才华与其兄宋本不相上下，时人称："延祐中，挟其所作诗歌，从其兄入京师，清河元明善、济南张养浩、东平蔡文渊、王士熙方以文章显于朝，争慰荐之。"此后的名士欧阳玄、苏天爵、危素诸人对他的评价也很高。

宋褧虽然是大都人，但是早年生活在南方，故而他的诗作带有南方文士的灵秀之气，如《绿水曲》一诗曰："妾家若耶溪，门扉绿水西。桂月破烟暝，波明枫影低。潮痕暗沙觜，浦口空云飞。蘋洲风未起，待妾采莲归。"又如《杨柳词四首》作于通州，是京杭大运河的北端，京城人们多在此迎来送往。其诗曰："夹道青青到凤城，一般飞絮两般情。离筵见处泣相送，归鞍扑著喜相迎（之一）。""北客归乡二十年，来时杨柳故堪怜。而今张绪生华发，手弄柔条一惘然。"把送者之悲泣，迎者之喜笑，生动描写出来。

宋褧也写有《都城杂咏四首》，描述了他对大都城的感受，诗曰：

"万户千门气郁葱,汉家城阙画图中。九关上彻星辰界,三市横陈锦绣丛。玉椀金杯丞相府,珠幢宝刹梵王宫。远夷纵睹争修贡,不用捐戈塞徼通(之一)。"与其兄宋本的《大都杂诗四首》相比,少了几分感叹,多了几分老成。宋褧的作品被后人辑为《燕石集》。

在元代中后期的大都文坛上,外地文士擅名于此者,首推虞集、揭傒斯与欧阳玄。虞集,字伯机,人称邵庵先生。他的诗文创作十分丰富,时人称:"一时宗庙、朝廷之典册,公卿大夫之碑版,咸出其手,粹然成一家之言。……先生诗与浦城杨仲弘、清江范德机、富州揭曼硕先后齐名,人称虞、杨、范、揭,为有元一代之极盛。"

虞集从元成宗大德初年到大都路任儒学教授,到元文宗死后以翰林侍讲学士退休回乡,前后在大都城生活了30余年,故而其作品中有大量对京城景物、风情的描述。如为国子祭酒伯尤鲁翀所作《味经堂诗》、为京城名士宋本所作《题宋诚甫侍郎垂纶亭》等,系对友人居所的描述。又如《子昂墨竹》《题旦景初佥司画》《题高彦敬尚书、赵子昂承旨共画一轴》《玉堂燕集图》等,系为友人书画题诗之作。其他迎来送往之作、官场应酬唱和之作、游山玩水踏访古寺之作等等,不一一赘录。

在此仅录其《题南野亭》一诗曰:"门外烟尘接帝扃,坐中春色自幽亭。云横北极知天近,日转东华觉地灵。前涧鱼游留客钓,上林莺啭把杯听。莫嗟韦曲花无赖,留擅终南雨后青。"(《元诗选》初集《丁集》)他的诗文作品数量很多,被辑为《道园学古录》《道园类稿》等传于世。

揭傒斯,字曼硕,在元仁宗延祐初年被推荐到翰林院任职,到元顺帝至正年间参加纂修辽、宋、金三史,死于任上,在大都也生活了30余年。他在京城文坛的声誉颇高,时人称:"一时朝廷典册,及元勋茂德当得铭辞者,必以命焉。殊方绝域,共慕其名。得其文者,莫不以为荣。……诗长于古乐府选体,而律诗长句伟然有唐人风。"这个评价是很中肯的。

揭傒斯的作品中也有许多对大都景物、风情的描述,如《晓出顺承门有怀太虚》《京城闲居杂言四首》《史馆独坐》《李宫人琵琶引（并序）》《过何得之先生故居三首》《题内府画应制》《登蓟丘作》等，通过他的诗作，人们能够了解到许多大都城的情况。

在揭傒斯的诸多诗作中，尤以《结羊肠词》所述京城节令风俗最为精彩。诗曰："正月十六好风光，京师女儿结羊肠。焚香再拜礼神毕，剪纸九道尺许长。撚成对绾双双结，心有所祈口难说。为轮为镫恒苦多，忽作羊肠心自别。邻家女儿闻总至，未辨吉凶忧且畏。须臾结罢起送神，满座欢欣杂憔悴。但愿年年逢此日，儿结羊肠神降吉。"（《元诗选》初集《丁集》）当今，正月十六结羊肠的风俗已经消失了，读此诗亦可见元代纯朴民俗之一斑。揭傒斯的作品被辑为《秋宜集》等传于世。

欧阳玄，字原功，与宋代大文豪欧阳修为同族。他自元仁宗时考中进士而进入仕途，为官40余年中有30多年任京官，故而作品中也有大量对京城的描述。《元史》称其"历官四十余年，在朝之日，殆四之三。三任成均，而两为祭酒，六入翰林，而三拜承旨。修实录、《大典》、三史，皆大制作。屡主文衡，两知贡举及读卷官，凡宗庙朝廷雄文大册、播告万方制诰，多出玄手。金缯上尊之赐，几无虚岁。海内名山大川，释、老之宫，王公贵人墓隧之碑，得玄文辞以为荣。片言只字，流传人间，咸知宝重。文章道德，卓然名世"。

欧阳玄的著述极为丰富，惜皆毁于元末战乱，后人辑其存世者为《圭斋集》。他的诗作，很有气势。如他所写《大明殿早朝》一诗曰："扶摇万里上青霄，凤阙龙池步步瑶。驼背负琛金络索，象身备驾玉逍遥。衣冠俯伏传呼岳，干羽低回看舞《韶》。湖海布衣瞻盛事，他时田野梦天朝。"（《元诗选》初集《丁集》）骆驼、大象等动物能够跻身在皇宫大廷的聚会中，确实显示出在重大庆典活动中游牧文化的民族特色。

在大都城里，还活跃着一批少数民族文士，他们的创作成就也达到了很高的水准，较为著名者当属萨都剌、迺贤及贯云石。萨都剌，字天锡，别号直斋。祖上从西域移居到山西雁门，后又定居在河间。后人称其"诗才清丽,名冠一时,虞集雅重之。晚年,寓居武林。每风日晴好,则肩一杖,挂瓢笠,踏芒屩,凡深岩邃壑,无不穷其幽胜,兴至则发为诗歌。著有《雁门集》八卷,《西湖十景词》一卷"。(见《新元史》)由此描述可见,他受到中原文士生活方式的很深影响。

萨都剌在大都城生活的时间并不长,但是却创作出一些描写大都风物的诗作,十分传神。如《都门元日》一诗曰:"元日都门瑞气新,层层冠盖羽林军。云边鹄立千官晓,天上龙飞万国春。宫殿日高腾紫霭,箫韶风细入青云。太平天子恩如海,亦遣椒觞到小臣。"描写了皇宫大朝会的景象。又如《燕山客舍》一诗曰:"落日西山闻禁钟,梦回远客在卢龙。江南飞尽千株雪,孤负梅花过一冬。"(《元诗选》初集《戊集》)在京城的旅店遥忆江南冬日景象,确实值得留恋。他的作品被辑入《雁门集》中。

迺贤,字易之,祖上世居西域,后移居南阳。他曾任东湖书院山长,又被荐入京为翰林院编修官,但在京城的时间也不长。后人称其"生平不喜禄仕,独长于歌诗,不规规雕刻,而温柔敦厚,有风人之致。每一篇出,士大夫辄传诵之"。(见《新元史》)可见他的创作在当时是很受欢迎的。

在迺贤的作品中,有许多吟咏京城风物的佳句,其中尤以《南城咏古十六首(并序)》最为世人称道。此处所指南城就是辽金故城,古迹非常多,他所描写的16处古迹依次为黄金台、悯忠寺、寿安殿、圣安寺、大悲阁、铁牛庙、云仙台、长春宫、竹林寺、龙头观、妆台、双塔、西华潭、白马庙、万寿寺、玉虚宫。这些古迹在当时是非常著名的,如今仅存悯忠寺(今法源寺)及长春宫(今白云观西侧),其他皆已无存。迺贤的诗作为我们了解这些古迹的变迁过程提供了珍贵的历史资料。

他所作《京城杂言六首》也十分出色,其中一首诗曰:"居庸土高厚,民物何雄强。老稚闲(娴)弓猎,不复知耕桑。射雕阴山北,饮马长城旁。驼羊足甘旨,貂鼠充衣裳。酒酣拔剑舞,四顾天茫茫(之四)。"(《元诗选》初集《戊集》)诗中描述的燕地民风，自古已然。

贯云石，又称小云石海涯，号酸斋，为西域回鹘部贵族后裔。曾向北方名士姚燧求学，并得到姚燧赏识。元仁宗时，一度到京城任翰林侍读学士，不久弃官浪迹江湖。时人称"酸斋晚年为文日邃，诗亦冲淡，草、隶等书变化古人，自成一家"。他在文坛中的声誉也是很高的。

在贯云石的诗作中，较少见到吟咏京城风物者，如《神州寄友》一诗曰："沧海茫茫叙远音，何人不发故乡吟。十年故旧三生梦，万里乾坤一寸心。秋水夜看灯下剑，春风时鼓壁间琴。迩来自愧头尤黑，赢得人呼小翰林。"(《元诗选》二集《丙集》)这应是他在京城翰林院任职时所作。

贯云石的散曲作品更加著称，其中一套散曲【双调·新水令】《皇都元日》曰："郁葱佳气蔼寰区。庆丰年太平时序。民有感，国无虞。瞻仰皇都，圣天子有百灵助。[搅筝琶]江山富，天下总欣伏。忠孝宽仁，雄文壮武。功业振乾坤，军尽欢娱，民亦安居。军民都托赖着我天子福，同乐蓬壶。[殿前欢]赛唐虞，大元至大古今无。架海梁对着擎天柱。玉带金符，庆风云会龙虎。万户侯千钟禄，播四海光千古。三阳交泰，五谷时熟。[鸳鸯煞]梅花枝上春光露，椒盘杯里香风度。帐设鲛绡，帘卷虾须，唱道天赐长生，人皆赞祝。道德巍巍，众臣等蒙恩露。拜舞嵩呼，万万岁当今圣明主。"(隋树森编《全元散曲》)这又是一种对京城大朝会的描述。

在元大都城里，杂剧艺术的发展达到了巅峰状态。享誉最隆的杂剧作家当数关汉卿、马致远与王实甫等人。关汉卿是大都人，生活在元代前期，他创作的杂剧作品非常多，而影响最大的，首推《感天动地窦娥冤》(又称《六月雪》)。关汉卿通过描述一个居于社会底层的普通妇女的悲惨遭遇，来反映当时社会的黑暗，给人们以强大的艺术震撼力。他的杂剧作品还有《关大王单刀会》《望江亭中秋切鲙旦》《赵盼儿风月救风尘》《闺怨佳人拜月亭》《包待制三勘蝴蝶梦》等传于世。

关汉卿的散曲也作得很好，如所作【南吕·四块玉】《别情》曰："自送别，心难舍，一点相思几时绝。凭阑袖拂杨花雪。溪又斜，山又遮，人去也。"（隋树森《全元散曲》）短短数语，表达出的送别之情，读之与唐诗、宋词相比，别有一番风味。关汉卿又作有【中吕·普天乐】《崔张十六事》一组，计有：普救姻缘、西厢寄寓、酬和情诗、随分好事、封书退贼、虚意谢诚、母亲变卦、隔墙听琴、开书染病、莺花配偶、花惜风情、张生赴选、旅馆梦魂、喜得家书、远寄寒衣及夫妇团圆。显然是一部简版的《西厢记》。

马致远，号东篱，也是大都人，他的杂剧创作艺术成就也很高，当时与关汉卿齐名。马致远的杂剧代表作为《破幽梦孤雁汉宫秋》，描述的是汉朝帝王与北方匈奴部落和亲的掌故。在元代初年，元朝尚未攻灭南宋或是刚刚攻灭南宋不久的时候，用这个历史题材来表达作者的心态，确实有着很耐人寻味的深意。汉朝与匈奴和亲，是在双方军事力量对比大致平衡的状况下才有可能实现的。但是，元朝与南宋之间已经失去了这种平衡，南宋要想通过和亲来维持双方的和平相处是不可能的。马致远的《汉宫秋》也就只能是一出悲剧了。

马致远的其他杂剧有《江州司马青衫泪》《太华山陈抟高卧》《吕洞宾三醉岳阳楼》《半夜雷轰荐福碑》《马丹阳三度任风子》等。通过解读这些题材的创作，可以看出，作为一位典型的知识分子，马致远的情感世界是灰色的失意状态，更多表达出的是无奈和弃世思想。

马致远的散曲与小令的创作水准也很高，如所作【越调·天净沙】《秋思》共3首，其中一首最为脍炙人口，曰："枯藤老树昏鸦。小桥流水人家。古道西风瘦马，夕阳西下，断肠人在天涯。"其他两首曰："平沙细草斑斑。曲溪流水潺潺。塞上清秋早寒，一声新雁，黄云红叶青山。""西风塞上胡笳。月明马上琵琶。那抵昭君怨多，李陵台下，淡烟衰草黄沙。"（清·朱彝尊《词综》卷三十《元词》）有人误认为这3首小令描写的是大都（今北京）景象，其实是塞外景象。

后人曾经评价元杂剧作家成就最高的4人，"元代曲家，自明以来，称关、马、郑、白。然以其年代及造诣论之，宁称关、白、马、郑为妥也。关汉卿一空倚傍，自铸伟词，而其言曲尽人情，字字本色，故当为元人第一。白仁甫、马东篱，高华雄浑，情深文明。郑德辉清丽芊绵，自成馨逸。均不失为第一流。其余曲家，均在四家范围内"。（见王国维《宋元戏曲史》）也有人把郑光祖改为王实甫，称"关、马、白、王"。

王实甫也是大都人，他的杂剧作品今日得见者仅有三出，即《崔莺莺待月西厢记》《才子佳人拜月亭》《四丞相歌舞丽春堂》，其中，尤以《西厢记》最为著称。该剧情节自唐宋以来就广为人们传诵，并且有许多文坛名士创作为各种体裁的文艺作品，但是，只有王实甫的杂剧《西厢记》，达到了极高的艺术境界，堪称元代雅剧之冠。他又曾作有《破窑记》《贩茶船》《进梅谏》等，今皆已失传。

在元大都繁荣的杂剧艺术界，还有一个重要的组成部分，就是汇聚了众多的杂剧演员，这些演员来自全国各地。而这些优秀的演员与大多数杂剧作者一样，在当时的社会中地位皆很低下，故而他们的身世与生活经历往往鲜为人知。我们只能从很少的历史文献出找到蛛丝马迹。

如元代初年在大都杂剧界十分出名的女艺人珠帘秀，时人称："歌儿珠帘秀，姓朱氏，姿容姝丽，杂剧当今独步。"（见《南村辍耕录》）当时名士胡紫山、冯海粟等人皆曾作词赞誉之。可见这些演员虽然社会地位低下，但在文艺圈里面的声誉却是很响亮的。

是时，又有女艺人顺时秀，"姓郭氏，字顺卿，……姿态闲雅，杂剧为闺怨最高，驾头诸旦本亦得体"。（见《青楼集》）当时的文士刘时中、王元鼎等与她有着很深的友谊。元末诗人张昱曾作《辇下曲》诗赞之曰："教坊女乐顺时秀，岂独歌传天下名。意态由来看不足，揭帘半面已倾城。"

是时还有女艺人李芝秀："赋性聪慧，记杂剧三百余段。当时旦色号为广记者，皆不及也。"（《青楼集》）其他如燕山景、燕山秀等女艺人，夫妻皆为杂剧界的名人。他们的演艺活动与关汉卿等人的创作活动一起，为元大都杂剧艺术的发展繁荣做出了卓越的贡献。

在元大都的书画艺术界，除了赵孟頫、鲜于枢等杰出人物之外，还汇聚了许多人才，后人称："元人善画者多，其在大都：山水则刘融伯熙、乔达达之、韩绍煜子华、高克恭彦敬、李希闵克孝，竹石则李衎仲宾、于士行遵道、张德琪廷玉、李有仲方、刘德渊仲渊及张敏夫、高吉甫、刘广之，花果则谢佑之，人物则李士传，传写则焦善甫、冷起岩，而浮屠、羽士之善绘事者不与焉。"（《日下旧闻考》卷一百五十九引《粉墨春秋》）其中，又以李衎、高克恭、郭贯最为知名。

李衎，字仲宾，号息斋道人，大都人，历仕元世祖、成宗、武宗及仁宗四朝，官至吏部尚书、集贤大学士。李衎最擅长的是画竹石，时人苏天爵称："其翰墨余暇，善图古木、竹石，有王维、文同之高致。"当时许多著名文士都曾作诗赞赏李衎的画作，如著名大书画家赵孟頫就作有《题李仲宾野竹图》一诗曰："偃蹇高人意，萧疏旷士风。无心上霄汉，混迹向蒿蓬。"（赵孟頫《松雪斋集》卷五）又如名士邓文原作有《李息斋墨竹》一诗曰："石根夭矫出寒梢，明月空山舞翠蛟。散作江湖墨风雨，曾随海浪过南交。"（明·郁逢庆《书画题跋记》卷七）李衎不仅喜爱画竹，还作有《竹谱》一书，今传世。

高克恭，字彦敬，祖上世居西域，其后定居房山（今北京房山区），因此又号房山。时人称其："善山水，始师二米，后学董源、李成，墨竹学黄华，大有思致。怪石喷浪，滩头水口，烘锁泼染，作者鲜及。"（见《图绘宝鉴》）这个评价是恰如其分的。

高克恭的画作流传很广，也很受时人推崇。他曾绘有《秋山暮霭图》，当时名士邓文原在画作上题诗曰："傍溪草舍隔林中，望际云山翠几重。长忆雨余闲信马，轻鞭遥指两三峰。"名士赵孟頫亦在画上题诗曰："芦汀动江色，山翠护云衣。如何千载后，再有米元晖。"（见《清河书画舫》）

后人评其画曰："公暇登山赏览，故湖山秀丽，云烟变灭，蕴于胸中，发于毫端，自然高绝。其峰峦皴法师董源，云树学米元章，品格浑厚,元朝第一名画也。"高克恭又曾绘有《夜山图》,并在上面题诗曰:"万松岭畔中秋夜,况是楼居最上方。一段江山果奇绝,却看明月似寻常。"(见《清河书画舫》)时人评其画作,多以夜景难画而赞赏之。

郭贯,字安道,保定人。元世祖时任监察御史,元成宗时来到京城,任集贤院及翰林院官员,此后再任监察官员,到元仁宗时官至礼部尚书、中书左丞、集贤大学士。《元史》称:"贯博学,精于篆籀,当世册宝碑额,多出其手云。"自从金代党怀英之后,郭贯得以篆书享誉当时,可见篆书之难写。

郭贯的书法作品,大多为石碑上面的碑额篆字,其他作品比较少见。当时名士马祖常曾见到郭贯所篆写的一方圹铭,并评价曰:"金石之文,铭圹尤难。宋王安石最善铭(下疑有脱误),可知其难也。此《简氏铭》郭贯所撰。贯以篆名,文亦简不烦,序人子之孝,天之至性,难哉。"(见《石田文集》)

在元代的大都城里,有两位著名的雕塑家,一位是阿尼哥,另一位是刘元。阿尼哥是尼泊尔著名工匠,曾拜西藏高僧八思巴为师,皈依佛门,并随其来到大都城,受到元世祖赏识,参加了京城许多重要工程的修建工作。阿尼哥的佛塔建筑艺术和佛像雕塑艺术水准皆很高。如至元年间在皇城西侧建造有大圣寿万安寺,规模极为宏大,堪与皇宫相比,由阿尼哥主持建造的大白佛塔,巍然耸立在寺中,成为当时京城最壮观的标志性建筑之一。这座大白塔历代皆有修缮,一直保留到今天,故而京城民众俗称该寺为白塔寺。

阿尼哥除了在寺庙中建造佛塔、雕塑佛像之外,还曾为孔庙雕塑有孔、孟圣贤和其弟子陪祀十哲像,为三皇庙雕塑有三皇像及十大名医像等,又曾为大都城隍庙塑有诸神像,据时人记载,他在这座城隍庙中共塑有三清圣像3尊,左右神像约200尊。今天这些庙宇多已废毁无存,阿尼哥所雕塑的许多神佛造像也都随之毁灭了。

刘元,字秉元,蓟州宝坻人(当时属大都路)。他自幼即曾向著名雕塑艺人杞道录学习雕塑艺术,至元初年在来到大都城后,又开始向阿尼哥学习雕塑艺术。由于他兼习中外两种雕塑技艺，使得刘元的艺术水准有了极大提高，时人称其"神思妙合，遂为绝艺"。经他主持在元大都和元上都塑造的雕像极多，时人称："凡两都名刹有塑土、范金、搏换为佛者，一出正奉（指刘元）之手，天下无与比者。"（元·虞集《道园学古录》卷七《刘正奉塑记》）

此后到元成宗时，刘元又曾为南城东岳庙塑有仁圣帝、炳灵公、司命君，及众多侍臣、将军、武士、侍女、仙官、道士等造像。在元仁宗时，他又奉旨为青塔寺塑有文殊菩萨、普贤菩萨及四大天王像，两尊菩萨像皆高9尺，与真人相似。由于元朝统治者对技艺人才十分重视，故而给予阿尼哥和刘元很高的官位，阿尼哥官至大司徒，死后追封凉国公。刘元官至昭文馆大学士、正奉大夫、秘书监卿。

第四节　明北京的文学艺术

元朝灭亡后，都城一度迁移到南京，大都城改称北平府。及明太祖死后，燕王朱棣发动兵变，攻陷南京，将政治中心重新北移，北平府改称北京。北京在取得政治中心的同时，逐渐恢复了文化中心的地位。到明代中后期文坛发展日趋繁荣，臻于极盛。明朝末年，随着农民起义军和东北满洲少数民族势力的不断发展，形成越来越大的威胁，再加上其统治日益腐败，最终导致明朝灭亡。

在明代北京的文坛上，一方面，汇聚了来自全国各地的文化精英和杰出艺人，这些人的到来乃是北京文坛得以不断发展繁荣的基本动力。在诗文创作方面，来自全国各地的文人或是前来京城做官，或是参加科举考试，连年来往不绝，遂使这里成为他们从事创作的一个主要场所。另一方面，明朝宫廷画院的出现，使得书画艺人有了更加便利的入仕途径，也就给北京的书画界带来了繁荣发展。此外，由于匠籍制度的逐渐废除，许多艺人已经可以不再为封建统治者每年前来服役，故而来到京城的人数逐渐减少，使得北京的演艺界受到或多或少的影响。

在明代前期的北京文坛上，以翰林院及殿阁学士黄淮、金幼孜及"三杨"的名气最大。黄淮，字宗豫，自幼即聪慧能诗，永乐年间受到明成祖赏识，进入文渊阁，参与重大事务。后曾一度被诬入狱，在狱中所作诗文收入《省愆集》中。明仁宗即位后复加任用，宣宗即位后，更加受到重用。

及他退休还乡，明宣宗亲制御诗并御笔书以赐之，诗曰："天香早折仙桂枝，笔花五彩开凤池。蓬莱芝山直奎壁，近侍九重天咫尺。永乐圣人临御初，鞠躬稽首陈嘉谟。仁皇监国文华殿，左右谋猷共群彦。朕承大宝君万方，相与共理资贤良。倾心写情任旧老，而卿引疾先还乡。……"（明·黄佐《翰林记》卷十六《赐御制诗文》）君臣之间的真情在此流露，十分难得。

黄淮曾作有《丙申南还舟发通州》一诗曰："官舸乘风五两轻，寒流泊岸浪花生。张家湾上频回首，记取南归第一程。"通州为北京官员南下水路的起点，黄淮此诗当是在告老还乡时所作，心中甘苦，只有他自己知道。黄淮所著又有《介庵集》《归田藁》等，今皆已散佚不存。

金幼孜，名善，字幼孜，以字行于世。洪武年间进士，永乐年间受到明成祖赏识，凡有出征，即扈从左右，《明史》称："帝重幼孜文学，所过山川要害，辄命记之。幼孜据鞍起草立就。……所撰有北征前、后二录。"时人亦称其："真学该博，文章和平宽厚，类其德性，书兼工真行。"（见《御定佩文斋书画谱》）

永乐七年（1409年），北京宫殿初建成，金幼孜等人陪同明成祖来到北京，并且游览了万岁山和太液池，金幼孜作有《和胡学士春日陪驾游万岁山十首》，其诗曰："凤辇游仙岛，春残花尚浓。龙纹蟠玉砌，莺语度瑶宫。香雾浮高树，祥云丽碧空。五城双阙外，宛在画图中。"（之一）他又曾作有《元夕午门赐观灯五首》，其诗曰："鳌山新结彩，列炬照晴天。箫鼓瑶台上，星河绛阙前。彩妆千队好，绣簇万花研。观赏陪鸾驭，还歌既醉篇。"（之三）把京城元宵节的热闹情景十分生动地表现出来。

金幼孜的诗文大多被收入《金文靖集》十卷中，他又曾著有《北征前录》及《北征后录》，详细记载了随从明成祖北征大漠元朝残余势力时所见到的各地物产民风，这些著述产生较大影响，并被后人广为引用。

在北京文坛的"三杨"之中，杨士奇被称为"西杨"，杨荣被称为"东杨"，而杨溥被称为"南杨"。时人廖道南称："予观国史，谓溥与士奇、荣相继入相，时称'三杨'。士奇有相业，荣有相才，溥有相度，虽儿童妇女咸知其名。"（《殿阁词林记》卷一《殿学》）对"三杨"的特点加以概括。

杨士奇，名寓，字士奇，以字行于世。建文帝时被荐入翰林院为官，永乐年间受到明成祖赏识，参与朝廷要务，以辅佐皇太子为主。

此后在明仁宗、宣宗两朝更加受到重用。《明史》称："当是时，帝励精图治，士奇等同心辅佐，海内号为治平。帝乃仿古君臣豫游事，每岁首，赐百官旬休。车驾亦时幸西苑万岁山，诸学士皆从。赋诗赓和，从容问民间疾苦。有所论奏，帝皆虚怀听纳。"

时人对杨士奇的诗文多加推崇，如曹安曾云："宴集诗古今尤多，正统初鸿胪寺杨善《东郭草亭宴集诗》一册，予时年十三四，独喜少师杨士奇一首有杜意。'帝城南畔寻韦曲，浩荡风光三月中。衢路尘埃过雨净，园林草木竞春红。主人置酒兴非浅，众客题诗欢不穷。一杯一曲日西下，莫待银蟾生海东'。"（《谰言长语》）

杨士奇的著述十分丰富，据相关记载有《三朝圣谕录》三录、《西巡扈从纪行录》一卷、《北京纪行录》一卷、《南归纪行录》一卷、《展墓录》一卷、《杨氏家乘》二十卷及《东里集》二十五卷、《东里诗集》三卷、《东里续集》六十六卷、《东里别集》二卷、《玉堂遗稿》四册等。

杨荣，字勉仁，建文帝时为进士，任翰林编修。及明成祖夺得皇位，亦受到赏识，入文渊阁参与政务。此后历仕仁宗、宣宗、英宗诸朝，皆受到重用。时人对他的诗文多加赞赏："其学博，其理明，其才赡，其气充。是以其言汪洋弘肆，变化开阖而自合乎矩度之正，盖汎汎乎盛传于天下，得之者不啻若南金拱璧，宝而藏之，而今不可复得矣。"（《杨文敏集》王直序）

杨荣的诗文作品很多，其中不乏吟咏北京景致风物的佳作。如《京师八景》（即"燕京八景"）诗、《皇都大一统赋》等，在当时广为流传。他又作有《度居庸关》一诗曰："居庸峻绝自天成，凤翥龙骧壮北京。猛士防边严警柝，行人驻马听泉声。云连幽蓟千峰立，地接华夷万里程。圣代车书今一统，遐方无事乐升平。"（《杨文敏集》卷六）不仅显示了居庸关的险峻，也显示出明代前期武备的强盛。

杨荣的著述也很多，见于相关文献所著录者有《默庵集》《退思集》《北征记》《训子编》《静轩稿》《云山稿》，以及《杨文敏集》25卷、《两京类稿》30卷等。这些著述对人们了解明代北京的各方面情况，有很大助益。

杨溥，字弘济，自号水云居士，与杨荣为同年进士，永乐年间因辅佐皇太子被诬入狱。及明仁宗即位，才出狱复职。仕仁宗、宣宗、英宗诸朝，朝廷中有大制作，多为杨溥执笔。如"正统中，三殿新成，学士杨溥受命草诏，夜直东阁。作诗纪其事，有'奎宿光临东阁邃，觚棱影接北辰高'之句"。（明·黄佐《翰林记》卷六）

杨溥的诗文在当时也很有名，他曾作有《游正阳门诗二首》，其诗曰："登楼直上最高层，下瞰中原万里平。水出西湖环紫禁，山连东岱拱瑶京。累朝都邑于今盛，先帝经营此日成。自古臣劳君道逸，兔置千载咏干城。（之二）"他的这两首诗曾亲笔书写，墨迹一直流传到清代。

杨溥的著述也不少，如《杨文定公集》12卷、《诗集》4卷、《水云录》2卷、《用药珍珠囊诗括》2卷（狱中所作）等，惜多已亡佚。

在"三杨"之后的北京文坛，又有"二王"，即王直与王英，王直为东王，王英为西王。"二王"的名气虽然不如"三杨"，但文学创作成果也很丰富。王直，字行俭，为永乐初年进士，历仕成祖、仁宗、宣宗、英宗、景泰帝五朝，官至礼部尚书及吏部尚书。《明史》称："直为人方面修髯，仪观甚伟。性严重，不苟言笑。及与人交，恂恂如也。在翰林二十余年，稽古代言编纂纪注之事，多出其手。与金溪王英齐名，人称'二王'。"

时人俞汝楫称其"为诗文条畅简洁，在二十八宿中登显位、成大器者，以直为最"。王直所著，有《抑庵集》62卷，今存《抑庵文集》13卷，《后集》36卷，皆为文章。王直的诗作存世不多，如所作《帝京篇赠钟中书子勤》诗曰："曙阙霜钟启，宵衣玉漏催。云移宫扇静，风引御香来。剑履群公侍，簪裾万国陪。小臣瞻盛美，稽首颂康哉。"诗如其人，平和有余，才思不足。

王英，字时彦，为永乐初年进士，入翰林院供职。《明史》称："英端凝持重，历仕四朝。在翰林四十余年，屡为会试考官，朝廷制作多出其手，四方求铭志碑记者不绝。"时人则称："英屡为会试考官,多得名士。其文章典赡,一时重之。尤善草书,解缙以后一人而已,然豪纵跌宕,不拘小节,颇有晋人风度云。"

他的著述主要有《泉坡文集》6卷、《诗集》5卷。王英系帝王身边近臣,故其作品多与宫廷活动相关。他曾作有《敕建东阁新成次曾侍读韵》诗曰:"中天高阁起岧峣,人语遥闻在半霄。架插图书皆御敕,阑悬复道有虹桥。云边山色疑开画,花底莺声似奏韶。自愧清时同载笔,相如词气独飘飘。"东阁建于皇城之内,是皇帝身边文臣办公的地方,王英是这处殿阁建造的目睹者,作此诗形象描述了东阁的状况。

他又作有《仁宗挽词》一诗曰:"岁晏桥山路,风凄薄暮天。珠襦函夜月,石马锁寒烟。尊谥高千古,陵祠享万年。遗民念恩泽,犹想奏薰弦。"以大臣的身份为帝王作挽诗,在中国古代是不多见的。

在明代中期的北京文坛上,当以李东阳名气较大。李东阳,字宾之,北京人,自幼入京学,考中进士后,多任文职,历仕英宗、宪宗、孝宗及武宗四朝,官至吏部尚书、礼部尚书兼文渊阁大学士。武宗时大太监刘瑾专权,荼毒天下,李东阳因在朝中任职,故而颇受士林非议。

他的文学造诣很深,《明史》称其"为文典雅流丽,朝廷大著作多出其手。工篆隶书,碑版篇翰流播四裔。奖成后进,推挽才彦,学士大夫出其门者,悉粲然有所成就。自明兴以来,宰臣以文章领袖缙绅者,杨士奇后,东阳而已。立朝五十年,清节不渝。既罢政居家,请诗文书篆者填塞户限,颇资以给朝夕"。

他的著述十分丰富,有《怀麓堂文集》30卷、《诗集》20卷、《后集》30卷、《诗集》10卷、《怀麓堂续稿》20卷、《西涯古乐府》2卷、《麓堂诗话》1卷,及《讲读录》4卷、《燕对录》2卷、《东祀录》3卷、《南行稿》1卷、《北上稿》1卷、《求退录》3卷等,今存《怀麓堂集》100卷。

李东阳长期生活在北京,诗文中有许多描写北京风物民情的作品,如《西山杂诗七首》即是办公余暇郊游之作,其诗曰:"路绕山根断却连,乱藤深竹寺门前。贫怜白屋蒸藜饷,倦爱清溪枕石眠。载酒欲呼狂客醉,留诗聊结野僧缘。深山六月无炎暑,一坐西风万树蝉。(之三)"(见《怀麓堂集》)诗句平和,意境深远,确是大匠手笔。

在李东阳之后,北京文坛又有一个新的流派崛起,以李梦阳及何景明为代表。《明史》称"弘、正之间,李东阳出入宋、元,溯流唐代,擅声馆阁。而李梦阳、何景明倡言复古,文自西京、诗自中唐而下,一切吐弃,操觚谈艺之士翕然宗之。明之诗文,于斯一变"。

李梦阳,字献吉,自号空同子,弘治年间进士,他在任职期间因狂傲不羁,经常触怒权贵,几度下狱,最后还乡。李梦阳在北京生活的时间不长,故而描述北京风物的相关作品也不多,如《九日京中》诗曰:"白雁独横秋,黄花伴醉游。眼看风物换,愁杀仲宣楼。"(见《空同集》)表现了一位怀才不遇的书生的感慨。

又如他作有《帝京篇十首》,其诗曰:"慷慨燕云十六州,天门北极帝星头。烟尘一洗桑乾净,万载朝宗四海流(其三)。""自从黄帝破蚩尤,涿鹿云黄黑帝愁。盘石果然为碣石,幽州常作帝王州(其十)。"形象描写了北京作为帝王都城的宏大气势。

他的著述有《空同全集》66卷、《弘德集》33卷、《空同子》1卷、《李梦阳奏议》1卷,及编有《古文选增定》22卷,《李氏族谱》1卷,今《空同全集》存。

何景明,字仲默,又字大复,弘治年间进士,进入仕途不久,就遇到大太监刘瑾专权,何景明与之抗衡,受到排挤,故一直不得施展政治才干,最后称病回乡。《明史》称"景明志操耿介,尚节义,鄙荣利,与梦阳并有国士风。两人为诗文,初相得甚欢,名成之后,互相诋諆。梦阳主摹仿,景明则主创造,各树坚垒不相下,两人交游亦遂分左右袒。说者谓景明之才本逊梦阳,而其诗秀逸稳称,视梦阳反为过之。然天下语诗文必并称何、李,又与边贡、徐祯卿并称四杰"。

他的作品有《何大复集》37卷、《大复遗稿》1卷、《雍大记》36卷、《何子》1卷、《古乐府》3卷、《学约古文》3卷,辑《核汉魏诗》

14卷，今存《大复集》38卷。

何景明在京城生活的时间也不长，但是，在他的诗作中却有一些描述京城风物景致的佳句，如所作《皇陵》一诗曰："陵阙皇灵閟，山河王气遥。万年龙虎抱，每夜鬼神朝。玉碗留天地，金灯照寂寥。如看翠华度，缥缈在青霄。"（见《大复集》）他所吟咏的皇陵，就是今天的明十三陵，当时人们能够见到的仅有六座皇陵。

何景明又作有《元夕怀都下之游五首》诗曰："夹路香尘夜不开，万人争道看灯来。金波宛转千门里，银汉逶迤一道回（之三）。""紫禁烟花一万层，鳌山云里见崚嶒。繁星散作宫中炬，明月来为殿上灯（之四）。"虽然是回忆之作，却也把北京元宵节的热闹景象表现得活灵活现。他还曾作有《燕京十六夜曲四首》，则是描述元宵节过后北京的热闹依旧。

稍后于李、何的北京文坛，又有李攀龙、王世贞风云一时。二人齐名，时号"王、李"。李攀龙，字于鳞，嘉靖年间进士，在京城任职期间曾组织文士结为诗社，由此而名声大振。《明史》称："攀龙之始官刑曹也，与濮州李先芳、临清谢榛、孝丰吴维岳辈倡诗社。王世贞初释褐，先芳引入社，遂与攀龙定交。明年，先芳出为外吏。又二年，宗臣、梁有誉入，是为五子。未几，徐中行、吴国伦亦至，乃改称七子。诸人多少年，才高气锐，互相标榜，视当世无人，七才子之名播天下。"

李攀龙的著述有《沧溟集》32卷、《白雪楼诗集》10卷、《沧溟逸稿》2卷，今存《沧溟集》30卷，附录1卷。在他的诗文中，有许多与诗社朋友的唱和之作，如《十四夜同王、徐、宗、梁四君子集灵济宫二首》诗曰："爱此壶中约，人皆曼倩才。华灯悬日月，仙树接蓬莱。青鸟衔诗去，金貂换酒回。明宵祠太乙，方士汉宫来（之一）。"又如所作《碧云寺禅房》诗曰："佛土秋逾静，花台夜复香。一灯醒梦幻，孤磬散清凉。月上梵轮满，湖开天镜光。新诗分妙偈，病客对空王。"碧云寺为京师名刹，许多文士皆曾到此游览，赋诗填词。

王世贞，字元美，自号凤洲，又号弇州山人，嘉靖年间进士，官至南京刑部尚书。《明史》称："世贞始与李攀龙狎主文盟，攀龙殁，独操柄二十年。才最高，地望最显，声华意气笼盖海内。一时士大夫及山人、词客、衲子、羽流，莫不奔走门下。片言褒赏，声价骤起。其持论，文必西汉，诗必盛唐，大历以后书勿读，而藻饰太甚。"

王世贞的著述极为丰富，主要有《弇州四部稿》174卷、《弇州续稿》207卷、《弇州再续稿》11卷、《弇山堂别集》100卷、《弇山堂识小录》20卷、《弇州杂记》2卷、《明野史汇》100卷、《明朝丛记》6卷、《明异典述》五卷、《明盛事述》三卷、《明异事述》1卷、《觚不觚录》1卷、《嘉靖以来首辅传》8卷、《明朝公卿年表》24卷、《谥法考》6卷、《古今法书苑》76卷、《王氏书苑》、《书苑补》8卷、《画苑》10卷、《画苑补遗》2卷、《艺苑卮言》8卷、《附录》4卷等，今存《弇州四部稿》《弇山堂别集》《明异典述》《觚不觚录》等多种。

在王世贞的作品中有大量吟咏北京风物的诗文，如所作《香山晚眺》诗曰："千峰拥黛出凭栏，涿鹿苍苍指掌看。落日徐收天地色，飞泉不断古今寒。坐来清梵弥三界，行尽丹梯隐百盘。便欲舍身从此住，汉家车马动长安。"在无数吟咏香山的诗作中，王世贞这首诗当属上乘之作。

在明代后期，又有袁氏三兄弟在北京文坛显赫一时，时称"三袁"。长兄为袁宗道，二弟为袁宏道，三弟为袁中道。袁宗道，字伯修，万历年间进士，在翰林院任编修，官至右庶子，卒于京城。后人称："宗道本翰苑，当词章盛行之日，力排俗学，于唐好《香山集》，于宋好眉山诗文，尝名其斋曰'白苏'。年虽不逮，而公安诗文一派，实自宗道发之。"（见《湖广通志·人物志》）

袁宗道所著有《白苏斋类稿》24卷，今已亡佚，故而其诗文散见于后人各种文献中。在他存世诗作中，有些为吟咏北京风物的，如《高梁桥》一诗曰："觅寺休辞远，逢僧不厌多。一泓春水疾，十里柳风和。香雾迷车骑，花枝耀绮罗。半生尘土胃，涤浣赖清波。"高梁桥是京城民众春季踏青的一处野地，春天每逢风和日丽，游人云集,十分热闹。

袁宏道,字中郎,亦为万历年间进士,官至礼部主事。所著有《锦帆集》4卷、《解脱集》4卷、《潇碧堂集》20卷、《瓶花斋集》10卷、《华嵩游草》2卷,辑有《宗镜摄录》12卷、《楞严模象记》2卷、《德山暑谈》1卷、《金屑编》1卷、《广庄》1卷,纂修有《公安志》《桃源县志》《促织志》等,他的著作今多亡佚,仅有一部分诗文散见于各种历史文献中。

袁宏道曾作有《满井游记》、《游满井诗》、《高梁桥游记》、《游红螺岭记》、《张园看牡丹记》(又称《游牡丹园记》)等,广为京城文坛传诵。他又曾作有《潞河舟中和小修别诗次韵》一诗曰:"小艇烟江雨,长堤柿叶霜。一洲鱼子市,千树木奴乡。客去寻空谷,书来话酉阳。繁华销枕上,家近吕仙堂。"把兄弟惜别之情赋于诗句之中。

他还作有《感事》诗曰:"湘山晴色远微微,尽日江头独醉归。不见两关传露布,尚闻三殿未垂衣。边愁自古无中下,朝论于今有是非。日暮平沙秋草乱,一双白鸟避人飞。"(见《明诗综》)这种文人的感慨,在古代是很常见的。

袁中道,字小修,自幼即文才出众,以所作《黄山赋》及《雪赋》驰名文坛。为万历末年进士,官至南京吏部郎中。《明史》称其"从两兄宦游京师,多交四方名士,足迹半天下"。所著有《珂雪斋集》24卷、《外集》13卷、《舆图考》1卷、《武夷图说》1卷、《音注弥陀经》2卷及《游居录》等,这些著述多亡佚,仅有少量作品散见于各种历史文献中。

我们今日得见的袁中道描写北京风物民俗的作品,有《游高梁桥纪》《游香山纪》《游盘山纪》《游妙高峰纪》等。他曾作有《得胜门净业寺看水同黄慎轩兄弟》诗曰:"南人得水便忘忧,两日三番水际游。花露沾衣浓似雨,潭风著面冷如秋。拖莎带荇流何急,掷雁抛凫浪未休。天外画桥桥上柳,只疑身在望湖楼。"诗中所云"得胜门"即今德胜门,净业寺在德胜门内积水潭畔,是一处赏春的好地方。

袁中道又作有《琉璃桥》诗曰:"飞沙千里障燕关,身自奔驰意自闲。日暮邮亭还散步,琉璃桥上看青山。"琉璃桥是人们出入京城的陆路必经之地。在他诗中的"青山"即西山。

在明朝中后期,出现了一些专门描述北京风物民情的著作,成为北京文坛的一道亮丽色彩。其中,尤以蒋一葵的《长安客话》与刘侗、于奕正的《帝京景物略》最著名。蒋一葵,字仲舒,别号石原,曾在广西灵川县作过知县,颇有善政,此后曾在北京做官。

他治学十分勤奋,知识面十分广博,著述也十分丰富,"凡朝家典制、边腹沿革、礼乐、钱谷、兵甲、律例,以及书、数、剑、射之类,靡匪津津指掌,而历历可身亲见也"。(《长安客话》书后所附《蒋石原先生传》)他不仅从书中获取知识,还亲历亲询以获得第一手资料,为其著述提供依据,所著有《长安客话》8卷、《尧山堂外纪》100卷、《尧山堂偶隽》7卷、《八朝偶隽》6卷,以及《晋陵文献》《蒙古通纪》《金元曲谱集》《方言采听集》等。

《长安客话》一书共分8卷,其中"皇都杂记""郊坰杂记""畿辅杂记""关镇杂记"各2卷,有些内容是他自己撰写的,有些是引用的古代文献,还有一些则是抄录了时人的诗作,因此,这部笔记体著作的一个突出特点就是文采绚丽,有许多篇目都是古代散文的经典作品。

例如,在该书卷二《皇都杂记》中有《白塔寺》一篇,记载了白塔寺(元代称大圣寿万安寺、明代称妙应寺)的历史沿革,并且著录了明代白塔经过修建的变化,又引录了时人谢杰、杨四知、郭正域等人吟咏白塔的诗作。许多当时人的诗文作品皆赖是书转载而得以传世。

刘侗,字同人,崇祯年间进士,一度在京城生活,从而与于奕正相识。于奕正,字司直,北京人,仅考取秀才,在京城做小官。刘、于二人志向相同,喜好相近,遂共同撰写了《帝京景物略》一书。该书由刘侗撰写《叙》,于奕正撰写《略例》,可见二人的合作是很密切的。

全书共分8卷，作者称有130余目，实际只有129目。前3卷分别为城北、城东及城南内外，第4、5两卷为西城内外，应该与刘侗曾在西城做官有些关系。第6、7两卷为西山上下，第8卷为畿辅名迹。刘侗在该书的《叙》中称："奕正职蒐讨，侗职摘辞。"由此可见，二人在合作中，于奕正主要负责搜集资料，而刘侗主要负责撰写。此外，二人的朋友周损也参加了该书的编纂工作，负责把搜集到的历代诗歌加以整理。

该书各条目的前半部分为作者的描述，后半部分则是辑录与条目有关的古今诗歌。如卷一中的《水关》一目，实际上描述的是积水潭一带的景物，有湖有桥有水关，有寺庙有衙署有园林，有游人有节令有物产等等。后半部分则引用元明著名文士马祖常、宋本、袁宏道、米万钟等所作诗歌共75首。读其文，吟其诗，元明时期京城积水潭的繁华景象历历在目。

在明代北京的艺术界，继元代之后再次出现了繁荣景象。由于明代前期帝王的喜好，使得许多优秀的书画家得以来到京城，施展其艺术才华。明成祖、仁宗、宣宗等帝王皆十分喜好书画，而且书画技艺造诣颇深。如明宣宗，时人沈德符称："宣宗皇帝天授奇慧，所御书画俱非臣下可及。幼时曾见御笔一扇，上画折枝花及竹石，即自题六言于端云：'湘浦烟霞交翠，剡溪花雨生香。扫却人间炎暑，招回天上清凉。'烘染设色，直追宋人。书学颜清臣，而微带沈度姿态。"（见《万历野获编补遗》）

此后的明宪宗亦有画作传世，时人顾起元称："宪宗皇帝御笔文昌帝君像，帝君冠唐帽绿袍，束带履乌靴，手持玉如意，坐磐石上，神仪萧散出尘，真天人也。上题成化十九年御笔，押以'广运之宝'。旧为苑马卿卢公家藏，今人但知宣宗皇帝御画，不知宪宗皇帝宸翰之工如此，真人间之瑰宝也。"（见《客座赘语》）

由于帝王们的喜好，故而在皇城内召来一些著名书画家供职，书法优秀的在文渊阁供职，绘画优秀的在武英殿供职，称为待诏，都享受到很好的待遇。永乐年间，著名书画家有王绂、沈度等人。

王绂，字孟端，自号友石生，又号九龙山人，《明史》称其"博学，工歌诗，能书，写山木竹石，妙绝一时。……永乐初，用荐，以善书供事文渊阁"，官至中书舍人。他在北京生活的时间较长，曾绘制有《燕京八景图》，一时馆阁名士皆有题画之诗，这组山水画今存中国国家博物馆。

时人曾记载一件趣事，王绂"在京师，月下闻吹箫声，乘兴写《石竹图》，明旦访其人赠之，则估客也。客以红氍毹馈，请再写一枝为配。绂索前画裂之，还其馈"。这种狂傲的气质颇受时人推崇，称之为"高介绝俗"。王绂所著诗文被收入《友石山房稿》5卷，今有《王舍人诗集》5卷行于世。

王绂在作画之后，又往往自题诗句在画上，他曾为友人画竹石图一幅，并题诗曰："东风吹竹满前溪，溪竹丛深路欲迷。日日雨多泥滑滑，不堪鸡鹖再三啼。"他又曾绘有《山水》一幅，并题诗曰："山插层霄水接云，闭门默坐对炉熏。无边光景无穷趣，月浸梅花夜正分。"此后清朝宫廷中尚收藏有王绂所绘《江山秋霁图》《湖山书屋图》《湖山佳趣图》《江山万里图》《江山渔乐图》《溪山渔隐图》等多幅作品。

沈度，字民则，明成祖时被大学士杨溥荐举，供职宫廷中。《明史》称："是时解缙、胡广、梁潜、王琏皆工书，度最为帝所赏，名出朝士右。日侍便殿，凡金版玉册，用之朝廷，藏秘府，颁属国，必命之书。遂由翰林典籍擢检讨，历修撰，迁侍讲学士。"明成祖时，曾在京城西面的名刹万寿寺中铸有一口大钟，"径长丈二，内外刻佛号、《弥陀》《法华》诸品经，蒲牢刻《楞严咒》，铜质精好，字画整隽，相传为沈度笔，少师姚文荣公监造"。（见《长安客话》）该大钟今日尚存。

在明代，不仅明成祖十分喜爱沈度的书法，此后，"孝宗亦爱沈度书，宫中妙习焉。……故今朝廷制诰，犹用沈体云"。沈度的著述有《滇南稿》《随笔录》《西清余暇》《自乐稿》等，今多亡佚。沈度的书法作品后收藏于清朝宫廷中的有：《临乐毅论》帖、《书先贤格言》帖、《圣学传心》手卷、书《华严经》81册、《梅花百咏》1册等。沈度的弟弟沈粲亦以书法著称于时，明成祖曾将二沈比喻为晋代的"二王"。

在明代的书画界，戴进的技艺超出侪辈，却又未能得到帝王的赏识。戴进，字文进，号静庵，又号玉泉山人。他两次来到北京，第一次是在永乐末年随其父戴景祥入京，因其父画艺高超，使得他无法显名，故而回乡苦练绘画技法。到明宣宗时画技大成，再次入京。时人称："宣庙喜绘事，一时待诏有谢廷循、倪端、石锐、李在，皆有名。文进入京，众工妒之。一日，仁智殿呈画，文进以得意之笔上进第一幅《秋江独钓图》，一红袍人垂钓水次。画家唯红色最难著，文进独得古法。宣庙阅之，廷循傍奏曰：'此画甚好，但恨鄙野尔。'宣庙扣之，乃曰：'大红是品官服色，穿此钓鱼，甚失大体。'宣庙颔之，遂挥去余幅不复阅。"（见《画史会要》）

时人又曾云："尝闻英庙召取天下画工至京，试以'万绿枝头红一点，动人春色不须多'之题。诸人皆于花卉上妆点；独吾杭戴进画茂松，顶立一仙鹤；一人画芭蕉，下立一美妇，于唇上有一点红也。朝廷竟取画美妇之工，时以戴进不遇为命。窃意当时必以戴画妙则妙矣，然少春色之意。古人以花比美人，一点之红初切于题而脱出题情，尤见良工心独苦也，且于动人处尤易是。"（见《七修类稿》）戴进的运气固然较差，但由此亦可见封建帝王的艺术品位确实不高。文中所云"宣庙""英庙"即指明宣宗及明英宗。

在明代前期北京的宫廷画家中有蒋子成、边景昭、商喜、吴伟、吕纪、朱端等人较为知名，时人何良俊称："我朝特设仁智殿以处画士，一时在院中者，人物则蒋子成，翎毛则陇西之边景昭，山水则商喜、石锐、练川马轼、李在、倪端。陈遇季昭苏州人，钟钦礼会稽人，王谔廷直奉化人，朱端北京人，然此辈皆画家第二流人，但当置之能品耳。"（见《四友斋丛说》）到了明代中期以后，宫廷画家日渐凋零，越来越多的画匠供职于宫廷，绘画技艺一落千丈。

到了明代后期，在北京书画界名气显赫者则有董其昌与米万钟。

董其昌，字玄宰，自称香光居士，万历年间进士，数度在京城做官，曾任翰林院编修、太常卿、南京礼部尚书等职，死后谥曰文敏。他的书画技艺皆超群，《明史》称："其昌后出，超越诸家，始以宋米芾为宗。后自成一家，名闻外国。其画集宋、元诸家之长，行以己意，洒洒生动，非人力所及也。四方金石之刻，得其制作手书，以为二绝。造请无虚日，尺素短札，流布人间，争购宝之。精于品题，收藏家得片语只字以为重。"

董其昌著有《容台集》14卷、《别集》6卷、《画禅室随笔》4卷、《南京翰林院志》12卷、又刻有《戏鸿堂法帖》16卷。他对自己的书法颇为自负，曾把自己与元代大书画家赵孟頫加以比较，称："吾书与赵文敏较，各有短长。行间茂密，千字一同，吾不如赵。若临仿历代，赵得其十一，吾得其十七。"文中的"十一"，即十分之一；而"十七"则是十分之七。

董其昌的书法作品传世者较多，特别是当时的京城古刹神祠中，多有其书碑遗迹。如在京城天坛附近有名刹明因寺，寺中藏有两件珍宝，一件为明代高僧贯休所画《十六罗汉像》，另一件就是董其昌书写的《释迦如来成道记》。又如在京城正阳门（俗称前门）旁有关帝庙，庙中即有当时名士焦竑撰写祠文，由董其昌书写刻碑。

特别值得一提的是明代后期东林党人邹元标、冯从吾等人在京城建立首善书院，利用讲学来抨击时政。时有名士叶向高撰有《首善书院记》，董其昌亲笔书写后刻成石碑，在当时造成极大影响。可惜不久之后碑石就被奄党毁碎，董其昌的墨迹亦不存。

米万钟，字仲诏，号友石先生，亦为万历年间进士，官至太仆少卿。时人称其"行草得南宫家法，笔更沉古，与华亭董太史齐名，时有'南董、北米'之誉。尤善署书，擅名四十年，书迹遍天下，独不为权贵作一字"。文中所云"南宫"，即指宋代大书画家米芾，与米万钟同姓。在北京城里，当时也有许多米万钟的墨迹，如他在京城名刹长椿寺里撰写并刻碑有《水斋禅师传》。

米万钟的绘画造诣也很深，时人称其"写砚山向背，岩壑无不精具。皴擢极幽秀，殆举笔而思可传者。山水得倪迂法，花卉似陈伯阳"。文中所云"倪迂"，即指元代大画家倪瓒。

米万钟的著述有《园记》2卷、《石史》16卷、《北征吟》1卷、《篆隶考伪》2卷。由此可见，他对园林的建造也很有研究，并在京城西北建造有勺园，有人称为米家园。园中有风烟里、色空天、太一叶、松垞、翠葆榭、林于滋等景观。每逢岁时节令，米万钟往往请文友到此一聚。时有文士吕邦耀写诗曰："村村曲径彩崚嶒，野翠新妆宝炬蒸。短杖春宵扶待烛，轻舟寒夜渡无冰。林移金胜疑星聚，波入银绡讶月升。恍似梦中曾一照，米家园是米家灯。"（见《长安客话》）把这座私家园林的美景描述出来。

第五节　清北京的文学艺术

清代初年，北京的文坛承接亡明余绪，以明朝遗老们的声望较为著称，如钱谦益、孙承泽、吴伟业、顾炎武等。而入清才进入仕途的王崇简、毛奇龄等人也是在明末即展现其文学才华。到康雍乾盛世时，北京文坛已经发展到空前繁荣的程度，一大批著名文士，如施闰章、宋琬、陈维崧、徐乾学、高士奇、朱彝尊、姜宸英、王士禛、王鸿绪、查慎行、纳兰性德、戴震、纪昀、朱筠兄弟等皆活跃在此，从事文学创作，并由此产生了一大批优秀的诗文作品。在这些作品中，有更多对国泰民安的颂扬。

清代中期以后，随着国力的逐渐衰弱，帝国主义列强的侵略日甚一日，北京文坛的盛世气象也随之逐渐衰退，虽然也有一些著名文士在此活动，如翁方纲、法式善、于敏中、徐松、梅曾亮、盛昱等，他们也创作有一些传世佳作，但是比起康雍乾盛世来，却有着一定的差距。在这个阶段的文艺主题，出现的是忧国忧民的主旋律。到清末民初，由于受到西方文化的影响，北京文坛出现了白话文和新体诗歌的流行时尚，传统诗文创作受到极大冲击，日趋衰微，逐渐被时代所抛弃。

在清代的北京文坛上，章回小说创作开始占据了一定的地位。在清代初期，以大文豪曹雪芹为代表；而到了清代中后期，则以李汝珍为代表。与章回小说渊源较为紧密的，当属戏剧脚本的创作。在此前的元大都曾经出现过如关汉卿、马致远、王实甫等一批杰出的剧本创作者。

到了清代，又出现了一些著名剧作家，当以洪昇与孔尚任为代表。而戏剧表演艺术家也开始得到文艺界的关注，特别是自清中叶京剧产生之后，著名的京剧表演艺术家更是名噪一时，其代表人物当数余三胜、张二奎及程长庚等。他们的出色表演奠定了京剧在近代文坛上的重要地位，而他们培养出来的一批优秀弟子则进一步把京剧艺术发扬光大，成为首屈一指的国粹。

而作为国粹另一大支派的书画创作，在清代也发展到了巅峰状态。从清代初年开始，即有许多一流的书画家来到京城，供职于宫廷。其中，当以王原祁为代表。而此时的西洋画法也传入中国，学习其技法较好者，有焦秉贞。此外，在宫廷中有一些域外画家受到清朝帝王的赏识，其代表人物有郎世宁。在此后相当长的一段时间里，传统书画艺术仍然占据着主流位置，一直到清朝灭亡之后，西洋画法才在艺术界的影响越来越大。

在清初的北京明遗民中，当以钱谦益、孙承泽、吴伟业与顾炎武等四人在文坛的影响较大，而在四人中，只有顾炎武拒绝了清朝统治者的礼聘，没有进入仕途。钱、孙、吴三人虽然做了官，得到了荣华富贵，却没有留下什么好名声，受到后人的贬斥。

钱谦益，字受之，明万历年间进士，官至礼部侍郎，在明末的文坛上影响很大，也曾一度陷入党争之中。清军入关后，钱谦益遂主动归顺清廷，官至礼部尚书。他的著述较为丰富，主要有《牧斋集》《初学集》《有学集》《列朝诗集》等，至乾隆三十四年（1769年），清高宗称其为"有才无行之人"，"大节有亏，实不足齿于人类"，（《清高宗实录》卷八百三十六）遂下令禁毁其所著《初学集》《有学集》等书籍，但后世仍加流传。

时人称其"学殖鸿博，论诗称扬乐天、东坡、放翁诸公，而明代如李、何、王、李，概挥斥之。……平生著述，大约轻经籍而重内典，弃正史而取稗官，金银铜铁不妨合为一炉"。他曾作有《后观棋绝句》一诗曰："寂寞枯枰响沉滲，秦淮秋老咽寒潮。白头灯影凉宵里，一局残棋见六朝。飞角侵边劫正阑，当场黑白尚漫漫。老夫袖手支颐看，残局分明一着难。"钱谦益通过吟咏残局而借喻明清之际的世事变迁，颇得诗人旨趣之深意。

孙承泽，字北海，北京人，崇祯年间进士，官至刑科都给事中，到清初归降后，官至都察院左都御史。他的著述十分丰富，见于各种文献著录有《烈皇勤政记》1卷、《思陵典礼记》4卷、《春明梦余录》

70卷、《天府广记》44卷、《畿辅人物志》20卷、《四朝人物略》6卷、《益智录》20卷、《元朝典故编年考》10卷、《学典》30卷、《九州山水考》3卷、《河记》2卷、《庚子消夏记》8卷、《研山斋图绘集览》3卷、《研山斋墨迹集览》1卷、《法书集览》3卷、《闲者轩帖考》1卷、《己亥存稿》1卷等，这些著述许多今日仍然是人们从事历史研究的重要参考资料。

如《春明梦余录》为研究明代政治史提供了重要的掌故，而《天府广记》《畿辅人物志》等书，则为研究明代北京历史文化提供了大量丰富的信息。孙承泽在北京南城有一处雅致的私家园林，称孙公园，他在京城西郊又建有一处别墅，成为研经、著史、考订字画的主要场所。

吴伟业，字骏公，明崇祯年间进士，曾任翰林院编修，及清朝定鼎后，来到北京，任秘书院侍讲。所著有《梅村集》40卷、《绥寇纪略》12卷、《春秋地理志》等。《清史稿》称："伟业学问博赡，或从质经史疑义及朝章国故，无不洞悉原委。诗文工丽，蔚为一时之冠，不自标榜。性至孝，生际鼎革，有亲在，不能不依违顾恋，俯仰身世，每自伤也。"

在吴伟业的诗作中，有些显示出他入仕清朝的无奈，如所作《将至京师寄当事诸老》诗曰："莫嗟野老倦沉沦，领略青山未是贫。一自弓旌来退谷，苦将行李累衰亲。田因买马频书券，屋为牵船少结邻。今日巢由车下拜，凄凉诗卷乞闲身。"（之二）

他又有许多诗作涉及时政得失，如所作《杂感》诗曰："闻说朝廷罢上都，中原民困尚难苏。雪深六月天围塞，雨涨千村地入湖。瀚海波涛飞战舰，禁城宫阙起浮图。关山到处愁征调，愿赐三军所过租。"（之一）（"居庸千尺蓟门低，八部云屯散马蹄。日表土中通极北，河源天上接安西。金城将吏耕黄犊，玉垒山川祭碧鸡。世会适逢须粉饰，十年辛苦厌征鼙。"（之三）在这里，吴伟业表现出对清朝统治者在社会动荡的局势中仍然在皇城中修建佛寺的不满。

顾炎武，字宁人，时人尊称为亭林先生。为明朝诸生，明亡清兴，守母训，不入仕途，遍游天下，曾到北京。顾炎武所著有《亭林文集》6卷，《诗集》5卷，《馀集》1卷，《佚诗》1卷，又著有《肇域志》100卷、《天下郡国利病书》120卷、《历代帝王宅京记》20卷、《北平古今记》10卷、《日知录》32卷、《日知录之馀》4卷、《亭林杂录》1卷、《谲觚》1卷、《二十一史年表》10卷、《明季实录》6卷、《万岁山考证》1卷、《昌平山水记》2卷、《金石文字记》6卷、《经世篇》12卷等。

史称："炎武之学，大抵主于敛华就实。凡国家典制、郡邑掌故、天文仪象、河漕兵农之属，莫不穷原究委，考正得失，撰天下郡国利病书百二十卷；别有肇域志一编，则考索之余，合图经而成者。"顾炎武所作《京东考古录》《昌平山水记》等，记录了他在北京及周边地区游历的状况。顾炎武在北京生活的时间并不长，但是后人仍然在这里修建有顾亭林祠，岁时加以纪念，以表示对这位著名学者的景仰。

在清代初期的北京文坛上，以施闰章和宋琬齐名，合称南施北宋。施闰章，字尚白，号愚山，顺治年间进士，初在京城任职，后历任外官，晚年回京任职，不久病故。所著诗文被称为宣城体，有《学余堂文集》28卷、《诗集》50卷、《外集》2卷、《矩斋杂记》2卷、《蠖斋诗话》2卷等。当时名士王士禛曾曰："康熙已来诗人，无出南施、北宋之右，宣城施闰章愚山、莱阳宋琬荔棠也。"

施闰章在北京生活的时间并不长，却留下一些吟咏北京的诗文，如《南郊赋》描述清朝帝王在天坛祭祀的活动，《南苑大阅赋》描述帝王借打猎以练兵的盛况等等。他的诗作也描写了一些在北京的生活，如《报国寺送客因登毗卢阁》一诗曰："别筵人已散，乘兴阁重游。风日开亭午，园林报早秋。层轩栖鸽遍，危槛断云留。谁送尘中眼，凭虚到十洲。"

报国寺是京中人士送别出京人士的首选之地，而毗卢阁则是游客到寺中登临的最佳场所。施闰章又作有《九日同张友鸿吴六益登毗卢阁》一诗曰："长安何处问金台，寺阁时衔竹叶杯。北极晴霞连塞起，西山翠嶂佛天回。九衢车马黄尘暗，万里风烟白雁哀。此日故园荒径在，东篱丛菊向谁开。"同一地点，同一季节，而诗作给人的感受却是完全不同的，由此可见施闰章的文学造诣是很深厚的。

宋琬，字玉叔，也是顺治年间进士，官至四川按察使。他在北京生活的时间也不长，却在北京文坛产生了较大影响。《清史稿》称："始琬官京师，与严沆、施闰章、丁澎辈酬倡，有'燕台七子'之目。其诗格合声谐，明靓温润。既构难，时作凄清激宕之调，而亦不戾於和。王士祯点定其集为三十卷。尝举闰章相况，目为'南施北宋'。殁后诗散佚，族孙邦宪缀辑之为六卷。"

宋琬的著述有《安雅堂集》10卷、《安雅堂拾遗文》2卷、《安雅堂诗》及《安雅堂拾遗传》不分卷、《未刻稿》10卷、《二乡亭词》4卷，他又曾纂修《永平府志》24卷。时人对宋琬的文学才华十分推崇："莱阳宋荔棠先生以文章名海内久矣，乃人称其登临谦集之暇好为小词，甫脱藁辄为好事袖去，'尚书红杏，郎中花影'之句，恒津津人齿颊间云。"（清·孙默《十五家词》卷六）

宋琬因系成名于京城，故而其诗作中也有一些吟咏北京的名篇，如《慈仁寺看海棠诗》曰："并马来看锦树林，殿门春尽昼阴阴。雨余休沐逢花落，病起登临见客心。隔叶流莺娇欲歇，上方哀磬晚逾沉。当年金谷追游地，松柏邱陵自古今。"借赏花而忆古叹今。

与施、宋同时的著名文士则有王崇简、王熙父子，陈维崧、徐乾学、高士奇、朱彝尊、毛奇龄、姜宸英等人。王崇简，字敬哉，北京人，明崇祯年间进士，到清代，官至礼部尚书。他所著有《青箱堂文集》33卷、《诗集》33卷、《冬夜笺记》1卷。

王崇简在京城有一处十分雅致的私家园林，称为恰园。王崇简在修好这处园林不久，就在这里宴请朱彝尊、陆元辅、邓汉仪、毛奇龄、陈维崧等人，朱彝尊为此作诗曰："屡满西南户，堂临上下洄。落成凡几日，胜引喜先陪。监史新图格，壶觞旧酸醅。谢公能赌墅，会见捷书来。"（见《曝书亭集》）当时名士查慎行又有元宵节前在恰园观灯所作诗曰："二分明月一分灯，引入仙山第几层。洞口烟霞浓似染,雪边亭榭暖如蒸。林疏竹密参差见,径转廊回取次登。却向江湖回白首,十年重到梦何曾。"(见《敬业堂诗集》)王崇简自己也曾作有《正月十六夜,儿熙张灯怡园侍饮诗》曰:"闲园暮霭映帘栊,秉烛游观与众同。月上空明穿径白,灯悬高下满林红。承欢春酒烟霞窟,逐队银花鼓吹中。共羡风光今岁好,昇平惟愿屡年丰。"由此可见,怡园在当时成为文士们经常游览的地方。

王崇简之子王熙,字子雍,顺治年间进士,曾任礼部侍郎兼翰林院掌院学士、左都御史、保和殿大学士兼礼部尚书等职,死后谥为文靖。他的著述被后人辑为《王文靖集》24卷。

陈维崧,字其年,《清史稿》称:他虽然很有才华,"每名流宴集,援笔作序记,千言立就,瑰玮无比,皆折行辈与交"。却在科举考试中屡屡落榜,此后出游京城,与名士朱彝尊交往,并同刊《朱陈村词》一书颇受时人赞赏,遂在京城文坛引起重视,后以才学任翰林院检讨。

他的著述有《湖海楼诗集》12卷、《迦陵文集》18卷、《迦陵词》30卷、《两晋南北集珍》6卷、《妇人集》1卷、《陈检讨四六》20卷、《四六金针》1卷、《今词苑》3卷等。陈维崧的赋文最为时人称道,如所作《瀛台赐宴诗序》就是用的赋体,"……若夫路入东华,桥通西苑,沙偏泥泥,秋未露以何晞;树只骚骚,夜不风而自响。霏微残月,银弓犹挂于高城;错落疏星,珠斗尚斜于远岫。……"又如所作《方渭仁都门怀古诗序》曰:"若夫五陵南去,地入中原;三辅西来,河冲北戒。军都苍莽金辽,则处处斜阳;碣石沉雄燕赵,则年年蔓草。一城木叶,霜未染以先红;万里边墙,月既沉而愈白。井上之灯忽紫,蒯彻难逢;市中之筑空豪,庆卿安在。……"他的诗作也很受时人推崇。

徐乾学,字原一,康熙年间进士,曾入直南书房,升内阁学士,长期在清圣祖身边供职,《清史稿》称:"时乾学与学士张英日侍左右,凡著作之任,皆以属之。学士例推巡抚,上以二人学问渊通,宜侍从,特谕吏部,遇巡抚缺勿预推。"后官至刑部尚书。

徐乾学的著述有《憺园集》38卷、《读礼通考》120卷、《资治通鉴后编》184卷、《传是楼书目》8卷、《传是楼宋元板书目》1卷等。徐乾学因曾在翰林院任职时间较长，故而作有《翰林院题名碑记》《翰林院教习堂题名碑记》等记文。他又因为长期侍从清圣祖，遂作有《乾清宫读书记》《瀛台恩宴记》《御赐书记》《赐游西苑记》等文章，描述了一些皇家活动的不同侧面。

徐乾学又作有一些诗歌，描述了他在京城的生活，如《请告得旨留别诸公》一诗曰："萧萧白发滞长安，此日都亭拟挂冠。入世艰虞忧履虎，当门芳馥怕锄兰。一官鸡肋中情淡，万卷牛腰远道难。最是君恩如海岳，禁庭回首涕汍澜。"这是徐乾学告老还乡时的感慨，仕途艰险由此可见一斑。

高士奇，字淡人，未参加科举考试，被荐入内廷，供职20年，得到清圣祖赏识，在西安门内赐宅第，又与张英一起首入直南书房，官至詹事府詹事。高士奇的著述十分丰富，有《经进文稿》6卷、《清吟堂集》9卷、《归田集》14卷、《蔬香词》1卷、《竹窗词》1卷、《独旦词》1卷、《金鳌退食笔记》2卷、《松亭行纪》2卷、《塞北小钞》1卷、《东巡扈从日录》1卷、《西巡扈从日录》2卷、《江村消夏录》3卷、《北野抱瓮录》1卷、《天禄识馀》2卷、《春秋地名考略》14卷、《左传纪事本末》53卷、《编珠补遗》2卷、《续编珠》2卷，《三体唐诗补注》6卷、《续三体唐诗》8卷、《唐诗掞藻》8卷等。其中，《金鳌退食笔记》所记皇城西苑景物颇为详细，乃是研究清代宫殿园林的重要资料。他撰写的《左传纪事本末》在传统史学界也有很大影响。

他的诗文多有描述侍从御驾活动的情景，如《扈从恭纪二首》之诗（其一）曰："金麾玉幰动鸣銮，宫扇开时夹道看。谈荡柳风初换律，笼葱花气不惊寒。天伦有乐诚非易，帝孝无涯礼更难。此日寰瀛同颂祝，呼嵩遥彻五云端。"其作品内容多为歌功颂德。

朱彝尊，字锡鬯，清代著名大学者，与陈维崧一样，皆以布衣受到清圣祖赏识，供职内廷，史称："当时王士祯工诗，汪琬工文，毛奇龄工考据，独彝尊兼有众长。……又尝选《明诗综》，或因人录诗，或因诗存人，铨次为最当。"

朱彝尊的著述非常丰富，主要有《曝书亭集》80卷、《附录》1卷、《曝书亭词》7卷、《江湖载酒集》三卷、《蕃锦集》2卷、《日下旧闻》42卷、《经义考》300卷、《古文尚书辨》1卷、《孔子弟子门人考》1卷、《孟子弟子门人考》1卷、《明诗综》100卷、《词综》34卷、《静志居诗话》24卷、《潜采堂书目》4卷、《曝书亭宋元人集目》1卷等。如《日下旧闻》一书在个人搜辑北京历史文化资料方面，堪称空前绝后。

在朱彝尊的诗文作品中有许多描述北京风土民情、历史掌故的佳作，如《土木堡》一诗曰："平芜一篑狼山下，九月驱车白雾昏。到眼关河成故迹，伤心土木但空屯。元戎苦战翻回跸，诸将论功首夺门。早遣金缯和社稷，祠官谁奉裕陵园。"又如所作《燕京郊西杂咏同诸君分赋》，计有《十八盘》《高梁河》《钓台》《君子城》《芙蓉殿》《黄牛冈》《香水院》《夹山寺》《瓮山》等9首，描述了京城西郊的主要名胜。

姜宸英，字西溟，才华出众，却也是屡次科考皆落榜，《清史稿》称："宸英绩学工文辞，闳博雅健。屡踬于有司，而名达禁中。圣祖目宸英及朱彝尊、严绳孙为海内三布衣。"故而以举荐入史馆，参与《明史》的纂修。此后又曾参加科举考试，一直到70余岁才考中进士，圣祖命其在翰林院任编修，不久却又遭到冤狱，死于狱中。

姜宸英的著述有《湛园集》8卷、《苇间诗集》5卷、《湛园札记》4卷、《湛园题跋》1卷等。名士王士禛称："慈溪姜编修西溟（宸英），文章豪迈有奇气，本朝古文一作手也。其论文自唐、虞三代以来，盛于六经，衰于《左氏》，而再盛于战国。盖以《左氏》多迂阔，不似《国策》之纵横。持论太高，故世多河汉其言。"（见《分甘余话》）

姜宸英在京城时，经常与朱彝尊、徐乾学、王士禛等一起游览名胜古迹，联句赋诗，而他自己的诗作也反映出这种生活。他作有《贾岛峪》一诗曰："荒坟无路草芊芊，高冢何人亦道边。占得千秋五字在，休将穷薄笑前贤。"姜宸英在游览贾岛峪中的贾岛墓之后所发出的感慨，正是他自己怀才不遇的写照。

毛奇龄，字大可，康熙年间以博学鸿词而任翰林院检讨，他的著述极为丰富，有《西河集》190卷、《西河填词》6卷、《西河诗话》8卷、《武宗外纪》1卷、《后鉴录》7卷、《胜朝彤史拾记》6卷、《圣谕乐本解说》2卷，《皇言定声录》8卷，《竟山乐录》4卷、《古今通韵》12卷、《湘湖水利志》3卷、《蛮司合志》15卷等等。《清一统志》曾记载："奇龄博览载籍，于学无所不窥，好议论，工诗、古文辞，撰述之富，为一时冠。所著文集、经解，及彤诗、拾遗记等诸书，凡数百卷。"

毛奇龄的许多诗文都是描述京城景物的，如他曾作有《万柳堂赋》《故明二畿赋》等，一时广为流传。又如他所作《入直即事》一诗曰："平明入直噪宫鸦，傍午花阴一榻斜。却笑玉堂无管钥，尚令清梦得还家。"描述出他在翰林院的闲适生活。

康熙年间，活跃在京城文坛上的，又有王士祯、王鸿绪、查慎行、纳兰性德及戴震等人。王士祯，字贻上，顺治年间进士，官至刑部尚书。《清史稿》称："明季文敝，诸言诗者，习袁宗道兄弟，则失之俚俗；宗锺惺、谭友夏，则失之纤仄；敩陈子龙、李雯，轨辙正矣，则又失之肤廓。士祯姿禀既高，学问极博，与兄士禄、士祜并致力于诗，独以神韵为宗。取司空图所谓'味在酸咸外'、严羽所谓'羚羊挂角，无迹可寻'，标示指趣，自号渔洋山人。主持风雅数十年。"

王士祯的著述也极为丰富，主要有《带经堂全集》92卷、《衍波词》2卷、《居易录》34卷、《池北偶谈》26卷、《香祖笔记》12卷、《古夫于亭杂录》6卷、《分甘馀话》4卷、《蜀徼纪闻》4卷、《陇蜀馀闻》1卷、《皇华纪闻》4卷，又编纂有《古诗选》32卷、《感旧集》16卷、《五代诗话》12卷、《带经堂诗话》30卷、《新城县志》14卷等。

王士祯因为长期生活在北京，故而在他的诗文中有着大量对京城风物民情的描述。如《慈仁寺双松歌赠许天玉》《洗象行》《双剑行孙退谷侍郎席上作》《香山寺月夜》《观秘魔崖至龙潭作》《卧佛寺》《卢师山》《黄姑寺》等等，不胜枚举。

王鸿绪，字季友，康熙年间进士，官至工部尚书。在京城任职期间，曾主持《明史》的纂修工作。所著有《横云山人集》16卷、《明史稿》310卷。王鸿绪在仕途上的政绩颇受时人非议，但是，他在《明史》的纂修方面确实有着不可磨灭的功劳，时人称："王鸿绪《明史稿》在私家著述中体例最为完善。康熙间，诏修《明史》，鸿绪实董其役。一时名人如万斯同辈，皆与雅故商榷讨论，故斯稿之成，实多集思广益之功。

考乾隆间张廷玉《撰进明史表》曰：'旧臣王鸿绪《明史稿》经名人三十载之用心，进在彤帏，颁来秘阁，首尾略具，事实颇详，爰即成编，用为初稿'，足征是书之精，已有定论。其于三百年之故实，十七朝之文献，天官、舆地、兵刑、食货诸大政，搜采靡遗，灿然大备。发潜德之幽光，垂一世之大经，识综三长，智周五际，惟是书其无愧焉。"

王鸿绪的诗文，如其人品，多为歌功颂德之作，如所作《冬日驾幸南苑恭纪二首》诗曰："驰道黄金埒，离宫白玉扉。兕衮千队列，毳帐五云依。田犬衔铃去，银獐带箭飞。始知冰雪候，灵囿自芳菲（之二）。"清朝帝王狩猎盛况，于此诗中可见一斑。

查慎行，字夏重，号初白，曾拜名士黄宗羲为师，学习《易经》。清圣祖南巡时，被举荐，受到赏识，由此进入宫廷供职，任翰林院编修。他的著述主要有《敬业堂集》50卷、《初白庵诗评》3卷、《余波词》2卷、《人海记》2卷、《周易玩辞集解》10卷、《易说》1卷、《补注东坡编年诗》50卷等。

查慎行的诗文创作颇受时人推崇，当时大学者纪昀称："明人喜称唐诗，自国朝康熙初年窠臼渐深，往往厌而学宋，而生硬率俚之病生焉。得宋人之长，而不染其弊，数十年来，固当为慎行屈一指也。"

在查慎行的诗文中，多有描述京城风物民情的作品，如查慎行曾在元宵节被召入西苑（今北海公园）观赏烟火，作有七绝八首，诗曰："火齐珊瑚并陆离，山光林影互参差。静无人语来天上，微觉风摇五彩旗（之四）。""百道金蛇闪苑城，须臾万鼓助砰輷。误疑雷电前山起，勤政楼头月正明（之六）。"（见《敬业堂诗集》）把燃放烟火前后的热闹景象表达在诗句中。

他又曾作有元宵节赐宴观灯诗曰："琼岛东瞻璧月圆，箫韶吹彻九重天。壶倾潋滟金尊溢，盘贮芳馨玉馔鲜。绛蜡班随中使导，黄柑例许侍臣传。太平时节观灯夜宴，既醉唯当祝万年。"（见《敬业堂诗集》）时当康乾盛世，诗作亦有繁华景象。

纳兰性德，原名成德，字容若，满洲正白旗人，康熙年间进士，官至乾清门侍卫，为清代著名词人。时人震钧称："纳兰性德容若，大学士明珠子。康熙癸丑进士，官侍卫。少聪敏，过目成诵。十九成进士，二十二授侍卫。拥书数万卷，萧然若寒素。弹琴歌曲，评书画以自娱。书学褚河南，间出入黄庭内景经。幼善骑射，自入环卫，益便习，发无不中。以意制器，多巧倕所不能到。……所作有《饮水诗词集》《通志堂文集》《周易集义》《粹言》《礼记集说补正》，所居名珊瑚阁。"（见《天咫偶闻》）

纳兰性德所作词，颇有南唐李后主的韵味，如所作《浪淘沙》一阕曰："夜雨做成秋，恰上心头。教他珍重护风流，端的为谁添病也，更为谁羞。密意未曾休，密愿难酬。珠帘四卷月当楼，暗忆欢期真似梦，梦也须留。"他又曾作有《清平乐·弹琴峡题壁》曰："泠泠彻夜，谁是知音者。如梦前朝何处也，一曲边愁难写。极天关塞云中，人随雁落西风。唤取红巾翠袖，莫教泪洒英雄。"（《纳兰性德词选》）弹琴峡是北京前往塞外的必经之地，古往今来，许多文人墨客皆在此留有诗词。

戴震，字东原，是清代中期著名学者。年轻时来到北京，与京城名士纪昀、朱筠、钱大昕、王鸣盛等相结交。清高宗开四库馆，广召天下名士，戴震被荐充任纂修，与邵晋涵、周永年等并称"五徵君"。后赐同进士出身，在翰林院任庶吉士，死于北京。

《清史稿》称："震以文学受知，出入著作之庭。馆中有奇文疑义，辄就咨访。震亦思勤修其职，晨夕披检，无间寒暑。经进图籍，论次精审。所校《大戴礼记》《水经注》尤精核。又于《永乐大典》内得《九章》《五曹算经》七种，皆王锡阐、梅文鼎所未见。震正讹补脱以进，得旨刊行。……震之学，由声音、文字以求训诂，由训诂以寻义理。"

戴震的著述十分丰富，所著有《东原集》10卷、《尚书义考》2卷、《毛郑诗考》正4卷、《诗经补注》2卷、《考工记图注》2卷、《经考》5卷、《原善》3卷、《方言疏证》13卷、《声韵考》4卷、《声类表》10卷、《转语》20章、《续天文略》1卷、《句股割圜记》3卷、《五经算术考证》1卷、《水经注校》30卷、《水地记》1卷、《汾州府志》36卷、《屈原赋注》6卷、《通释》2卷、《音义》3卷等。

到了乾嘉年间，活跃在北京文坛上的则有纪昀、朱筠、朱珪兄弟及翁方纲、法式善、于敏中等人。纪昀，字晓岚，一字春帆，号石云，乾隆年间进士，官至礼部尚书。《清史稿》称："昀学问渊通。撰《四库全书提要》，进退百家，钩深摘隐，各得其要指，始终条理，蔚为巨观。惩明季讲学之习，宋五子书功令所重，不敢显立异同。而于南宋以后诸儒，深文诋諆，不无门户出入之见云。"

纪昀的著述十分丰富，主要有《纪文达遗集》16卷、《玉溪生诗说》2卷、《史通削繁》4卷、《沈氏四声考》2卷、《阅微草堂笔记》24卷等。特别是由他主持纂修的《四库全书总目提要》，更是把中国古代学术、传统文化的大致脉络梳理清楚，对后世产生极大影响。

后人称："纪文达公昀生当乾嘉之时，泰西格致之学，尚未发明尽致，亦未流及中土，而文达公当时已知之，谓非卓识宏才，不能如是。所撰《四库提要》一则云：'欧罗巴人天文推步之密，工匠制造之巧，实逾前古，其议论奇诈迂怪，亦为异端之尤。国朝节取其技能，而禁传其学术，具存深意。'……综观《提要》所云，纪文达公早已知之于百余年前，其识见过人，岂不伟欤！"（刘声才《芟楚斋随笔》）这个评价是比较公允的。

纪昀的诗文写得也很好，如所作《平定回部凯歌》12首，其诗曰："铙歌一路响寒云，猎猎风声万马群。行到来时曾战地，降蕃犹认上将军。"(见《晚晴簃诗汇》)表现出清朝政府为维护国家统一而远征西北，大军凯旋的情景。

朱筠，字竹君，一字东美，号笥河，北京人，乾隆年间进士，官至翰林院侍读学士。《四库全书》的纂修，就是经由朱筠倡议的。他在北京的宅第中有斋称为椒花舫。《清史稿》称："筠博闻宏览，以经学、六经训士。谓经学本于文字训诂，周公作《尔雅》，《释诂》居首；保氏教六书，《说文》仅存，于是叙《说文解字》刊布之。视学所至，尤以人才、经术、名义为急务，汲引后进，常若不及。因材施教，士多因以得名，时有'朱门弟子'之目。好金石文字，谓可佐证经史。诸史百家，皆考订其是非同异。为文以郑、孔经义，迁、固史书为质，而参以韩、苏。诗出入唐、宋，不名一家，并为世重。筠锐然以兴起斯文为己任，搜罗文献，表章风化，一切破崖岸而为之。好客，善饮，谈笑穷日夜。酒酣，论天下事，自比李元礼、范孟博，激扬清浊，分别邪正，闻者悚然。"

他著有《笥河文集》16卷、《诗集》20卷。在朱筠的诗文中，有许多描述北京风物民情的作品，如他曾经路过涿州（今河北涿州），就作有《凹字城》《华阳台》《卢植墓》《郦道元宅》四首描述名胜古迹的诗歌。

朱珪（又作朱圭），字石君，号南厓，晚号盘陀老人，为朱筠之弟。乾隆年间进士，历任安徽巡抚、广东巡抚、左都御史、兵部尚书、两广总督等职，官至体仁阁大学士。历官各地时多有善政，死后，清仁宗亲临其墓赐奠。朱珪的著述，有《知足斋文集》6卷、《诗集》20卷、《诗续》4卷、《进呈文稿》2卷等。

《清史稿》称："珪文章奥博，取士重经策，锐意求才。嘉庆四年典会试，阮元佐之，一时名流搜拔殆尽，为士林宗仰者数十年。学无不通，亦喜道家，尝曰：'朱子注《参同契》，非空言也'。"朱珪自入仕途，即受到清高宗赏识，是时大学士刘统勋曾曰："北直之士多椎鲁少文，而珪、筠兄弟与纪昀、翁文纲等皆学问渊博，实应昌期而生者。"清高宗则曰："纪、翁文士，未足与数，朱圭不惟文好，

品亦端方。"(见《啸亭杂录》)

朱珪与其兄朱筠情谊极深,曾作有《除夕读笥河先兄七古诗钞本》一诗曰:"笥河诗笔老更奇,天巧出险非人为。黄山万古松倒侧,玉华千笋神雕剞。我严金鼓程不识,何来飞将横绝域。四围解马卧正酣,一矢穿虓石已泐。后死于今十七年,遗编读罢心旌翩。当时赓唱火攻急,阅水隐见珠光联。今夕何夕岁将改,斯文得失斯心在。时人轻重那足云,一鸣双鸟三千载。"

翁方纲,字忠叙,一字正三,号覃溪,北京人,乾隆年间进士,官至内阁学士。北方学者多尚实学,当以翁方纲为之典型,《清史稿》称:"方纲精研经术,尝谓考订之学,以衷于义理为主,论语曰'多闻'、曰'阙疑'、曰'慎言',三者备而考订之道尽。时钱载斥戴震为破碎大道,方纲谓:'诂训名物,岂可目为破碎?考订训诂,然后能讲义理也;然震谓圣人之道,必由典制名物得之,则不尽然。'……所为诗,自诸经注疏,以及史传之考订,金石文字之爬梳,皆贯彻洋溢其中。论者谓能以学为诗。"

翁方纲的著述十分丰富,除《清史稿》所列举者之外,又有《复初斋文集》35卷、《诗集》66卷、《石洲诗话》8卷、《小石帆亭著录》6卷、《春秋分年系传表》1卷、《十三经注疏姓氏》1卷、《通志堂经解目录》1卷、《粤东金石略》10卷、《汉石经残字考》1卷、《焦山鼎铭考》1卷、《瘗鹤铭考补》1卷、《苏米斋兰亭考》8卷、《苏米斋题跋》2卷、《米海岳年谱》1卷、《元遗山年谱》3卷、《苏诗补注》8卷等。

翁方纲在诗学理论方面颇有建树,他反对当时大学者王士祯的"诗主神韵",而强调"肌理"之说,对北京文坛的影响很大。"每诗无不入以考证。虽一事一物,亦必穷源溯流,旁搜曲证,以多为贵,渺不知其命意所在。"因而也受到后人的批评。

法式善,原名运昌,清高宗命改为式善,字开文,号时帆,蒙古族,乾隆年间进士,曾任国子祭酒,官至侍讲学士,是继纳兰性德之后的著名少数民族学者。《清史稿》称其"所居后载门北,明李东阳西涯旧址也。构诗龛及梧门书屋，法书名画盈栋几，得海内名流咏赠，即投诗龛中。主盟坛坫三十年，论者谓接迹西涯无愧色"。

法式善所著主要有《存素堂诗初集》24卷、《二集》8卷、《文集》4卷、《续集》2卷，及《槐厅载笔》20卷、《清秘述闻》16卷、《陶庐杂录》6卷、《李文正公年谱》7卷等。

时人易宗夔称："法时帆生平以诗文为性命，士有一艺之长，莫不被其奖进。……自登仕版，即以宏奖风流、研求文献为己任。其为诗质而不癯，清而能绮。论诗用渔洋三昧之说，主王、孟、韦、柳，尤工五言。"（见《新世说》）时人陈康祺、陆以湉等又曾称："时帆祭酒法式善，性嗜风雅，四方名彦至京师者，无不叩诗龛之门，以诗文相倡答。""蒙古乌尔吉氏时帆祭酒，文誉卓著，尤好奖掖后进，坛坫之盛，几与袁随园埒，而品望则过之。"由此可见，法式善在北京文坛的影响之大，是当时学者的共识。

法式善与京城名士翁方纲亦有交往，翁方纲为其《陶庐杂录》作序称："其于诗也，多蓄古今人集。闳览强记，而专为陶韦体，故以'诗龛'自题书室，又以陶庐为号。其于典籍、卷轴，每有见闻，必著于录。手不工书。而记述之富，什倍于人，即此卷可见其大凡矣。"在法式善的诗文中，也有许多描述北京风物民情的佳作。

于敏中，字重常，又字叔子，号耐圃，乾隆年间状元，官至文华殿大学士、户部尚书。曾任《国史》馆、《三通》馆及《四库全书》馆总裁官，主持多项大型文化工程。特别是他主持纂修的《钦定日下旧闻考》，是在清初大学者朱彝尊《日下旧闻》一书的基础上，整理、增补而成，堪称有关北京历史文献之集大成者。

而于敏中等人在整理、增补北京历史文献的同时，还对文献中记载的名胜古迹加以实地考察，并以"编者按语"的形式放在相关文献的后面。对于那些历史文献记载错误的地方，又能够及时加以订正。于敏中还曾奉敕编纂有《清宫史》36卷，详细记载了清朝宫殿的营建过程、规模制度、悬挂匾额、陈设物品以及帝王的相关诗文等等。清朝宫殿为禁地，就连许多官位很高的大臣都无法入内，故而该书成为后人研究清朝宫廷文化的重要参考资料。

于敏中自己的著述,则有《素余堂集》34卷。因为于敏中常常随侍清高宗左右,故而其诗文多为扈从之作,或是奉命唱和之作,如《平定两金川铙歌十六章》《哨鹿赋》《恭和御制出古北口得诗四首元韵》《圣主临雍礼成恭纪》《恭和御制驾幸翰林院赐宴分韵联句后》《恭和御制翰林院宴毕驾幸贡院七律四首元韵》等。

于敏中曾作恭和贡院诗曰:"日丽龙门晓雾沉,文昌风景入高吟。花开桂落怜甘苦,云路鹏程阅浅深。持鉴敢忘清似水,储才还冀盛如林。万间广厦千秋遇,总是君师教育心。(之四)"(见《皇清文颖》)虽属临时应酬之作,亦可见其才思之敏捷。

清朝中期以后,国运日衰,北京文坛亦如之,名士日渐稀少,主要有徐松、盛昱、梅曾亮等人。徐松,字星伯,又作星白,北京人,嘉庆年间进士,曾任翰林院编修、内阁中书等职。他精通地理学,撰述亦多为这方面的著作,如《说文段注札记》1卷、《汉书地理志集释》14卷、《汉书西域传补注》2卷、《西域水道记》5卷、《校补》1卷、《唐两京城坊考》5卷及《新疆识略》(一作《钦定新疆识略》)等。

时当清朝末年,中外交流日渐频繁,中国士大夫的环球视野日益开阔,研究地理学遂成一时风尚,时人胡思敬称:"是时,京朝士大夫多讲西北舆地学,若徐松、张穆、祁韵士、李文田等,皆详于考古,而略于知今。"(见《国闻备乘》)徐松所著又有《徐星伯小集》1卷、《唐登科记考》30卷、《四库阙书目》1卷等。

梅曾亮,字伯言,道光初年进士,曾任户部郎中等职。初从桐城派名士姚鼐学习,即受到赏识,后至京城,又与曾国藩、邵懿辰等人一起研讨义理之学,《清史稿》称其"居京师二十余年,与宗稷辰、朱琦、龙启瑞、王拯、邵懿辰辈游处,曾国藩亦起而应之。京师治古文者,皆从梅氏问法。当是时,管同已前逝,曾亮最为大师,而国藩又从唐鉴、倭仁、吴廷栋讲身心克治之学,其于文推挹姚氏尤至。于是士大夫多喜言文术政治,乾、嘉考据之风稍稍衰矣"。

梅曾亮在北京文坛足以影响学风为之一变。他的著述有《柏枧山房文集》16卷、《续集》1卷、《诗集》15卷、《骈文》2卷、《尺牍》1卷，又曾编有《古文词略》24卷。梅曾亮作诗，十分刻苦，时人称："梅伯言郎中之于诗也，意欲其深，词欲其粹。一思之偶浅，必凿而幽之，一语之稍粗，必砻而精之。赋一诗，或累日逾时而后出云云。"（见《茞楚斋随笔》）今观其诗作，似无苦吟之态。

又如他所作《怀余小坡》一诗曰："成都有客返江城，谪宦知君别后情。向阙迟眠金雁驿，留川间赋《石犀行》。论文每忆今无辈，避地应闻我更生。回首京华多乐事，酒枪茗枕话深更。"（见《晚晴簃诗汇》）读来并无深涩之感觉。

盛昱，字伯熙，又作伯希，号意园，又号韵莳，为宗室后裔，光绪初年进士。曾任翰林院编修、国子祭酒等职。《清史稿》称其："既授编修，益厉学，讨测经史、舆地及本朝掌故，皆能详其沿革。……盛昱为祭酒，与司业治麟究心教士之法，大治学舍，加膏火，定积分日程，惩游惰，奖朴学，士习为之一变。"

盛昱在京城文坛的名声很大，时人称："盛昱在宗室中颇负才名，诗文皆有雅趣，谈国朝掌故历历如数家珍，收蓄金石图籍多至数十万金。好延揽四方名士，每晨起，未及栉漱，宾客已咽集其门。"（见《国闻备乘》）盛昱的著述主要有《意园文略》1卷、《郁华阁遗诗》3卷、《郁华阁金石文》1卷、《雪屐寻碑录》1卷、又编有《蒙古世系表》及《八旗文经》56卷、《作者考》1卷。

后人将盛昱与纳兰性德、法式善并称："纳兰性德工于词，法式善工于诗，盛昱工于目录之学。"盛昱住在东城裱褙胡同，曾助修胡同中的于谦祠，而他的宅第也是文士聚会的场所，"当是时，宗室盛昱为国子监祭酒，好士。宅百余间，有池树竹石之胜。凡四方春秋之士，与京宦多借居焉"。（见《天咫偶闻》）

盛昱曾作有《失题》诗（之二）曰："近日秋声不可闻，岐亭难制泪纷纷。中朝谁决澶渊策，诸将仍屯灞上军。一障何时能畀我，九边今日或须君。玉河衰柳休攀折，留著长条绾夕曛。"（见《晚晴簃诗汇》）清末一派败亡景象，尽在诗句之中。

在清代北京的画坛上，由于受到清朝帝王喜好的影响，汇聚了一大批优秀的书画家，《清史稿》称："清制，画史供御者无官秩，设如意馆于启祥宫南，凡绘工、文史及雕琢玉器、装潢帖轴皆在焉。初类工匠，后渐用士流，由大臣引荐，或献画称旨，召入，与词臣供奉体制不同。间赐出身官秩，皆出特赏。高宗万几之暇，尝幸馆中，每亲指授，时以为荣。"

在诸多书画家中，尤以王原祁最为超群。王原祁，字茂京，号麓台，一号石师道人，康熙年间进士，官至翰林院掌院学士兼礼部侍郎。他的祖父为王时敏，乃江南画坛领袖，叔父王鉴，亦以绘画著称于时，王原祁之书画与之齐名，时号"太仓三王"。

王原祁除了绘画之外，又有一些著述，如《王少农集》、《雨窗漫笔》1卷、《麓台题画稿》1卷、《论画十则》1卷等。他在康熙五十二年（1713年）奉敕编有《万寿盛典》120卷。该书有图有记，"图以臣民北面仰瞻摹绘而成，故始神武门而竟于畅春园。记以御辇所经次第先后而作，则始畅春园而竟于神武门。义各有取尔也"。（见《蕉轩随录》）书中有些图即为王原祁所画。

康雍乾之时，西洋绘画方法传入北京，则有中国画师学习其技法，融入自己的创作之中。以焦秉贞为代表。"焦秉贞，山东济宁人。康熙中，官钦天监五官正。工人物、楼观，通测算，参用西洋画法，剖析分刌，量度阴阳、向背，分别明暗，远视之，人畜、花木、屋宇皆植立而形圆。圣祖嘉之，命绘《耕织图》四十六幅，镂版，印赐臣工。自秉贞创法，画院多相沿袭。"

是时，又有外国画家郎世宁来到北京，在宫廷中供职，《清史稿》称："郎世宁，西洋人。康熙中入直，高宗尤赏异。凡名马、珍禽、琪花、异草，辄命图之，无不奕奕如生。设色奇丽，非秉贞等所及。"郎世宁在宫廷中的绘画作品颇多，如《圆明园全图》《准噶尔献马图》《十骏图》《四骏图》《百骏图》《白海青图》《玉鹰图》《木兰秋狝行围图》《哨鹿图》等，清圣祖与清高宗等对他的画作十分欣赏，往往为其画作题诗，或是加以评论。

在清代北京文坛上，以章回小说创作而享誉者，则有曹雪芹。曹雪芹，名霑，字梦阮，号雪芹，所著《红楼梦》在当时文坛影响极大，时人梁恭辰称："《红楼梦》一书，诲淫之甚者也。乾隆五十年以后，其书始出，相传为演说故相明珠家事。以宝玉隐明珠之名，以甄（真）宝玉、贾（假）宝玉乱其绪，以开卷之秦氏为入情之始，以卷终之小青为点睛之笔。摹写柔情，婉娈万状，启人淫窦，导人邪机。自是而有《续红楼梦》《后红楼》《梦红楼》《后梦红楼》《重梦红楼》《复梦红楼》《再梦红楼》《幻梦红楼》《圆梦》诸刻，曼衍支离，不可究诘。……此书全部中无一人是真的，惟属笔之曹雪芹实有其人，然以老贡生槁死牖下，徒抱伯道之嗟。身后萧条，更无人稍为矜恤。"（见《北东园笔录四编》）实际上，曹雪芹的小说只是对自家身世变迁的回忆，而绝非什么影射文学。

时人郭敏曾有《赠曹雪芹》一诗曰："碧水青山曲径遐，薜萝门巷足烟霞。寻诗人去留僧壁，卖画钱来付酒家。燕市狂歌悲遇合，秦淮残梦忆繁华。新愁旧恨知多少，都付醍醐醉眼斜。"（见《晚晴簃诗汇》）描述了曹雪芹在京城的潦倒生活。

在此后的文坛上，研究《红楼梦》的学者越来越多，今日遂有"红学"之称。人们把《红楼梦》与《水浒传》《三国演义》《西游记》合称为古典四大名著，而只有《红楼梦》是作者依据自身的情感经历而创作的，其他3部章回小说则是以民间传说故事为基础而创作的。

在清代北京文坛上，以戏剧脚本创作而享誉者，则有洪昇与孔尚任。洪昇，字昉思，为名士王士禛的学生，他创作的昆曲剧本《长生殿》问世后曾经在江南引起轰动，在来到北京之后，经过演艺界的表演，影响更大。一种说法："钱唐洪太学昉思昇，著《长生殿传奇》初成，授内聚班演之。圣祖览之称善，赐优人白金二十两。于是诸亲王及阁部大臣，凡有宴会，必演此剧，而缠头之赏殆不赀。内聚班优人请开筵为洪君寿，而即演是剧以侑觞，名流之在都下者，悉为罗致，而不及某给谏。给谏奏谓，皇太后忌辰设宴乐，为大不敬，请

按律治罪。上览其奏,命下刑部狱,凡士大夫及诸生除名者几五十人。"(《郎潜纪闻初笔》卷十《长生殿传奇》)

另一种说法:"康熙戊辰(二十七年),昉思挟(《长生殿》)以游都,首赏之者东海徐尚书乾学也。则命勾栏部精习之,朝彦群公,醵金演观。"由此而酿成悲剧,遭到弹劾。在受害的50人中,最为有名的当数查慎行、赵执信与洪昇。查慎行在此后参加科举考试时,被迫改名,赵执信则从此被挤出仕途,而洪昇则被发配外地,最后郁郁而死。"是狱成,而《长生殿》之曲流传禁中,布满天下。"(清·金埴《不下带编》卷一)

当时演出的地点,一说在生公园,一说在查楼,当以查楼为是。时人又曾把《长生殿》与《西厢记》加以比较,称"《西厢》一唱三难是好听,《长生殿》五花十色是好看;《西厢》时露俚气而弥觉其真,《长生殿》纯见雅气而略嫌其笨。《西厢》之秀,譬如一枝兰;《长生殿》则似一丛芍药,连枝带叶。其过《西厢》在此,其不及《西厢》亦在此"。(清·洪弃生《寄鹤斋选集》三《文选》)

孔尚任,字季重,号东塘,又号云亭山人,曾任户部员外郎、国子监博士等职。孔尚任所作《桃花扇》一剧,时人往往与洪昇《长生殿》并称,所谓"今勾栏部以《桃花扇》与《长生殿》并行,罕有不习洪、孔两家之传奇者,三十余年矣"。(《不下带编》卷二)而实际上,《桃花扇》的格调要比《长生殿》高出许多。唐明皇与杨贵妃之恩怨,传唱千年,已无新意,仅得词曲之妙,耳目之娱。而《桃花扇》所述为明亡之事,以名士与名妓的爱情为线索,以守节与守贞为主题,有着十分广泛的社会影响。

故而后人在吟咏《桃花扇传奇》时,情字往往被义字所掩。如侯铨所作《题"桃花扇传奇"》诗曰:"青盖黄旗事可羞,钟山王气水东流。沧桑眼底伤心泪,付与词场觭部头。""胭脂井畔事如何,扇底桃花溅血多。长板桥头寻旧迹,零香断粉满青莎。"(见《清诗别裁集》)

时人杨际昌又称:"孔东塘尚任用侯方域、李香君事作《桃花扇传奇》，诗人题咏甚多。德州田司农雯云：'一例降旗出石头，乌啼枫落秣陵秋。南朝剩有伤心泪，更向胭脂井畔流。'为得作者本意。商丘宋太宰荦云：'血作桃花寄怨孤，天涯把扇几长吁。不知壮悔高堂下，入骨相思悔得无？'乃朝宗针砭也。"（见《国朝诗话》）与歌女李香君的所作所为相比，那些变节投靠以自保功名的士大夫真的是令人不齿。

清代中期以后，京剧在北京的演艺界开始占有越来越显著的位置，这应该归功于那些著名京剧表演艺术家们的努力，其中又以余三胜、张二奎和程长庚的表演最为精彩。余三胜，名开龙，在道光年间来到北京，时人称："于三胜。鄂人，老生中之不祧祖也。其唱以花腔著名，融会徽、汉之音，加以昆、渝之调，抑扬转折，推陈出新，其唱以西皮为最佳。《探母》《藏剑》《捉放》《骂曹》，皆并时无两。而二黄反调，亦由其创制者为多，如今所盛传之《李陵碑》《牧羊圈》《乌盆记》诸剧，皆是也。且知书，口才甚隽，能随地选词，滔滔不绝。惟择配至严，若与旦配，非喜禄登台，必不肯唱，宁舍车资而去，从无强而可者。"

余三胜的演戏功底扎实，可以串演其他角色，"咸丰中叶，京伶于三胜每遇新角对演，必反串以难之。尝因某伶演《法门寺》，某伶未至，台下观者急不能待，班主乃乞三胜饰赵琏。然三胜，武生也，忽扮须生，众哗然。三胜出台，乃长歌一曲，听者亦皆击节焉"。（《清稗类钞·戏剧类》）文中的"于三胜"就是余三胜。他所在的春台班，是当时京城著名的戏班。

张二奎，名士元，自幼随父兄来到北京，最初在工部任普通官员，因为喜爱京剧，经常在戏中串演角色，而被革职，遂进入戏班，正式登台演戏。时人称："张二奎，徽人。善徽调，唱不奇而工于做，老生中有所谓奎派者，其流裔也。不贵花腔，喉音近干，故学奎派者，以干腔为贵。干腔者，简老无枝、枯直不润之谓也。"

他先是参加和春班的演出，后又与人组织自己的戏班，称双奎班，最后出任四喜班的主演，四喜班也是当时京城著名的戏班。张二奎拿手的剧目主要有《回龙阁》《乾坤带》《打金枝》等,《回龙阁》《乾坤带》今天已经很少有人能够演唱,唯有《打金枝》尚较为盛行,为著名的传统剧目之一。

程长庚,字玉栅,号荣椿,最初因演艺不精,受人讥讽,遂苦练三年,技艺有极大提高,"一日,某贵人大宴,王公大臣咸列座,用《昭关》剧试诸伶。长庚忽出为伍胥,冠剑雄豪,音节慷慨,奇侠之气,千载若神。座客数百人皆大惊起立,狂叫动天。主人大喜,遍饮客已,复手巨觥为长庚寿,呼曰'叫天',于是叫天之名遍都下。王公大臣有宴乐,长庚或不至,则举座索然"。"程叫天"之名号遂在京城叫响。

时人称:"长庚专唱生戏,声调绝高。其时纯用徽音,花腔尚少,登台一奏,响彻云霄。虽无花腔,而充耳餍心,必人人如其意而去,转觉花腔拗折为可厌。其唱以慢板二黄为最胜。生平不喜唱《二进宫》,最得意者为《樊城》《长亭》《昭关》《鱼藏剑》数戏。又善唱红净,若《战长沙》《华容道》之类,均极出名,尤以《昭关》一剧为最工。后人并力为之,终不能至,故此剧几虚悬一格,成为皮黄中之阳春白雪。"

程长庚所在的三庆班,也是京城著名的戏班。余、张、程3人确立了京剧在北京艺坛的主流地位,此后人才辈出,如谭鑫培、汪桂芬、孙菊仙、杨月楼等,皆能传承衣钵,把京剧艺术发扬光大,成为尽人皆知的国粹。

第六节　清代以后北京（北平）的文学艺术

清朝灭亡以后，北京的政坛陷入一片混乱，北洋军阀的各个派系在此争权夺利，丑态百出。而这时的北京文坛却迎来了百家争鸣的时代，西方文化的影响越来越大。其中，尤以马克思主义的传入，给思想界带来了新的发展动力。自清朝末年开始，变革就成了人们的共识，守旧只有灭亡，变革才有新生。

是时在思想界影响较大者，当推康有为与梁启超，被并称之为康梁。康有为，字广厦，号更生，光绪年间进士，曾任工部主事等职。主张改革政体而保留帝制，与谭嗣同、林旭、刘光第等人一起组织变法维新，得到清德宗的支持，史称"戊戌变法"。但是，由于宫廷实权掌握在反对变革的慈禧太后手中，遂导致变法的失败，清德宗被软禁，主持变法的大臣被捕、被杀。康有为逃出国门，免于一死。

及辛亥革命爆发，清朝政府被推翻，康有为回到国内，主张实行所谓的虚君共和制。康有为的政治主张没有得到实现，最后病死在青岛。他在诗文创作方面很有才华，所撰写的《孔子改制考》《新学伪经考》《春秋笔削大义微言考》《大同书》等，皆在学术界和文化界产生了巨大影响，成为清末民初的文坛领袖人物。

梁启超，字卓如，号任公，又号饮冰室主人，光绪年间举人，曾拜在康有为门下，并参加了公车上书、戊戌变法等各项社会变革运动。戊戌变法失败后，遭到通缉，逃亡国外。梁启超在流亡期间，先后创办了《清议报》《新民丛报》，继续宣传变法改革，在中国思想界产生了较大影响。

辛亥革命后，梁启超回到国内，又加入反对袁世凯恢复帝制的斗争。此后，逐渐由参与政治活动转向学术思想研究，他大力提倡诗界革命和小说界革命，遂在北京的新文化运动中成为一员主将。此后，历任清华教授、北京图书馆馆长等职，发表了许多有关中国政治、哲学、历史、文化等方面的著作和文章，如《自由书》《新民说》《少年中国说》《中国历史研究法》《中国历史研究法补编》《中国近三百年学术史》《中国文化史》等。这些著述有的一直到今天还具有很高的学术参考价值，后人将这些著述收入《饮冰室合集》中。梁启超是中国文化从古代向近代转型的代表人物，也是北京文坛和思想界引领潮流走向的文化大师。

到了民国年间，在北京文坛上能够产生重要影响的，主要有陈独秀、鲁迅和老舍。陈独秀，字仲甫，号实庵，笔名顽石等。辛亥革命后，陈独秀在上海创办《青年》杂志，不久改为《新青年》，宣传新文化运动，在社会上影响较大。1917年他来到北京，又与李大钊等人一起创办《每周评论》，并以《新青年》和《每周评论》为舆论阵地，宣传民主与科学，在北京文坛和全国学界产生越来越大的影响。

五四运动爆发以后，陈独秀成为新文化运动的领导者和组织者，积极宣传马克思主义，并且在共产国际的指导下，于1920年离开北京。陈独秀在北京从事文化活动期间的积极社会作用是应该给予肯定的。

鲁迅，原名周树人，字豫才。早年家境由富裕转为衰败，使他自幼就对人生有了较为深刻的认识。此后鲁迅的治学之路很坎坷，从到南京学习路矿，继而到日本学习医学，及回国后又转而从事文学创作。在这个时期，中国发生了许多事情，戊戌变法、辛亥革命、袁世凯称帝、张勋复辟帝制等等，都在鲁迅思想的发展进程中产生了很大影响。

1912年，鲁迅来到北京，开始从事文化活动，他在文坛上引起人们广泛重视的是一篇白话小说《狂人日记》，这篇小说用深刻的笔法对盛行了几千年的孔孟之道提出质疑，为新文化运动的进一步开展吹响了冲锋号。从此，他用笔做武器，用诗歌、杂文、散文、小说和翻译文学共同构筑了一座划时代的文学殿堂。在这座殿堂里，有阿Q，也有祥林嫂，有带缺点的战士，也有完美的苍蝇，有中国人的脊梁，也有资本家的走狗等等。

毛泽东主席曾经给予鲁迅以极高的评价："鲁迅是中国文化革命

的主将，他不但是伟大的文学家，而且是伟大的思想家和伟大的革命家。鲁迅的骨头是最硬的，他没有丝毫的奴颜和媚骨，这是殖民地半殖民地人民最可宝贵的性格。"（见《毛泽东选集》第二卷《新民主主义论》）毛泽东对鲁迅的这个评价是十分公允的。

老舍，原名舒庆春，字舍予，笔名老舍，北京人。他出生在一个普通的旗人家庭，时值清朝日益衰败，帝国主义列强纷纷入侵，而他父亲则是在抗击八国联军进攻北京的战役中殉国的。老舍自幼生活在北京的底层社会中，对这座古都的市井文化有着深厚的感情，为他此后从事文学创作打下了坚实的基础。

从1926年开始，他发表了长篇小说《老张的哲学》，此后，他的创作生命力越来越旺盛，先后创作出了《大明湖》《猫城记》《离婚》《骆驼祥子》、《四世同堂》等杰出的长篇小说，以及《龙须沟》《茶馆》等话剧。他还写有《月牙儿》《我这一辈子》等中短篇小说和许多杂文、散文、诗歌等。

在老舍的作品中，有着十分浓厚的北京文化特色，尤以《骆驼祥子》、《四世同堂》和《茶馆》为代表。到了"文化大革命"时期，老舍被迫害致死。他的文学创作，可以说是京味文学的绝笔。"文化大革命"过后，人们把他的作品，如《四世同堂》《骆驼祥子》《月牙儿》等拍摄为电影或电视剧，在北京文坛上产生了更大的影响。改革开放后的今天，虽然也有个别作家用京味语言从事小说、话剧等创作，却很难再达到老舍创作的艺术高度。

第八章

长城雄踞运河畅
―― 北京的关隘与交通

人类的活动范围，是随着生产力的不断发展而逐渐扩大的。在中国古代，又因为中央王朝很早就建立了，有了较为辽阔的疆域，故而促进了交通的发展。北京位于华北平原的交通枢纽之上，成为中原地区与北方大草原和东北平原交往的必经之地，因此，具有重要的战略地位。

　　北京北面长城的修筑，以及南面大运河的开凿，都是中央王朝为加强这里军事作用的举措，却无形之中又为之增强了经济实力，并进而为之成为首都提供了必备的条件。及北京成为全国的政治中心以后，设置了遍布各地的驿站，使这里与四方的交通更加便利，从北方的交通枢纽发展为全国的交通枢纽。

　　在改革开放后的今天，人们对北京的发展有了更深入的认识，并据此制订了相应的发展规划，其中，放在重要位置的即有"一城三带"。一城是指北京城；三带则是指大运河文化带、长城文化带、西山与永定河文化带。在这三个文化带中，运河与长城均有着丰富的文化内涵，也均与交通有着密切联系。

　　北京是整个华北地区的交通枢纽，向北可以通向东北三省，也可以通往蒙古大草原。向南，有多条交通要道直达中原各地。向东，很快就可以抵达海边，有着良好的入海港口。向西，又可以通过紫荆关到达关陕各地。因此，这里自古以来就是兵家必争之地。这种军事上的重要作用是可以从很多方面表现出来的，其中的一个方面就是在北京城的周边地区，历代统治者们陆续修筑了一些著名的关隘，有的关隘具有明显的军事防御作用，也有的关隘只是为了控制人们的交通往来。

　　北京在没有成为都城之前，这里一直是中央政府极为关注的北方军事重镇，需要防御的主要敌人则是辽阔草原上的游牧部落，因此，大多数的关隘都修筑在了北京城北面的山区一带。崇山峻岭本身就是一道天然屏障，再加上绵绵不绝的长城与关隘，极大增强了北京作为军事重镇的防御力量。

先秦时期的燕国就筑有长城，以抵御北方山戎部落的侵扰。秦朝统一天下，又将原来各诸侯国的长城连为一体，使燕赵一带的长城防御功能又有所增强，以抵御北方匈奴部落的侵扰。到了隋唐时期，中央政府又在这里设置重兵，以抵御北方契丹与奚族等游牧部落的侵扰。

当契丹统治者占有燕京地区之后，长城及其关隘的军事防御作用基本上消失了，燕京成为辽朝南下侵扰宋朝的军事大本营，这种状况一直延续到此后的大蒙古国时期。其中，只有在金朝灭辽和重占北宋燕山府，以及大蒙古国攻占金中都的极短暂时间里，长城及其关隘又发挥了军事防御作用。

在元代的两都制确立之后，长城及其关隘的军事防御作用彻底丧失。直到明朝北伐，赶走元顺帝之后，特别是明成祖定鼎北京之后，长城及其关隘才再度发挥了重要的军事防御作用。也正是在这个时期，北京迤北地区的长城才得到了较好的修复和维护。待到清朝入关，仍然定鼎北京，遂使得长城及其关隘的军事作用最终弱化。

北京在具有十分便利的陆路交通的环境下，从隋唐时期开始，又出现了便利的水路交通环境，这是与当时全国的政局发展变化密切相关的。在隋代，中央政府为了加强东南各地对两京的物资供应，也为了东征高丽，开凿了举世闻名的大运河，这条运河一路向西，通往东都洛阳和西京长安；另一路向北，终点就是当时的涿郡（今北京）。

向北一路的大运河，保证了隋朝东征大军及巨额物资的运输，也保证了此后唐朝为幽州藩镇大量驻军提供各种物资。如果我们从更宽阔的视域来观察此后的一段历史发展进程，不难看出，大运河的开凿，实际上为北京取代长安而成为全国统治中心奠定了坚实的物质基础。

北京通往中原各地的交通干道有许多条，但是，卢沟桥却是出入京城的必经咽喉之地。这是因为在北京城的南面，自西向东横贯着一条大河——卢沟河。从金元时期开始，这里成为北方及全国的首都，人们穿越卢沟河的频率也越来越高。在这种情况下，金朝统治者最终决定在河上架设一座大石桥。

建造这座石桥所费的人力物力是巨大的，但是，建成后的作用却更大。金朝统治者称之为广利桥，确实给普天下民众带来了无穷的便利，而民众则称之为卢沟桥。在此后漫长的历史发展进程中，这座石桥一直发挥着重要作用。中华民族反抗日寇侵略的卢沟桥事变就是在这里发生的，由此揭开了全世界人民反法西斯战争的序幕，并将永远载入史册。

第一节　北京的长城诸关隘

在北京地区最早修筑长城的是燕国，此后历代不断修筑，留下了我们今天能够看到的这个样子。群山绵延不断，耸立在北京的北面，而长城沿山建造，拱卫着京城的安全。在京城与东北、北面、西北的交通要道上，人们依托长城又修建了许多关隘。在这段长城的诸多关隘中，则以居庸关、古北口、喜峰口、松亭关、紫荆关、山海关等最为著称。

居庸关与古北口距京城最近，是京城的北面门户。喜峰口、松亭关及山海关，是京城通往东北方向的门户，而紫荆关则是通往西面的门户。清人阮葵生曾写道："金坡关，在易州之西北。居庸关，在昌平之西。松亭关，在景州之东北。古北口，在顺义之北。榆关，在昌平之东。金坡，即紫荆。榆关，即山海。皆天造地设，为中外之防，环京师之脊背，若负扆然，此可谓天险者矣（古北口，一名留斡岭，见《金史》）。"（见《茶余客话》）

居庸关始建于何时，目前尚未有准确记载的时间，关名的来历，应是汉代在此设置有居庸县，因县而得名。《水经注》曾有这样一段描述："其水导源关山南流，历故关下。溪之东岸有石室三层，其户牖扇扉悉石也，盖古关之候台矣。南则绝谷，累石为关垣，崇墉峻壁，非轻功可举。山岫层深，侧道褊狭，林障邃崄，路才容轨。晓禽暮兽，寒鸣相和，羁官游子聆之者，莫不伤思矣。"由此可见，居庸关建筑在山崖绝壁之间，形势险要，易守难攻。

到了清代，经过历代的修补，居庸关仍然十分坚固，清初著名学者顾炎武曾亲临其地，并加以描述曰："《通典》：古居庸关在昌平县西北，齐改为'纳歀'是也。自南口而上，两山之间，一水流焉。而道出其上十五里为关城，跨水筑之，有南、北二门，以参将一人、通判一人掌印，指挥一人守之。又设巡关御史一人，往来居庸、紫荆二关按视焉。城之中有过街塔，临南北大路，累石为台，如谯楼，而窾

其下以通车马。上有寺名曰'泰安'，正统十二年赐名。"（见《昌平山水记》）

居庸关所守道路，为京城通往北方大草原的主要通道。故而每当北方少数民族进入中原地区的时候，居庸关为其必争之地。如在金朝末年，大蒙古国崛起于大草原，在向中原地区扩张其势力的时候，就与金朝的守关军队在此展开激战。金朝的军队主力皆在守卫居庸关一战中丧失殆尽。

在元代，蒙古统治者每年都要经过这里，往来于大都城与上都城，故而又在居庸关修建有寺庙及过街塔。今天寺庙已经废毁了，而过街塔的塔基仍然保存完好。在塔基的过道中，铭刻有多种文字的佛经，是重要的元代文物，目前被列为全国重点文物保护单位。

到了明代初年，明成祖曾经几次组织大规模的北伐军事行动，以肃清元朝的残余势力，许多明朝文臣随军出征，描写了出征回师的壮观场面："驾入居庸关。边军、京军，左抵宣府黄花镇，右抵涿州，凡三百里，布满极目。是日，天气清明，上服衮龙金绣袍，乘玉花龙马，五掖五哨军四十万，疏队，左右夹护。时上已年六十四岁矣，按辔徐行，威容如神。金鼓旌旄，喧阗焜耀，连亘百十里外。中外文武群臣皆盛服，暨缁黄者鳌、四夷朝贡使，骈跽道左。驾至，欢呼万岁，声震天地。"（见《涌幢小品》）

而到了明代中期，统治者昏庸无能，军队的战斗力也有了极大削弱，而北方草原游牧部落则纷纷崛起，频频向北京发动侵扰。明朝统治者不得不在长城沿线驻守重兵、修筑城墙。我们今天见到的居庸关长城，就是明代著名将领戚继光在北京驻防时修筑的。

古北口的始建年代也不见于历史文献记载，但是这个名称始见于历史文献的时间却比居庸关晚了近千年，其一，为宋人薛居正所编撰的《旧五代史》；其二，为宋人司马光等所编撰的《资治通鉴》，而在此后的各种文献中，古北口才被更多的人所提及。

如宋人王曾作为出使辽朝的使者，写有《上契丹事》一书，在书中对古北口一线的路途加以描述："出燕京北门，至望京馆。五十里至顺州。七十里至檀州，渐入山。五十里至金沟馆。将至馆，川原平旷，谓之金沟淀。自此入山，诘曲登陟，无复里堠，但以马行记日，约其里数。九十里至古北口，两傍峻崖，仅容车轨。"（见《辽史·地理志》）通过他的描述，我们得知，古北口四周环境与居庸关一样险恶，甚至有过之而无不及。

从辽代开始，古北口就成为宋朝大臣出使辽金的必经之路，宋朝使臣在出使之时往往记录了途中的所见所闻，不仅王曾在出使辽朝后写下了《上契丹事》，此后许亢宗在出使金朝时也曾写有《宣和乙巳奉使金国行程录》一书，书中写道："幽州之地沃野千里。北限大山，重峦复岭，中有五关；居庸可以行大车，通转粮饷；松亭、金坡、古北口止通人马，不可行车。外有十八小路，尽兔径鸟道，止能通人，不可走马。"

宋朝使臣在经过古北口时，皆曾注意，这里有一处胜迹，即杨令公祠，时人又称之为杨无敌庙。这座祠庙建于辽代，故而苏颂、刘敞、苏辙等人皆路经古北口，并在此留诗。苏颂《和仲巽过古北口杨无敌庙》诗云："汉家飞将领熊罴，死战燕山护我师。威信仇方名不灭，至今边塞奉遗祠。"（见《苏魏公文集》）刘敞《杨无敌庙》诗云："西流不返日滔滔，陇上犹歌七尺刀。恸哭应知贾谊意，世人生死两鸿毛。"（见《公是集》）

到了明代初年，北伐主将徐达在攻占元大都城之后，又曾重建此庙，并称之为杨令公祠。明人李贤等所编撰的《明一统志》中记载："杨令公祠：在密云县古北口，祀宋杨业。业善战，时号杨无敌。数拒辽有功，民赖以安，后人立祠祀之。宋苏辙诗：'行祠寂寞寄关门，野草犹知避血痕。一败可怜非战罪，太刚嗟独畏人言。驰驱本为中原用，尝享能令异域尊。我欲比君周子隐，诛彤聊足慰忠魂。'"

又据清人《（雍正）畿辅通志》记载："杨令公祠：在密云县古北口北门外，祀宋太尉杨业。明洪武间，徐达建。成化辛丑重修，赐额'威灵庙'。本朝康熙年，霸昌道耿继先重修。"清初著名学者顾炎武曾经指出，杨业伐辽被俘并不是在古北口，而是在山西雁门关一带。显然，史实与民间传说是两码事，许多传说寄托了广大民众的美好愿望，与历史事实不符的地方也不必苛求。

松亭关的得名时间与古北口大致相同，也是在宋代，这时的燕京地区已经被辽朝所占据，但是，宋朝君臣们却念念不忘收复失地，故而也就经常要提到松亭关。如宋朝大臣宋琪在与宋太宗议论收复幽燕地区的计划时曾说："范阳是前代屯兵建节之地，古北口及松亭关野狐门三路并立堡障，至今石垒基堞尚存。将来平定幽朔，止于此数处置戍可也。况奚族是契丹世仇，傥以恩信招怀之，俾为外御，自可不烦朝廷出师矣。"（见《续资治通鉴长编》）宋琪的说法虽然只是纸上谈兵，但是，因为他是燕人，故而对燕地的地理形势还是很熟悉的，他所说的三路要害是有道理的。由此可见，松亭关在京城东北面的军事防御作用也是十分重要的。

在宋琪所说的三路要害之中，野狐门当是指居庸关，对此，后人是有所共识的。明人杨慎曾引用元代人的议论曰："《元志》云：燕有三关，曰松亭关（今之倒马关），曰古北口，曰居庸关。"（见《升庵集》卷七十八《三关》）辽代的政治中心先是在辽上京，后移至辽中京，皆在内蒙古大草原上，从燕京至此二京，松亭关为必经之路。在宋朝使臣出使辽朝的行程中，松亭关也是经常会提到的地方。

宋朝使臣刘敞曾作有《铁浆馆》诗，诗后自注云："此馆以南属奚，山溪深险；以北属契丹，稍平衍，渐近碛矣。别一道自松亭关入幽州，甚径易，敌常秘不欲汉使知。"也就是说，从幽州（即燕京）到辽上京和辽中京，走松亭关是最便捷的，但是辽朝却让宋朝使臣绕道古北口，以示路途遥远。

距松亭关不远处为喜峰口，其得名见于史籍的时间也较晚，大约是在明代，有些学者甚至认为喜峰口就是松亭关。在明朝人的眼里，喜峰口与上述三关有着同样重要的地位。洪武年间，明朝政府在这四处关口皆驻守有精兵，"时关隘之要者有四：曰古北口，曰居庸关，曰喜峰口，曰松亭关，而烽堠相望者一百九十六处，徼巡将士六千三百八十四人"。（见《明太祖实录》）

《清一统志》对喜峰口有比较全面的介绍："喜峰口关：在迁安县西北一百七十里，西南去遵化州七十里。其东南五里为喜峰口城，周三里，置巡司。关口有来远楼，可容万人。明时驻兵戍守，为蓟边重地。本朝特设章京及游击驻防，谓之喜峰路。兼辖太平寨、青山口、李家峪、擦崖子、白羊峪、榆木岭等六汛。"

在喜峰口外，有一处古迹，时人称为徐太傅城，据《畿辅通志》记载："徐太傅城：在遵化州喜峰口。《名胜志》：喜峰口关东北有小城，相传明徐达所筑，岁久弥坚，远望如碧玉。悬崖陡耸，人迹希邈。"明代中期，北方少数民族游牧部落的侵扰日趋严重，喜峰口的军事防御作用也就变得越来越重要。

明人章潢指出："蓟州遵化平谷之马兰谷、将军石，大喜峰口，熊儿谷，三屯营，罗文谷，宽佃等谷，俱北边紧要关营。丰润之南，即临大海，海运道其西，接永平，东北当密云之路，诚京辅要地。喜峰口，朵颜三卫，出入之门尤紧要。"（见《图书编》）而到了明朝末年，女真族自东北崛起，喜峰口、松亭关与山海关更是其进攻的主要目标。

山海关又在喜峰口之东，古称榆关，又称渝关，始建于隋开皇三年（583年），为东北地区进入中原地区的咽喉要道。到了明朝初年，大将军徐达北伐至此，将关口迁移至山海之间，故而命名为山海关。《明一统志》对此有明确记载："山海关：在抚宁县东，其北为山，其南为海，相距不数里许，实险要之地。本朝魏国公徐达移榆关于此，改今名。"

在山海关附近最出名的古迹为烈女祠，俗称孟姜女庙。据《畿辅通志》记载："烈女祠：在山海东关外八里望夫石巅，祀孟姜女。明万历二十二年主事张栋建。崇祯十三年，山海道副使范志完重修，增龛，以榆关烈女十九人附祭。"明人又曾在山海关旁的临榆县内建有显功庙，以纪念徐达保卫当地百姓、安定疆土的功绩。

紫荆关，又称金坡关，是北京通往西面三晋关陕一带的咽喉要道。最初被称为子庄关，到了金元时期，才被称为紫荆关。据《清一统志》记载：该关口在易州（今河北易县）西八十里，"山谷崎岖，易于控阨，为京师西偏重地。明初设千户所守御，正统十四年增设守备，正德三年改守备为参将，九年，又改副总兵。嘉靖三十六年，重筑新城。本朝康熙三十二年，移副将于正定，改设参将驻此。"由此向西，可直达山西大同。

到了明代，许多游牧部落进犯中原地区之时，皆是从紫荆关一带攻入，直接威胁到京城的安全，故而在明代，统治者在此驻守有重兵，而且守关将领的规格在不断提高，从千户所守御到守备，再到参将、副总兵。到了清代，北方游牧部落与清朝政府的关系比较融洽，很少再产生严重的军事威胁，故而紫荆关的军事作用也就逐渐淡化。

第二节　北京的大运河

　　大运河的开凿，在北京的历史上产生的重要的作用，对中国历史进程的影响也是巨大的。由于有了大运河，给北京地区带来了充足的物资供应，促进了这里城市经济的繁荣发展，也使得驻扎大量军队的后勤供给有了保障，从而导致军事重心的作用持久稳定，最终发展成为政治中心。

　　大运河的开凿，为人们的流动提供了极大的便利，又导致了文化交流的频率不断加快，文化交流的范围更加广泛，从而为北京最终成为全国，乃至全世界的文化中心，也起到了巨大的促进作用。当然，最初隋朝统治者在开凿大运河时是没有考虑到这一点的，却被此后历史的发展进程所印证。

　　隋朝开凿大运河有两个目的：一个是要加强京城长安与江南地区的经济联系，二是要加强幽州与中原地区的经济联系。是时，辽东地区的政治局势动荡不安，中央政府为了加强对东北地区的控制，把幽州作为军事大本营，调集大批军队，进入辽东，平定叛乱。

　　据《隋书》称：隋炀帝在大业四年（608年）正月启动开凿工程，"诏发河北诸郡男女百余万，开永济渠，引沁水南达于河，北通涿郡"。永济渠之得名，系为隋炀帝所命名，宋人乐史在《太平寰宇记》中云："永济渠东南去县十里，南自汲县引清、淇二水入界，近孤女冢，元号孤女渠。隋炀帝征辽，改为永济，俗呼御河。"御河之得名，则系为隋炀帝乘船经此以达于涿郡。

　　隋唐大运河在从中原地区开凿到幽州之后，两个目的确实都实现了，许多重要的军备物资就都是通过大运河运抵幽州城的。大业七年（611年）二月，隋炀帝从江都乘坐龙舟北上。据《资治通鉴》记载：这一年"二月己未，上升钓台，临杨子津，大宴百僚。乙亥，帝自江都行幸涿郡，御龙舟度河，入永济渠"。此后历时两个月，到达涿郡，驻于临朔宫。

隋朝的数十万精兵猛将也都同时云集涿郡，然后向辽东进军。但是，隋朝统治者希望通过大规模军事行动来稳定辽东局势的愿望却落空了。由于开凿大运河和征伐辽东耗费了太多的人力、物力，广大百姓不堪重负，纷纷发动叛乱，最终导致了隋朝的灭亡。

唐朝夺得天下之后，仍然为平定辽东局势而不断采取大规模的军事行动，也完全要依赖大运河的物资运输力量。唐太宗于贞观十九年（645年）发兵征伐辽东，二月自洛阳出发，四月到达幽州（今北京），"誓师于幽州城南，因大飨六军以遣之"。虽然在军事上取得一些胜利，却没有根本解决问题。

到唐高宗即位后，又在乾封元年（666年）派遣大将李勣率军远征辽东，此后直到仪凤二年（677年），才最后解决了辽东问题。在安定辽东政局的军事行动中，隋唐大运河始终发挥着重要的作用。自唐代中期"安史之乱"以后，形成藩镇割据局面，中央政府失去了对幽州地区的控制，大运河的漕运功能也随之失去作用。

到了五代时期，契丹政权崛起，占据燕云十六州，周世宗为了收复失地，准备北伐，也曾考虑到大运河的重要作用。后人论及此事曰："隋大业中，诏开永济渠，北通涿郡（渠阔一百七十尺，深二丈四尺，南自汲郡引清、淇二水，东北入白沟，穿永济渠，入临清。盖屯氏故沟，隋修之），又名御河（炀帝导百门泉，东北引淇、滏、漳、洹之水为大河，时出巡幸，因以为名）。周世宗开浚御河，为蓟燕漕运计。宋时运道，河北卫州东北有御河，达乾宁军。"（见《山东通志》）但是，这时的大运河已经无法抵达燕京了。此后辽宋对峙，燕京一直是在辽朝的控制之下。

及金朝自东北崛起，接连攻灭辽朝及北宋，把疆域南扩到江淮一线，又把都城从东北地区的金上京南移到了金中都（今北京），永济渠遂成为中原地区向金中都供应物资的主要渠道。隋唐大运河原来抵达京东潞县，金代在此设置有通州，意为通过大运河而远达四方。

但是，漕渠距金中都城尚有50里地，中原地区的各种物资从这里陆运到京城十分困难，为此，金朝政府从京城又开凿了一条运河，

《金史》称"金都于燕，东去潞水五十里，故为闸以节高良河、白莲潭诸水，以通山东、河北之粟"。人们把这条运河称之为漕渠。但是，这条运河的水源较少，"然自通州而上，地峻而水不留，其势易浅，舟胶不行，故常从事陆挽，人颇艰之"。金朝政府为了增加水源，曾经在京西引卢沟河水入漕渠，也没有取得预期效果，故而仍是以陆运为主。

一直到元世祖攻灭南宋、一统天下之后，为了保证元大都的物资供应，元朝政府才对隋唐大运河进行了大规模改造，从而形成了我们今天见到的京杭大运河。元代的京杭大运河，有些河段用的是隋唐大运河的旧河道，如御河。而新开凿的河道，主要有两条：一条为会通河，另一条为通惠河。

会通河开凿于至元二十六年（1289年），《元史》称：这段运河"起于须城安山之西南，止于临清之御河，其长二百五十余里，中建闸三十有一，度高低，分远迩，以节蓄泄。六月辛亥成，凡役工二百五十一万七百四十有八，赐名曰会通河"。这条河道缩短了从江南到大都城的距离。

通惠河开凿于至元二十八年（1291年），是连接大都城至通州的一条运河。仍据《元史》记载：这条运河"上自昌平县白浮村引神山泉，西折南转，过双塔、榆河、一亩、玉泉诸水，至西水门入都城，南汇为积水潭，东南出文明门，东至通州高丽庄入白河，总长一百六十四里一百四步"。由于有了充足的水源供应，这条运河发挥了巨大的作用，原来的陆运不再用了，而从江南北上的漕船可以一直驶入京城，抵达城里的积水潭（元人称之为海子）。

这条运河的开凿是著名科学家郭守敬主持的，他在开凿了通惠河之后，又沿河设置了24座闸坝，以调节水流的速度，供漕船往来。由此可见，当时中国的水利科技已经达到了很高的水准。京杭大运河自开凿以后，历经明清时期，一直都在使用，并且成为京城的一条经济大动脉。

北京通往江南地区的水路，除了京杭大运河之外，又曾在元代开通了大规模海运。《元史》称："元自世祖用伯颜之言，岁漕东南粟，由海道以给京师，始自至元二十年，至于天历、至顺，由四万石以上增而为三百万以上，其所以为国计者大矣。"

最初创行海运，由于经验不足，海船不敢在深海航行，只是沿着海岸行驶，速度较慢，规模也不大。经过多年摸索，熟悉了深海航道，又掌握了季风的规律，遂大大提高了海运的效率，从江南起航，到直沽镇（今天津）卸船，只需行驶10天左右。元代海运的创行，是人类航海史上的一大创举。

海运的创行，不仅加强了京城与江南地区的联系，而且也为上海、天津这两座现代大都市的发展奠定了坚实的基础。至元二十四年（1287年）五月，元朝政府在上海设置海运万户府，专门负责在这里打造海船，负责海运。3年以后，又在此设置有上海县，以管理海运船只及当地居民的日常事务。

天津在当时称为直沽镇，由政府在这里建造粮仓，派出军队，以接应从江南由海道运输来的粮食，再通过运河转运到大都城去。此后，上海与天津的发展越来越繁荣，遂成为与北京并列的重要经济大都会。

到了明代，成祖定都北京，江南的粮食供应再次启动。但是，明朝政府停止海运，专行漕运，京杭大运河的功能再次发挥了重要作用，成为北京城市经济发展的主要命脉。此后，清朝沿行明朝之制，仍然专行漕运，不行海运，京杭大运河也就一直都是北京城的经济命脉。直到清末，火车、轮船开始盛行，大运河的漕运功能的重要作用日渐衰退，才最终结束了历史使命。

第九章

欢庆节令民俗彰
——北京的风俗民情

在当今的世界上，不同的民族有着不同的风俗，而不同的风俗又体现出不同的文化风格。中华民族是由许多不同的民族共同组成的，也就显示出了多姿多彩的风土民俗。在北京的历史上，许多民族的民众皆共同生活在此，使得不同民族的风俗相互融合，传承下来。

特别是从北京成为全国都城之后，四方人士往往移居到此，把全国各地的风俗也就都带到了这里，因此，京城的风俗也就代表了中华民族普遍认同的风俗。从一年四季的岁时节令到男女之间的婚丧嫁娶，再到佛教、道教、伊斯兰教和基督教的宗教节日，人们通过各种风俗活动，把中华民族的文化特色充分表现出来。

在中国古代，人们对风俗民情是十分重视的。特别是高高在上的统治者，总是希望通过了解不同地区的风俗民情，来认识政治权力的运行情况，以及统治基础是否牢固。因此，在先秦时期很早就产生了采风的制度，统治者或是亲自来到民间，或是派亲信官员巡视民间，通过对风俗民情的观察，来了解地方官员的政绩优劣，以及各地百姓对统治者的拥护程度。

这种采风活动最早的文献记载，就见于儒家经典的《诗经》之中。许多珍贵诗篇的流传，不仅使当时的统治者了解了各地的风俗民情，也使后世史家从中看到一些远古时期历史发展的轨迹。这种统治者通过采风来了解民俗的活动到周代以后就很少见到了。

早在夏商周时期，中央政府的统治疆域就很辽阔，而在这辽阔的疆域里又被分成各自不同的行政区划，逐渐形成了文化特点各不相同的地域文化，如我们现在研究中国文化史的学者们所常用的界定概念，包括燕赵文化、齐鲁文化、吴越文化、巴蜀文化等等。

在不同的地域文化之间，有些风俗民情是一样的，或是相近的，也有些则是差异非常明显的。除了地域差异表现在风俗民情上的不同之外，就是在同一个地域之内，不同的社会阶层，其所表现出来的风俗状况也是有所不同的。因此，观察民俗变化确实是了解世风盛衰的一条捷径。

北京地区的风俗变迁是与这里的历史发展进程密切相关的。在辽代以前，北京地区主要是中央政府的边陲军事重镇，故而在风俗上也就反映出较为浓厚的边地尚武特色。到了辽宋金元时期，北京开始进入从割据政权的陪都向一统王朝首都的发展阶段，与之相适应的，则是风俗特色也开始从崇尚侠义、武功转而崇尚浮华与奢靡。

再到此后的明清时期，北京地区的历史地位没有发生大的转变，故而其风俗变化的特点，主要体现在民族特色不同等方面。即从蒙汉融合的风俗向汉族风俗的转变，再向满汉融合的风俗转变。在这个转变过程中，有些东西被传承下来，有些东西则发生了很大变化，甚至面目全非。

北京地区的风俗民情主要是通过人们日常生活行为表现出来的，例如，在岁时节令、衣食住行、婚丧嫁娶等方面，就都有充分的表现。这些人们的日常生活行为，有些延续了几百年或上千年，有些只流行了几年或几十年。在不同的时代，都会有以前延续下来的风俗和新流行的风俗并存的局面。

对于延续下来的风俗，我们称之为传统风俗，而对于新流行的风俗，我们称之为时尚风俗。北京在成为都城之前，传统风俗的影响是巨大的。而在成为都城之后，时尚风俗的影响开始变得越来越大，甚至一直影响到了周边地区和比较边远的地区。

就传统风俗与时尚风俗比较而言，传统风俗的延续时间是较长的，有些目前仍在产生着较大影响的风俗已经流传了上千年。而时尚风俗的延续时间则比较短,特别是人类进入21世纪的今天,人们的生活节奏加快了,生活环境的变迁速度也加快了,导致了时尚风俗的变迁速度也在加快。

  但是,不论时尚风俗如何变化,传统风俗都保持着相对的稳定性。北京地区传统风俗的延续和稳定,体现出了几千年来中华民族的文化发展特点的延续性。随着时代的进步,人们价值观念的变迁,传统风俗也在与时尚风俗有所融合,从而出现了一些变化,这种变化从另一个方面体现出中华民族的强大生命力,中华文明不仅已经延续了几千年,还将会不断延续下去。而北京地区风俗的发展变化,正是中华文明发展变化的一个重要组成部分。

第一节　北京的岁时节令活动

人们的岁时节令活动是人们对自然环境进行人文感知的活动，包含着人们对自然环境变化的认识，对自然环境反作用于人类的巨大影响的认识，以及人们在自然环境中感情付出的纪念方式。这种岁时节令活动是随着人类文明历程的不断演进而变得越来越丰富，既有人类感情的表达方式越来越多样化的演进，也有人类物质产品越来越丰富的演进。

清人方浚师曾经对中国古代主要岁时节令的产生做出概述："伏羲初置元日，神农初置腊节，轩辕初置二社，巫咸始置除夕节，周公始置上巳，秦德公初置伏日，晋平公始置中秋，齐景公始置重阳、端午，楚怀王初置七夕，秦始皇初置寒食，汉武帝始置三元，东方朔初置人日，见《事物纪原》。"（见《蕉轩随录》）他引用的《事物纪原》虽然在有些地方的叙述并不准确，但是这些传统节令在先秦时期就已经基本形成了。

春节在古代岁时节令活动中占有最重要的地位，在中国古代被称为元日或是元旦，也就是农历每年的正月一日。今天人们把公历的1月1日称为元旦，为了避免混淆，遂把农历的元旦称为春节。在中国古代，人们庆祝春节的活动是从上一年的岁末就开始了，许多人是从腊月二十四日开始，而今天人们大多数是从除夕开始的。

在京城的百姓家中，"每届除夕，列长案于中庭，供以百分。百分者，乃诸天神圣之全图也。百分之前，陈设蜜供一层，苹果、干果、馒头、素菜、年糕各一层，谓之全供。供上签以通草八仙及石榴、元宝等，谓之供佛花。及接神时，将百分焚化，接递烧香，至灯节而止，谓之天地桌"。这种设置天地桌的活动已经见不到了。此外，"凡除夕，蟒袍补褂走谒亲友者，谓之辞岁。家人叩谒尊长，亦曰辞岁。新婚者必至岳家辞岁，否则为不恭"。（见清人富察敦崇《燕京岁时记》）而这种辞岁活动现在也很少见了。

在京城的宫廷里面，除夕也已经开始有各种活动。如观看大规模的乐舞演出，"国家肇兴东土，旧俗所沿，有《喜起》《庆隆》二舞。凡大燕享，选侍卫之狷捷者十人，咸一品朝服，舞于庭除，歌者豹皮褂貂帽，用国语奏歌，皆敷陈国家忧勤开创之事。乐工吹箫击鼓以和，舞者应节合拍，颇有古人起舞之意，谓之《喜起舞》。又于庭外丹陛间，作虎豹异兽形，扮八大人骑禺马作逐射状，颇沿古人傩礼之意，谓之《庆隆舞》。列圣追慕祖德，至今除夕、上元筵宴皆沿用之，以见当时草昧缔构之艰难也"。（见清人昭梿《啸亭续录》）观看演出的目的，是为了告诫统治者们，祖先打下的江山十分艰难，不要安享逸乐而丧失天下。

每年除夕，清朝帝王们还要举行大宴会，以安抚四方部落首领。"国家威德远被，大漠南北诸藩部无不尽隶版图。每年终，诸藩王、贝勒更番入朝，以尽执瑞之礼。上于除夕日宴于保和殿，一二品武臣咸侍座。"显然，作为封建统治者，他们在每年的交替之际，放在第一位考虑的，就是要巩固统治，四方安定。这与普通百姓希望合家安康、诸事如意的祈盼，在着眼的层面上是有所差异的。当然，在统治者看来，整个国家就是一个大家庭，每年除夕保和殿的宴会就是一场大规模的家宴，而镇抚边疆的诸藩王们皆是这个大家庭中的重要成员。

到了春节这一天，帝王们又要在紫禁城里举行大朝会，这种典制，在汉高祖刘邦时就已经有了，一直延续到清代。清人王士禛就曾描述了一次清圣祖时元日大朝会的情景："康熙三十年辛未元旦，上御太和门受朝贺。午赐宴，召满汉内阁大学士、学士、六部尚书、侍郎、都察院、都御史、副都御史上殿赐酒。是日，风日暄霁，仰瞻天颜悦豫，群臣皆喜。"（见《居易录》）能够参加大朝会及赐宴的人们皆是皇亲国戚、达官显贵，普通官员是不能涉足其间的。大朝会之后，百官、士庶人等则开始互相拜访，称为拜年。

在百官、士庶人家，除夕和春节还会有一些活动，如贴春联、放爆竹、饮屠苏酒等等。人们在门框上贴春联的时候往往还会在门板上贴上门神画，这种风俗的源头也很早，最初是刻桃符以避鬼，后来发展为贴门神画、写文字吉祥的对联，一直延续到今天。

放爆竹也是为了驱鬼避邪，今天人们不仅要放爆竹，也同时燃放烟花。而饮屠苏酒，则是为了强身健体，而饮酒的次序，则是从年龄最小的人开始，古人所谓"俗以小者得岁，故先酒贺之，老者失时，故后饮酒"。少年人每过一次年，就成长了一步，而老年人则又要少活一年了，这种人生的哲理，通过饮屠苏酒的方式反映出来。

春节过后，就是元宵节了。这一天是农历正月十五日，又称上元节，人们的庆祝活动甚至超过了春节。古人称："上元时分，乃三官下降之日，故从十四至十六夜，放三夜元宵灯烛。至宋朝开宝年间，有两浙钱王献了两夜浙灯，展了十七八两夜，谓之五夜元宵。"（见《大宋宣和遗事》）这种说法是把元宵节与道教神仙联系在一起。另一种说法则认为是源于唐睿宗时长安城里僧人的燃灯活动。不论起源如何，人们都要举行燃灯夜游和吃元宵两项活动。

在宋代，封建统治者命百官休假5天，尽情享乐，到了明代，明成祖下令百官休假10天，应该是节令假期最长的。明人沈榜曾经描述北京元宵节前后人们庆祝活动的盛况："元宵游灯市：每年正月初十日起至十六日止，结灯者，各持所有，货于东安门外迤北大街，名曰灯市。灯之名不一，价有至千金者，是时四方商贾辐辏，技艺毕陈，珠石奇巧，罗绮毕具，一切夷夏古今异物毕至。观者冠盖相属，男妇交错。近市楼屋赁价一时胜踊，非有力者率不可得。十四日曰试灯，十五日曰正灯，十六日曰罢灯。"

人们在制作各种花灯的同时，又会燃放烟花爆竹，其热闹气氛比起除夕毫不逊色，"有声者，曰响炮，高起者，曰起火。起火中带炮连声者，曰三级浪。不响不起，旋绕地上者，曰地老鼠。筑打有虚实，分两有多寡，因而有花草人物等形者，曰花儿。名几百种，其别以泥函者，曰砂锅儿。以纸函者，曰花筒。以筐函者，曰花盆。总之曰烟火云"。（见《宛署杂记》）

当时人们除了吃元宵以外，各种美食荟萃，"斯时所尚珍味，则冬笋、银鱼、鸽蛋、麻辣活兔，塞外之黄鼠、半翅鹖鸡，江南之密罗柑、凤尾橘、漳州橘、橄榄、小金橘、风菱、脆藕，西山之苹果、软籽石榴之属，水下活虾之类，不可胜计。本地则烧鹅鸡鸭、猪肉、冷片羊尾、爆炒羊肚、猪灌肠、大小套肠、带油腰子、羊双肠、猪臀肉、黄颡管儿、脆团子、烧笋鹅鸡、炸鱼、柳蒸煎（火赞）鱼、卤煮鹌鹑、鸡醢汤、米烂汤、八宝攒汤、羊肉猪肉包、枣泥卷、糊油蒸饼、乳饼、奶皮"。（见明人刘若愚《酌中志》）不胜枚举。

到了清代，北京的元宵节更加热闹。"每至灯节，内廷筵宴，放烟火，市肆张灯。而六街之灯以东四牌楼及地安门为最盛，工部次之，兵部又次之，他处皆不及也。"此外，"花炮棚子制造各色烟火，竞巧争奇，有盒子、花盆、烟火杆子、线穿牡丹、水浇莲、金盘落月、葡萄架、旗火、二踢脚、飞天十响、五鬼闹判儿、八角子、炮打襄阳城、匣炮、天地灯等名目。富室豪门，争相购买，银花火树，光彩照人，车马喧阗，笙歌聒耳。自白昼以迄二鼓，烟尘渐稀，而人影在地，明月当天，士女儿童，始相率喧笑而散。市卖食物，干鲜俱备，而以元宵为大宗"。（见清人富察敦崇《燕京岁时记》）

春天过后，夏天活动最多的节令当数端午节，为农历每年的五月五日。在中国古代的许多地方，把这一天都当作"恶日"，就连在这一天出生的婴儿也被认为会给家人带来厄运，故而往往被溺杀或是抛弃。因此，最初在这一天人们举行的活动，也都与除灾避邪有关，如人们互赠互佩端午索（又称续命缕、辟兵缯）、艾叶及五毒灵符。

明朝人谢肇淛曰："古人岁时之事，行于今者，独端午为多，竞渡也，作粽也，系五色丝也，饮菖蒲也，悬艾也，作艾虎也，佩符也，浴兰汤也，斗草也，采药也，书仪方也，而又以雄黄入酒饮之，并喷屋壁、床帐，婴儿涂其耳鼻，云以辟蛇、虫诸毒，兰汤不可得，则以午时取五色草沸而浴之。"（见《五杂俎》）

在当时北京的民俗中，也可以见到这种文化行为的表现："端午日，集五色线为索，系小儿胫。男子戴艾叶，妇女画蜈蚣、蛇、蝎、虎、蟾，为五毒符，插钗头。"（见沈榜《宛署杂记》）五月五日左右，应该是被称为五毒的五种昆虫和动物活动频繁的时间，故而人们才有这些相应的习俗。

在端午节，还有两项活动延续到今天，即赛龙舟与吃粽子。这两项活动源自先秦，据说是当时人们为了纪念楚国著名的爱国诗人屈原，才出现的活动。这些活动到了明代的北京仍然可以见到。明朝人陆容曾云："朝廷每端午节，赐朝官吃糕粽于午门外，酒数行而出。文职大臣仍从驾幸后苑观武臣射柳，事毕皆出。上迎母后幸内沼，看划龙船，炮声不绝。盖宣德以来故事也。"（见《菽园杂记》）

因为北京河湖较少，民众很少有人会划船，故而赛龙舟的活动主要是在西苑中的太液池（今北海公园内）举行。到了清代，帝王们也还是延续这种活动，"乾隆初，上于端午日命内侍习竞渡于福海中。皆画船箫鼓，飞龙鹢首，络绎于鲸波怒浪之间。兰桡鼓动，旌旗荡漾，颇有江乡竞渡之意。每召近侍王公观阅，以联上下之情。今上（即清仁宗）亲政后，亦屡循旧制观之，然每以雨泽愆期，罢演者多矣"。（见《啸亭续录》）在今天北京的端午节民俗活动中，也很少见到赛龙舟了。

南人擅划船，北人擅骑射的习俗在端午节的活动中也有所反映。自辽金元以来，封建统治者在端午节都要组织射柳的活动。如在辽金时期，"虏人州军及军前，每遇端午、中元、重九三节，择宽敞之地，多设酒、醴、牢馔、饼饵、果实祭于其所，名曰'拜天'。祭罢，则无贵贱、老幼，能骑射者，咸得射柳，中者则金帛赏之；不中者，则褫衣以辱之。射柳既罢，则张宴饮以为极乐也"。（见宋人文惟简《虏庭事实》）

到了元代，射柳活动已经成为皇亲国戚、达官显贵们的娱乐活动，与百姓们的射柳活动分开了。如明朝永乐年间，"宣庙为皇太孙日，端午节，成祖驾幸东苑观击球射柳，听文武群臣、四夷朝使及在京耆老聚观。自皇太孙而下，诸王大臣以次击射。太孙连发皆中，上大喜"。（见《尧山堂外纪》）许多京城百姓成为围观者。

到了秋天，岁时节令比春天要少一些，主要有中秋节和重阳节。

中秋节的起源比较晚，应该是在唐宋时期。因为每年的农历八月十五日月亮最圆最亮，故而人们就把中秋节作为象征合家团圆的节日，又称为团圆节，也就使这一天格外热闹。

到了金代，金章宗也在中都城（今北京）的宫苑中赏月过节。后人曾曰："道陵中秋赏月瑶光楼，召赵黄山对御赋诗，以"清"字为韵。黄山赋曰：'秋气平分月正明，蕊珠宫阙对蓬瀛。已驱急雨消残暑，不遣微云点太清。帘外轻风飘桂子，夜深凉露滴金茎。圣朝不奏《霓裳曲》，四海歌讴即乐声'。"（见《尧山堂外纪》）文中的赵黄山，即指当时名士赵沨。

明清时期，北京人的中秋节活动已经形成模式，大致包括塑兔儿爷、制月光马、供月饼及吃西瓜。兔儿爷是根据月中有桂兔的神话而制作的，"每届中秋，市人之巧者用黄土抟成蟾兔之像以出售，谓之兔儿爷。有衣冠而张盖者，有甲胄而带纛旗者，有骑虎者，有默坐者。大者三尺，小者尺余"。京城百姓在中秋节往往买个兔儿爷带回家中供奉。

是时，又有月光马，"月光马者，以纸为之，上绘太阴星君，如菩萨像，下绘月宫及捣药之玉兔，人立而执杵。藻彩精致，金碧辉煌，市肆间多卖之者。长者七八尺，短者二三尺，顶有二旗，作红绿色，或黄色，向月而供之。焚香行礼，祭毕与千张、元宝等一并焚之"。（见《燕京岁时记》）兔儿爷和月光马已经从今天的中秋节活动中消失了。

月饼和西瓜是人们庆祝中秋节必不可少的食品。月饼一词，始见于宋代文献，而作为节日食品，则是到了明代。"八月馈月饼：士庶家具以是月造面饼相遗，大小不等，呼为月饼。市肆至以果为馅，巧名异状，有一饼值数百钱者。"（见《宛署杂记》）

除了京城百姓相互馈赠的月饼外，有些商店也开始出售制作的月饼，"自初一日起，即有卖月饼者。加以西瓜、藕，互相馈送。西苑踵藕。至十五日，家家供月饼瓜果，候月上焚香后，即大肆饮啖，多竟夜始散席者。如有剩月饼，仍整收于干燥风凉之处，至岁暮合家分用之,曰'团圆饼'也"。(见《酌中志》)这里所说的岁暮,就是除夕之夜。

重阳节的起源比较早,是在晋代,农历每年的九月九日。节令活动也有自己的特色,其一为登高,其二为赏菊花(或饮菊花酒)。登高是为了躲避灾祸,赏菊是为了颐养性情、延年益寿。登高的习俗,来源于桓景登山避祸的掌故,而在北方地区,少数民族人士则把登高与习武结合在一起。

如辽代的契丹统治者,"九月重九日,天子率群臣部族射虎,少者为负,罚重九宴。射毕,择高地卓帐,赐蕃、汉臣僚饮菊花酒。兔肝为籑,鹿舌为酱,又研茱萸酒,洒门户以禬禳"。(见《辽史》)在这一天,契丹帝王既射猎,又登高,复饮菊花酒,把三种文化元素皆合在一起。

金朝沿用辽朝之制,而又增加了拜天的仪式,在每年的端午节和重阳节举行。史称,"金因辽旧俗,以重五、中元、重九日行拜天之礼。重五于鞠场,中元于内殿,重九于都城外。其制,刳木为盘,如舟状,赤为质,画云鹤文。为架高五六尺,置盘其上,荐食物其中,聚宗族拜之"。(见《金史》)

到了明代的重阳节,封建帝王把赏菊、吃花糕、登高与饮菊花酒合在一起,"九月,御前进安菊花。自初一日起,吃花糕。宫眷内臣自初四日换穿罗重阳景菊花补子蟒衣。九日'重阳节',驾幸万岁山或兔儿山、旋磨山登高。吃迎霜麻辣兔、饮菊花酒"。(见《酌中志》)在当时的北京城里,皇家苑囿中有小山,如万岁山(今景山)、兔儿山(在西苑)等,皆是帝王登高的理想场所。

到了清代,满族统治者不再例行重阳节登高的习俗,而大多数百姓身居京城里面,很难找到登高的山地,只得把城郊寺庙中的古塔作为登高场所,"京师谓重阳为九月九。每届九月九日,则都人士提壶携榼,出郭登高。南则在天宁寺、陶然亭、龙爪槐等处,北则蓟门烟树、清净化城等处,远则西山八刹等处。赋诗饮酒,烤肉分糕,洵一时之快事也"。(见《燕京岁时记》)

在重阳节赏花和吃花糕的活动也很活跃,当时的赏花规模很大,时人称:"九花者,菊花也。每届重阳,富贵之家以九花数百盆,架庋广厦中,前轩后轾,望之若山,曰九花山子。四面堆积者曰九花塔。"(见《燕京岁时记》)据明人刘侗、于奕正在《帝京景物略》中描述的京城菊花种类就有133种,如蜜连环、银红针、桃花扇、方金印、老君眉、西施晓妆、潇湘妃子、鹅翎管、米金管、灯草管、紫虎须、灰鹤翅、平沙落雁、杏林春燕、朝阳素、软金素、青山盖雪、朱砂盖雪、白鹤卧雪、青莲子、青河莲、朱瓣湘莲、玉池桃红、玉笋长、玉楼春晓、宝刹浮图、落红万点、泥金万点、藕色霓裳、伽蓝袈裟等,品种极为丰富。

冬天的岁时节令是最少的,古人较为重视冬至、腊八等节令,今天已经很少受到人们关注了。早在汉代,司马迁在《史记》中就指出:"故曰音始于宫,穷于角;数始于一,终于十,成于三;气始于冬至,周而复生。"从汉武帝开始,就曾在冬至这一天举行祭祀泰山神灵的仪式。到了北魏时期,冬至的纪念仪式更加隆重,大致可与元旦(即农历春节)的庆祝活动相媲美。

这个传统又延续到了隋唐时期,"隋制,正旦及冬至,文物充庭,皇帝出西房,即御座。皇太子卤簿至显阳门外,入贺。复诣皇后御殿,拜贺讫,还宫。皇太子朝讫,群官客使入就位,再拜。……皇帝入东房,有司奏行事讫,乃出西房。坐定,群官入就位,上寿讫,上下俱拜。皇帝举酒,上下舞蹈,三称万岁"。(见《隋书》)此后的历代帝王,都要在冬至节举行重要的祭祀仪式。

到了明代,除封建帝王举行祭祀仪式外,百官与民众也往往互相庆贺,据时人叶盛称:"初,京都最重冬年节贺礼,不问贵贱,奔走往来者数日。家置一册,题名蒲幅。己巳之变,此礼顿废。景泰二年冬至节,礼部请朝贺上皇于东上门,诏免贺。旧凡遇节,鸿胪、尚宝、中书、六科直庐相接者,朝下即交相称贺。"(见《水东日记》)文中所云"上皇"就是指被蒙古瓦剌部落俘虏又放还的明英宗,当时被软禁在皇宫南内,礼部官员想在冬至节向他朝贺,遭到了景泰皇帝的拒绝。

到了清代，满族统治者进驻北京，也带来了一些满族的独特习俗，如"冬至满人必祭堂子，植竿于庭而燎祭焉。稍有力者必用全猪羊。祭毕，招亲友会食于庭，曰吃克食，必尽为度。汉人则否"。（见《旧京琐记》）这种习俗今天也已经很难见到了。

也有些前代的习俗被清朝统治者们所沿用，如"冬至赐貂，唐例也，国朝亦仿行之。南书房、如意馆、升平署供奉诸人，各得数张不等"。（见《清稗类钞》）对于那些不够资格接受貂皮的卫士们，清朝统治者也赏给一些银子，被称为貂褂银子。

明清以来的北京，岁时节令活动十分丰富，清朝人陈康祺在《郎潜纪闻初笔》中曾加以描绘："京师正月朔日后，游白塔寺。望，西苑旃檀寺看跳喇嘛、打莽式、打秋千。元宵节前门灯市，琉璃厂灯市，正阳门摸钉，五龙亭看灯火，唱秧歌，跳鲍老，买粉团。十六夜，女子出游，谓之走百病；烧金鳌玉蝀石狮牙，以疗牙疼。十九日，集邱长春庙，谓之燕九。二十五日，谓之填仓日，大小之家，俱治具饱食。二三月，高梁桥踏青，万柳堂听莺，弄筶筷，涿州岳庙进香迎驾。四月，西山看李花，海棠院看海棠，丰台看芍药，煮豆子结缘，送春赛会。五月，游金鱼池，中顶进香，药王庙进香。六月，宣武门看洗象，西湖赏荷。七月中元夜，街市放焰口，点蒿子香，燃荷叶灯。八月中秋夜，踏月买兔儿王。九月登高，花儿市访菊，城墙下观八旗操演，妇女簪挂金灯，九日归宁。十月，上坟烧纸，弄叫由子。十一月跳神。十二月卖像生花供佛，打太平鼓。"如此之多的节令庆典活动，今天大多数都消失了，给人们留下了几许遗憾。

第二节　北京的婚丧风俗

婚丧嫁娶是人生中的大事，绝大多数人都要亲身经历，包含了悲欢离合的感情经历，也同时形成了人们之间的文化认同。在中国古代，人们的婚丧习俗或是受到农耕文化的影响，或是受到游牧文化的影响，北京作为位于农耕文化与游牧文化交界地区的重要城市，则同时受到这两种文化的影响。

到了近现代，西方文化逐渐传入并产生越来越大的社会影响，西方婚丧风俗亦随之传入。北京作为全国的政治和文化中心，率先受到外来文化的影响，使人们的婚丧风俗更加丰富多彩。显然，中式婚俗与西式婚俗的差异还是很大的，特别是西式婚礼大多是在教堂中举行的，有着更加浓厚的宗教色彩。

婚嫁在中国古代社会中占有极为重要的地位，不仅决定一个人的命运，甚至对一个家庭、一个宗族乃至一个国家的命运都会产生巨大的影响，典型的事例，如汉代的王昭君出塞，唐代的文成公主入藏等和亲婚嫁，对改善民族关系、稳定边陲政局都产生了积极的作用。

正是因为婚嫁有着如此重要的影响，故而在很早以前，人们就开始把婚嫁行为加以程式化，以表示隆重。这种婚嫁程式，在不同的地区、不同的民族之间是有些差异的，但是相同的内容却更多一些，大多数是以家庭和睦、子孙繁衍为主题的活动。

北京位于中原地区的北端，故在大多数民众的婚嫁习俗中传承了大量的农耕文化元素，其在程式化的进程中也包含了一些游牧文化的特点。据相关历史文献记载，大致到了唐代，婚嫁习俗的程式化就基本固定下来，分为6个环节，称为"六礼"：一曰纳采，二曰问名，三曰纳吉，四曰纳征，五曰请期，六曰亲迎。

其中每个环节的内容有所不同，如聘礼，在汉代要有30种物品，包括玄纁、羊、雁、清酒、白酒、粳米、蒲苇、卷柏、嘉禾、长命缕、胶、漆、五色丝、合欢铃、九子墨、金钱禄、得香草等。到了唐代，聘礼就减少到了9种物品，为合欢、嘉禾、阿胶、九子蒲、朱苇、双石、绵絮、长命缕及干漆。而这9种物品都包含有不同的文化内涵："胶漆取其固；绵絮取其调柔；蒲苇为心，可屈可伸也；嘉禾，分福也；双石，义在两固也。"（见《酉阳杂俎》）

到了明代的北京，民众的婚嫁习俗大致分为合婚、小茶礼、大茶礼、催妆、迎亲、撒帐、做三朝、归宁等环节。合婚为男女两家相亲，看属相、生辰八字是否相配。如果没有问题，则续行小茶礼和大茶礼，即男方向女方赠送果品及金玉珠宝。婚前一日，"婿家以席一雄鸡二，并杂物往女家，号曰催妆"。结婚之日，或是新郎，或是其家里的女性长辈前往新娘家迎娶，及花轿到男方家后，新郎将一个马鞍放在花轿前，令新娘跨过，有求取平安之意。

然后，"妇进房，令阴阳家一人，高唱催妆诗，以五谷及诸果遍撒，号曰撒帐"。（见《宛署杂记》）再由新婚夫妻拜见公婆及亲戚，举办喜宴，称为做三朝。数日后，新婚夫妻回娘家拜见岳父、岳母及女方亲戚，称为归宁，婚嫁程式到此基本结束。

到了清代，大批满蒙汉八旗民众入住北京，则把旗人的婚嫁习俗带到北京，大致与明代婚俗略同，又有送奁具、上妆、新郎射箭、吃水饺、合卺礼等环节。送奁具为婚前一日，女方向男方赠送财物，多少以女方家庭贫富为准。上妆为结婚当天由男方年长女性为新娘梳头化妆。新郎射箭为花轿到达后，新郎拿三支箭射花轿，意为去除煞神。而吃的水饺往往不煮熟。

合卺礼为满族特有习俗，"凡婚礼，新妇入门行合卺礼，以俎盛羊臀一方，具稻、稷、稗三色米饭，夫妇盛服并坐，饮交杯，饯不用酱而具白盐，即古人共牢而食之义，清语曰'阿察布密'"。（见《听雨丛谈》）此外，男方家又请乐队歌舞奏乐，昼夜不绝，俗称之为响房。新郎射三箭的仪式有时又被简化，在迎娶新娘的花轿上先插上三支箭，再抬回新郎家。

在古代北京人的婚礼上，花轿（又称彩轿）是必不可少的工具，在明末清初不断发生变化，变得越来越奢华。清朝人叶梦珠注意到了这种变化："婚礼隆杀，以予所见，大概如常。独迎新彩轿日异。当崇祯之初，舆服只用蓝色绸，四角悬桃红彩球而已。其后用刺绣。未几而纯用红绸刺绣。又未几而用大红织绵或大红纱绸满绣。舆上装缀用大镜一面当后，或左右各一，后用数小镜缀于顶上，更觉轻便饰观。今俱用西洋圆镜，大如橘柚，杂于五彩球中，如明星煌煌，缀彩云间，华丽极矣！舆上左右，向各悬染红彩筛，不知何所取义。"（见《阅世编》）在今天人们的婚礼上已经很难见到花轿了，但是更加豪华的婚车却经常可以在双休日见到，仍然是一道亮丽的城市风景线。

中国古代，北京人在婚俗当中又有小茶礼及大茶礼的程序，由此可见，茶在人们的心目中占有很重要的地位。清人福格曾经谈到此事曰："今婚礼行聘，以茶叶为币，满汉之俗皆然，且非正室不用。近日八旗纳聘，虽不用茶，而必曰下茶，存其名也（下字作纳字解，恐亦转音之误）。上自朝廷燕享，下至接见宾客，皆先之以茶，品在酒醴之上。"（见《听雨丛谈》）文中的下茶，就是指的小茶礼与大茶礼。而茶在人们生活中的普遍存在，正是茶文化产生和发展的基础，就连在婚嫁习俗中都不可缺少。

特别值得注意的是古代婚俗的变化是很大的，又往往是在唐宋时期发生的变化。如人们结婚的新房，今天都是在固定的住所，而唐宋之前却是要用临时的帐篷，称为青庐，或是百子帐。"北方婚礼必用青布幔为屋，谓之青庐。于此交拜，迎新妇。"（见《酉阳杂俎》）

到了宋代，这种习俗仍然存在，就连帝王大婚，也要使用这种程序，"若今禁中大婚，百子帐则以锦绣织成，百小儿嬉戏状"。（见《枫窗小牍》）而到了元代以后，这种婚俗已经不见了。又如，古代婚礼是禁止奏乐的，所谓"昏不作乐。礼云：娶妇之家，三日不举乐，思嗣亲也"。（见《茶余客话》）而到了明清时期，在人们婚礼上，鼓乐齐鸣是最常见的，甚至爆竹震天，如果没有了，反而显得不够热闹。

丧葬之礼在中国古代尊崇孝道的社会环境中，占有十分重要的地位。早在先秦时期，人们的丧葬礼俗就开始程式化了，大致分为丧礼、葬礼和祭礼三个部分。人死后到安葬之前的阶段，属于丧礼；安葬过程属于葬礼；安葬之后的很长一段时间（从死者的忌日开始），则都是在不断进行祭礼的阶段。而丧礼与葬礼之间，也有一些交叉的内容。

在丧礼中的第一个环节，就是人死入棺。人们为死者准备的棺椁，其使用的材料是不同的。《礼记·檀弓》曰："天子之棺四重，水兕革棺被之，其厚三寸，杝棺一，梓棺二，四者皆周。棺束，缩二，衡三，衽，每束一。柏椁以端长六尺。"据此可知，周代天子的棺椁共有四层，而最里面的一层是用三寸厚的皮革制作的。我们今天见到北京地区的汉代诸侯王墓中（即大葆台汉墓），其外椁有黄肠题凑的模式，大约也是从先秦时期流传下来的。

从死者入棺，各种纪念活动开始进行。其一，丧服的穿着。死者亲属根据与死者的血缘关系而制作不同规格的丧服，在前往吊唁时穿着。到了明代，这种丧服之制逐渐遭到破坏，"乃今自同宗外，凡应服者，必丧家送布，始制而服之。不送，即应服，而玄其冠色其衣者有矣。甚且丧家力不能送，共以诉厉加之，而大家复有破孝送帛之事"。（见《客座赘语》）古人又有师友无服的规矩，即死者的师长及朋友在丧事活动中是不必穿丧服的，如果死者的师友把死者视同父兄，并为其穿着丧服，也不会受到非议。

其二，吊唁活动。当人们得到死亡的消息之后，皆会前往吊唁，如果死者为王侯将相，帝王也要前往吊唁，秦汉、唐宋等各时期还传承着这种制度，而到了明代，就很少见到了，明人于慎行曾云："本朝，惟国初一二元勋有车驾亲临者，自后无复此事，惟是一品大臣辍朝一日，人主素服临朝，其后率从省便，惟于岁终一日并行而已。然赐葬赐祭频繁优渥，恐前代不能及也。至于推恩三代，一如见爵，则尤千古旷绝之恩矣。"（见《谷山笔麈》）

凡至死者家吊唁之人，往往哀哭以表示思念之情，但是到了清代，居然有了助哭之事。清人福格专门提及此事曰："哀哭之事，中外礼仪不同。至尊亲临大臣之丧，或望衡即哭，或见灵而哭，各视其臣之眷也。哭毕，祭酒三盏，既灌复哭。每哭必有中官助声，虽列圣大事，亦有助哭之宦寺等辈。一人出于哀切，众人出于扬声，闻之自有别也。……今京师吊丧者，直以哭为吊礼，并不计涕之有无，人多笑之。"（见《听雨丛谈》）

在明代的北京，人们的丧葬活动是合在一起，统称之为丧礼。明人沈榜对此有较为详细的记载："初丧三日，出丧牌挂钱门外，计死者之寿，岁一张，曰挑钱。灵前供饭一盂，集秫秸七枝，面裹其头，插盂上，曰打狗棒。阴阳家以死者年月，推煞神所在之日，则举家避之他所，曰躲煞。送葬归，以盂盛水，置刀其旁，积薪燃火于宅门之外，丧主执刀砺盂者三，即跃火而入，余从者如之。不知何义。三日后，具祭墓所曰暖墓。此即礼虞祭意。"（见《宛署杂记》）据此可知，在当时的丧葬活动中，有僧侣们的佛事活动，有"挑钱""躲煞""暖墓"等程序，又有冥器、幡幢、打狗棒等陈设，已经十分热闹了。

到了清代，八旗民众又把满族丧葬习俗带到了北京。"八旗人死，停尸于正屋之木架，曰太平床，不在炕。所衣必棉，其数或七或九，盖凶事尚单，故皆用单数也。既殁之三日，喇嘛诵经，曰接三，以死后之第三日必回煞也。接三者，近接魂魄也。柩停于家，多则三十一日，少则五日。开吊发引，一如汉人。逢单七，辄招僧讽经，双七则否。五七有焚帛之举。至六十日，则烧船、桥。桥有二：一金色，一银色。船、桥，供其冥渡也。"（见《清稗类钞》）据此可知，在旗人的丧葬活动中，有太平床的设置，有喇嘛"接三""开吊发引""烧船、桥"的仪式等等。所谓的"接三"，也有"躲煞"的含意。此外，满族有丧之家，往往在门外竖立丹旐，与汉族的"挑钱"含意略同。

在明清时期的北京，尤以皇家的丧葬活动规模最大、耗费最多。如在明代，皇帝、皇后死后，有在各寺庙中撞钟的丧俗。"本朝大行皇帝皇后初丧，每寺各声钟三万杵。盖佛家谓地狱受诸苦者，闻钟声即苏，故设此代亡亲造福于冥中。非云化者有罪，为之解禳也。声钟一事，累朝皆见之诏旨，盖自唐宋以来，相沿已久。"（见《万历野获编》）北京地区的寺庙本来就很多，各寺万钟齐鸣，可以想见当时十分壮观的场面。

又如其丧事费用，清朝末年，封建统治已经日趋衰败，而光绪皇帝与慈禧皇太后的丧葬费用仍然十分惊人，"今以皇帝丧费与太后丧费比较之：皇帝丧费，不过四十五万九千九百四十两二钱三分六厘；而太后之丧费，则在一百二十五万至一百五十万之间"。（见《慈禧及光绪宾天厄》）

在此特别值得一提的是明清时期的人殉制度。用人殉葬是远古奴隶制社会的罪恶行径，到了周代已经出现了用木俑或是陶俑殉葬的制度。但是，到了明代初年，明太祖及明成祖死后，却有一些嫔妃主动要求陪葬，用牺牲自己的生命来换取父兄的荣华富贵，这种行为也就变成了皇家丧葬制度中的一项必不可少的程序。

明人沈德符称："按太祖孝陵，凡妃嫔四十人，俱身殉从葬，仅二人葬陵之东西，盖洪武中先殁者。至太宗长陵，则十六妃俱殉矣。"（见《万历野获编》）一直到明英宗在临死之前，才废止了这项惨无人道的行为。而到了清代初年，大规模嫔妃殉葬的现象虽然不见了，但是满族大臣却往往用家中奴仆殉葬，成为一时风气。时任礼科给事中的朱裴为此特别上奏，请禁止人殉，得到清朝统治者的认可，这种劣习才得以消除。

在死者入土之后，其亲属们的祭奠活动就开始了。作为封建统治者而言，他们在丧葬活动中已经耗费了巨额钱财，而在祭奠活动中仍要耗费大量钱财，并且把这种活动程式化。清朝政府规定："初祭大祭，一品楮帛二万八千、羊五、馔筵十，二品楮帛二万四千，羊、筵同一品。三品楮帛二万、羊三、筵六。四品楮帛一万六千、羊三、筵五。五品楮帛一万二千、羊二、馔二。六、七、八、九品楮帛一万、筵三、羊二。舁夫，一品、二品六十四人，三、四、五品四十八人，六、七、八品三十二人，九品二十四人，兵民十六人。"（见《茶余客话》）这种巨额耗费，就是许多官僚士绅也无力承担的。

在明代的北京，民众的祭奠活动是比较简单的，"富贵家庙祠如仪。民间多朴野，不知节文，惟遇时节，则市买阡张、纸马焚之而已。岁清明，无贵贱，率持酒肴上坟，男女盛服以往，即古墓祭意"。（见《宛署杂记》）文中所谓的"阡张"，就是指冥钱等物，系生者为死者提供的"阴间"使用物品。

而有些人家有做七七之习俗，又称"斋七"。即从死者去世时开始，每七日为一忌，七七四十九日共七忌，举行祭奠活动。古人认为：天地运行于阴阳与五行之中，称之为七政，而人对自然的感应则有喜怒哀乐的七情，就生死而言，人生四十九日而七魄全，死四十九日而七魄散。故而在祭奠时以七七四十九日为一个周期。

许多古代学者在肯定孝道精神的同时，对人们惯用的丧葬习俗却提出了批评，明人谢肇淛曾指出，世人丧俗有三种弊病："丧不哀而务为观美，一惑也。礼不循而徒作佛事，二惑也。葬不速而待择吉地，三惑也。一惑病在俗子，二惑病在妇人，三惑则旧世蹈之矣。可叹也已！"（见《五杂俎》）

清人阮葵生则指出："丧家十二禁，稍知礼者皆不可不守也。一作佛事，二用殃状，三信风水，四请客行祭设席丰腆，五避殃被除，六作乐闹丧，七沿村谢客，八远送孝帛作谢，九请贵客题主，十除明器外用纸札，十一棺椁外敛身太美，十二朝夕门户不谨男女混杂不防。按诗礼之家莫不各知所禁，惟笃信风水，敛身华美，虽名公卿贤士夫咸不免。"（见《茶余客话》）文中所云十二禁，就是指丧礼中需要禁止的12种弊病。

今天北京的婚嫁风俗丰富多彩，既有传统风格的婚礼，也有新潮时尚的婚礼，还有把二者习俗结合在一起的婚礼。近年来青年人追求的旅行结婚、政府提倡的集体婚礼，皆是在古人著述中所无法见到的。而在丧葬习俗方面，北京人的变化也是很大的。市民响应政府的号召，实行火化制度，而在火化前举行追悼会，以寄托亲朋好友的哀思。火化后，人们将死者的骨灰集中安葬在各个公墓之中。此后的每年清明节，人们都会到公墓去祭奠死者。

后 记

北京作为中华民族的众多古都之一，最早为人们所熟知的是燕京，距今已经有3000多年的历史了，但是，那时只是诸侯国的都城，与全国政治中心镐京和洛阳相比还有着较大的差距。到了辽代的燕京城，作为割据政权的陪都，距今也有1000多年的历史了，其与割据政权的首都辽上京相比，已经是不相上下、各有优劣了。

而到了金代的中都城，与南宋都城临安（今浙江杭州）相比，在经济、文化等方面虽然有着较大的差距，却已经是整个北方及中原地区的政治和文化中心。从元代建立大都城开始，700多年来，这座都城所发挥的重要政治作用，当为全国之冠，没有任何一座城市可以与之相比。

也正是从这个时候开始，都城所具有的强大凝聚力逐渐产生出越来越明显的发展优势。首先，城市经济发展的繁荣，商市数量和商品种类越来越多，贸易数额和交易范围越来越大，服务行业越来越火爆等等。这种情景在以前的北方城市里是很少见到的。而作为城市商业和服务业最大的顾客，皇室和达官贵人们的消费水准是普通百姓望尘莫及的。这种畸形的城市商业繁荣，我们在此前的长安、洛阳等都市中皆可看到。

其次，城市文化发展的繁荣，体现在文化内涵的多元，表现形式的多样，文化精英的荟萃等许多方面。这种情况在以往的北方城市里也是很少见到的。在北京没有成为都城之前，这里也产生过一些文化精英，他们很快就会被吸引到长安、洛阳等文化中心去。而当北京成为都城之后，不仅这些精英都留下来，而且全国各地的文化精英也被吸引到这里，与本地的文化精英融合在一起，共同为都城的文化繁荣不断做出贡献。

  全国的政治精英被政治中心所吸引，全国的文化精英又被文化中心所吸引，而全国的人力、物力又全都为都城的建设提供了最大限度的支持。最好的工匠用最好的建筑材料营建皇宫、陵寝、园林和坛庙，修筑最宏伟的城门和城墙，拓展最平坦的街道与胡同，使得都城风貌代表了整个时代的精粹。都城无形的强大凝聚力，使北京这座古都在近千年的历史发展进程中变得越来越具有超凡的魅力，其所包容的极其丰富的文化内涵，是这一部著作无法讲透的。希望人们在阅读之后能够对古都北京有一些了解，这就足够了。

王岗